高等院校工程造价专业系列教材

GONGCHENG JINGJIXUE

工程经济学

（第3版）

郭　伟　侯信华　主编
王艳娜　赵燕华　张　睿　参编

電子工業出版社
Publishing House of Electronics Industry
北京 · BEIJING

图书在版编目（CIP）数据

工程经济学 / 郭伟，侯信华主编. —3 版. —北京：电子工业出版社，2023.5
ISBN 978-7-121-45208-6

Ⅰ. ①工… Ⅱ. ①郭… ②侯… Ⅲ. ①工程经济学 Ⅳ. ①F062.4

中国国家版本馆 CIP 数据核字（2023）第 043950 号

责任编辑：杨洪军
印　　刷：北京天宇星印刷厂
装　　订：北京天宇星印刷厂
出版发行：电子工业出版社
　　　　　北京市海淀区万寿路 173 信箱　　邮编 100036
开　　本：787×1092　1/16　印张：16.5　字数：423 千字
版　　次：2009 年 4 月第 1 版
　　　　　2023 年 5 月第 3 版
印　　次：2024 年 2 月第 2 次印刷
定　　价：59.00 元

凡所购买电子工业出版社图书有缺损问题，请向购买书店调换。若书店售缺，请与本社发行部联系，联系及邮购电话：（010）88254888，88258888。
质量投诉请发邮件至 zlts@phei.com.cn，盗版侵权举报请发邮件至 dbqq@phei.com.cn。
本书咨询联系方式：（010）88254199，sjb@phei.com.cn。

前　言

工程经济学是一门研究工程实践活动经济效果的科学，即以工程实践活动为对象，以工程经济系统为核心，研究如何有效利用资源、提高经济效益的科学。人类的长期实践表明，工程科学技术是推动经济发展、社会进步、人类文明和实现现代化的强大动力，人们运用工程经济分析的理论与方法，以工程经济系统的工程实践活动为对象，以有效利用资源、提高经济效益为目标，对工程技术方案做出科学决策，通过工程的建设实施，推动产业、经济和社会的发展。党的二十大报告提出，以中国式现代化全面推进中华民族伟大复兴，中国式现代化是中国共产党人坚持马克思主义中国化时代化的社会主义现代化，是人口规模巨大、全体人民共同富裕、物质文明和精神文明相协调、人与自然和谐共生、走和平发展道路的现代化。实现以中国式现代化推进中华民族的伟大复兴，需要先进工程技术的支持和工程的实施，更需要大批既精通和掌握专业知识又具有“创新、协调、绿色、开放、共享”新发展理念、深谙中国式现代化思想、掌握工程建设管理理论的人才支撑。

《工程经济学》（第 3 版）继续秉持满足教学需要、兼顾行业需求、强化基本原理、推进能力与素质提升的编写原则，从高等院校工程管理、工程造价及相关专业工程经济学课程教学与改革的需要出发，兼顾建设领域建造师、咨询工程师执业资格考试对工程经济分析知识体系的新要求，在强化工程经济学基本原理和基本方法的基础上，将新时代中国特色社会主义思想的世界观和方法论，以及坚持“人民至上、自信自立、守正创新、问题导向、系统观念、胸怀天下”的思维，融入思政教育理念与元素，在保持第 2 版特色和优点的基础上对全书做适当调整。

（1）设定了多维度学习目标。第 2 版仅从知识学习的角度设定了学习目标，第 3 版增加了能力和素质两个维度，并在章末安排了与素质目标相呼应的思政元素，为课程思政教学提供基本素材和思考。

（2）调整了全书架构。将第 2 版中的第 2 章内容分解为建设项目现金流量构成、资金时间价值与等值计算两章内容，将第 6 章“价值工程”调整至第 10 章，取消了第 10 章“Excel 在工程经济学中的应用”，将 Excel 应用相关内容贯穿全书相关章节。

（3）修正了部分内容。第 3 版在第 2 版的基础上，尽可能地顺应国家生态文明、绿色发展思路，跟踪建设领域行业新发展，突出新工科、新型建筑工业化、项目全生命周期管理、重大工程社会责任等对我国工程经济分析的新要求，在体现《建设项目经济评价方法与参数》（第三版）理论与方法的基础上，参考了注册建造师、咨询工程师执业资格考试的新变化。根据最新的相关政策和行业研究成果，本书更新了理论知识，精选和完善了部分例题、习题、案例。具体对各章内容做如下修正。

第 1 章 绪论：①在阐述工程与经济时，增加了工程的广义和狭义概念、工程与经济关系的论述；②梳理了国内外工程经济学的发展脉络；③增加了有关工程经济学的研究对象、研究内容、分析方法、原则的阐述；④增加了有关建设项目全过程中工程经济学的应用、重大工程社会责任对我国工程经济分析新要求的论述；⑤围绕新发展理念，调整了工程经济分析人员的素质要求。

第 2 章 建设项目可行性研究：①增加了建设项目分类；②调整了项目建设程序的内容；③根据《投资项目可行性研究报告编写大纲及说明》（发改投资规〔2023〕304 号）修正了可行性研究内容。④删除了可行性研究报告的审查与审批。

第 3 章 建设项目现金流量构成：①根据住房和城乡建设部和财政部修订完成的《建筑安装工程费用项目组成》（建标〔2013〕44 号），对建筑安装工程费用进行了调整；②为更好地使学生理解现金流量的构成要素，增加了部分例题、案例分析题。

第 4 章 资金时间价值与等值计算：①明确了资金时间价值的产生原因、影响因素，方便读者更好地理解资金时间价值的内涵；②修正了例题，使其具有针对性和完整性。

第 5 章 建设项目经济评价指标：①细化了投资收益率指标，重点突出了总投资收益率和权益资金利润率的理解及应用；②修订了部分例题数据，以增强示范效果，适当增加了应用 Excel 计算部分指标的过程；③删除了外部收益率指标内容。

第 6 章 建设项目投资方案比选：①在互斥方案比选方法中增加了对“无项目”方案及互斥方案分析期的说明，加强对比选方案拟定和方法应用所遵循的基本原则的理解；②修改了部分例题的应用场景，增加了应用 Excel 解决问题的过程，更加利于学生对相关知识点的理解并体现新工科特色；③增加了混合方案比选内容。

第 7 章 建设项目不确定性分析：①增加了不确定性表现的解释，说明了不确定性与风险之间的关系；②在盈亏平衡分析、敏感性分析中加入了 Excel 的应用内容；③在原有版本的基础上优化了例题与解题过程。

第 8 章 建设项目设备更新的经济分析：①修订了设备磨损与补偿的相关定义与描述；②新增了设备更新的特点；③修订了设备大修理的经济界限的有关内容，并新增例题；④全面修订了设备更新的经济分析，特别是按照有限服务期、无限服务期进行了分类描述；⑤在租赁决策的经济分析中新增了例题。

第 9 章 建设项目评价：①基于营改增制度的实施，更新了建设项目财务评价的基本报表和辅助报表部分内容；②更新了财务评价的案例；③更新了国民经济评价参数中影响价格、影子汇率和社会折现率的部分内容；④取消了建设项目环境影响评价一节；⑤修订了建设项目社会评价的主要内容和评价程序；⑥修订了建设项目后评价的主要内容和评价程序。

第 10 章 价值工程：①完善了寿命周期成本的定义；②在价值工程的实施步骤中添加

了价值工程工作小组；③完善了功能系统图的定义；④修订了功能系数化法；⑤在建设项目的应用中增添了价值工程与发包模式。

（4）强化了引导特色。第3版重新梳理了每章的知识导航。按照每章解决问题的思路，重新统一和规范了知识导航，由问题研究的推进思路列出每章知识框架，建立主要内容之间的有机联系。每章在原有知识导航的基础上，增加了引导案例，通过引导案例把每章的整体学习思路交待给学生，使学生对每章的知识建立整体关联关系，同时了解知识的实践需求。每章的章末有该章知识点和问答题、计算题等多项内容，方便学生学习和巩固所学知识。

本书第3版由天津城建大学郭伟、侯信华主编，天津城建大学王艳娜、赵燕华、张睿参编。本书共10章，其中第1、2章由郭伟修订，第3、4章由王艳娜修订，第5、6章由侯信华修订，第7章由赵燕华修订，第8、10章由张睿修订，第9章由郭伟、侯信华修订，全书由郭伟、侯信华负责统编。天津城建大学研究生南娜、赵云龙、张瀚元、张焱平、边荷蕊、郭婉君等为本书的出版做出了许多有益工作。在编写本书的过程中，编者参考了大量同类专著、教材和习题集，书中直接或间接引用了参考文献所列书目中的部分内容，在此一并表示致谢。

本书虽几经修改，但由于编者水平有限，书中难免仍有不当和错误之处，敬请读者批评指正。

编　者

2023年3月

目　录

第 1 章

绪论

本章知识导航

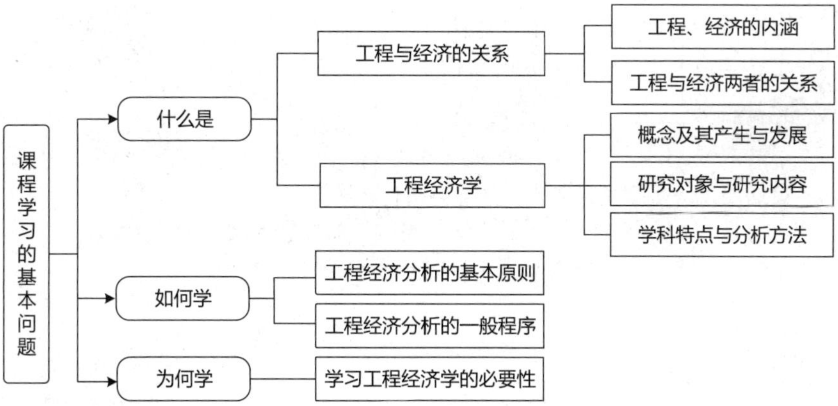

本章学习目标

☑ 知识目标：掌握工程与经济的关系、工程经济学的概念；掌握工程经济学的研究对象、研究内容、学科特点与分析方法；了解工程经济学的产生和发展；理解工程经济分析的基本原则和一般程序；理解学习工程经济学的必要性。

☑ 能力目标：提升工程经济学在工程经济分析中应用的认知能力。

☑ 素质目标：培养实事求是、严谨认真的工作作风，弘扬社会主义核心价值观；树立系统整体思维观和可持续发展理念。

✪ 引导案例

京沪高铁是世界上建成线路最长、标准最高的高速铁路，也是中华人民共和国成立以来投资规模最大的建设项目，其决策经历了从 1990 年提出构想到 2008 年全线开工 18 年的漫长曲折过程。

京沪高铁不仅是全国政治、文化中心与经济中心的连接，更是环渤海和长三角两个重要经济区的连接。它贯穿北京、天津、河北、山东、安徽、江苏、上海七省（市），这七省（市）国土面积占全国的 6.5%，人口占全国的四分之一，GDP 占全国的 40%，是我国经济发展最活跃和最具潜力的地区，客货运输需求旺盛，京沪高铁建设的必要性毋庸置疑。

高速轨道交通建设有两种方式：磁悬浮轨道交通和轮轨轨道交通。两种技术的专家各抒己见：磁悬浮技术速度快（最高能达 500 千米/小时）、能耗小、环保、启动停车快、安全舒适，但造价高（按 1999 年预算总额为 3 542 亿元）；轮轨技术可与普通铁路、高速铁路及城际轨道列车等轮轨系统较好兼容，更经济（按 1999 年预算不足 1 000 亿元）。同时，从技术角度看，磁悬浮技术的垄断性使德国在知识产权输出上始终不肯让步，轮轨技术的竞争性使德国面对日本、法国的竞争而愿意让步。

2006 年，国务院颁布《中长期铁路网规划》，确立了中国铁路网建设的蓝图。经过充分论证、科学比选，最终确定采用轮轨技术。由此可见，许多重大工程项目投资决策不仅与技术有关，也与经济密切相关。磁悬浮技术在技术上是先进的，但由于其成本过高、经济性及兼容性差，因此在该项目中被淘汰。

【案例分析与讨论】

（1）京沪快速轨道交通建设为何选择轮轨技术？

（2）没有经济性的技术是不是成功的技术？为什么？

（3）如果一个工程项目是有效的，那么对其技术和经济的要求是什么？

1.1 工程经济学概述

1.1.1 工程与经济

1．工程

从广义上看，工程是人们为达到某种目的在一定时间内进行协作活动的过程。人类社会生活领域的一切活动均可看作工程，如菜篮子工程、安居工程、希望工程、扶贫工程等。

从狭义上看，工程是为了满足人类社会某种特定需要，综合应用科学的理论和技术的手段改造客观世界的具体实践活动，即以建造为核心的人类活动。在长期的生产和生活实践中，人们根据数学、物理学、化学、生物学等自然科学和经济地理等社会科学的理论，应用各种技术手段，开发、设计、制造产品或解决工艺和使用等方面的问题，逐渐形成了门类繁多的专业工程，如土木工程、机械工程、化学工程、水利工程、航天工程等。工程经济学的工程取其狭义概念，它不仅指土木工程等有物质实体的工程活动，更多的是指各种项目方案。

工程不同于科学，也不同于技术。科学是人们对客观规律的认识和总结，是以发现为核心的人类活动；技术是人类改造自然的手段和方法，是以发明为核心的人类活动。技术是应用各种科学规律进行各种产品（或结构、系统及过程）开发、设计和改造所采用的知识、技能、手段、方法、措施等的总称。技术发展不仅能创造落后技术所不能创造的新产品和劳务，如宇宙技术、人工智能技术、海洋技术、新材料、新能源、生物制药技术等，而且能用更少的人力和物力创造出相同的产品和劳务。工程师的任务就是把科学家的发现，应用到各种改造自然的工程实践活动之中。

2．经济

在我国古代，经济有“经邦济民”之意。现代人对经济的理解具有多重含义，主要包括：

（1）生产关系。经济是人类社会发展到一定阶段的社会经济制度，是生产关系的总和，是政治和思想意识等上层建筑赖以建立的基础。从政治经济学角度看，经济是生产关系和生产力的相互作用，用于研究生产关系运动的规律。

（2）国民经济的总称，或国民经济的各部门。如工业经济、农业经济、运输经济等。

（3）社会生产和再生产过程。即物质资料的直接生产过程，以及由它决定的交换、分配和消费过程。

（4）节约或节省，也是人们日常所说的经济实惠。这是工程经济学应用较多的含义，指人、财、物、时间等资源的节约和有效使用，表现为获得单位效用所消耗费用的节约。在工程建设中，人们常追求以较少的费用建成具有同样效用的工程，或以同样数量的费用建成更多、更好的工程等。

因工程经济决策涉及的经济问题多与社会生产和再生产的部门经济发展规律有关，故工程经济学中经济的概念基本上是指前述第三、第四种含义。

3．工程与经济的关系

工程与经济是“科学-技术-工程-产业-经济-社会-生态”系统的重要组成部分，二者的关系既对立又统一。

（1）工程与经济相互依存，不可分割。人类社会的进步和经济的发展离不开人类有目的、有组织的改造自然、创造自然的工程活动。受人类社会资源有限性的约束，任何工程活动都是在一定的资源条件下运用科学和技术改造世界的实践活动，都会努力寻求资源的节约和优化利用。因此，工程是人类实现理想的手段，经济是人类追求的目标，二者是人类改造世界过程中不可分割的活动。只有二者有机结合才能形成工程的有效性，即技术上的可行性和经济上的合理性。

（2）工程与经济相互制约、相互促进。从工程视角看，工程的实施是科学技术的应用过程，它促进技术的实现与进步，推动产业、经济的发展，最终服务于社会。同时，工程的实施又受到经济的影响和制约，工程实践中运用科学技术水平的高低在很大程度上取决于经济实力。从经济视角看，经济的发展是不断满足人类日益增长的物质需求的过程，经济的发展需要工程技术的支持和工程的实施。同时，经济的发展也会促进工程技术的发展与进步，拓展工程建设的范围，扩大工程实践活动的规模。我国的三峡工程、青藏铁路、南水北调、西气东输、西电东送、港珠澳大桥、北京冬奥会场馆、北京新机场等伟大工程实践，都充分反映出工程与经济的相互促进关系。

1.1.2 工程经济学的产生与发展

1．工程经济学

工程经济学（Engineering Economics）是工程与经济的交叉学科，属于应用经济学的一个分支，是研究工程实践活动经济效果的学科，即以工程实践活动为对象，以工程经济系统为核心，研究如何有效利用资源、提高经济效益的科学。

工程经济学研究各种工程技术方案的经济效果；研究各种技术在使用过程中如何以最小的投入获得预期产出，或者如何以等量的投入获得最大产出；研究如何用最低的寿命周期成本实现产品、作业及服务的必要功能。

工程经济学的实质是寻求工程技术与经济效果的内在联系，揭示二者协调发展的内在规律，促进工程技术先进性、经济合理性的统一。

2．工程经济学的产生

工程经济学是根据现代科学技术和社会经济发展的需要，在自然科学和社会科学的发展过程中，各学科相互渗透、相互促进、互动交叉逐渐形成和发展起来的。其历史渊源可以追溯到 1887 年惠灵顿（Arthur M. Wellington）出版的《铁路布局的经济理论》。作为一名建筑工程师，惠灵顿认为资本化的成本分析法，可应用于铁路最佳长度或路线曲率的选择，从而开创了工程领域的经济评价工作。惠灵顿认为，工程经济不是建造艺术，而是一门少花钱多办事的艺术。

惠灵顿的精辟见解被后来的工程经济学家所承袭。1915 年，斯坦福大学教授菲什（J. C. L. Fish）出版了第一部以《工程经济学》冠名的著作。他将投资模型与证券市场联系起来，分析内容包括投资、利率、初始费用与运营费用、商业组织与商业统计、估价与预测、工程报告等。与此同时，戈尔德曼（O. B. Goldman）教授在其《财务工程学》一书中提出了决定相对价值的复利模型。他指出："许多作者在他们的工程著作中，没有或很少考虑成本问题。实际上，工程师最基本的责任是考虑成本，以便取得真正的经济效益，即赢得最大可能数量的货币，获得最佳的财务效益。"

格兰特（Eugene L. Grant）教授是真正使工程经济学成为一门独立的、系统化科学的学者，被后人誉为工程经济学之父。他在 1930 年出版了被誉为工程经济学经典之作的《工程经济学原理》，他在该书中不仅剖析了古典工程经济的局限性，而且以复利计算为基础，讨论了判别因子和短期评价的重要性，以及资本长期投资的一般比较，首创了工程经济的评价理论和原则。

3．国外工程经济学的发展

第二次世界大战之后，工程经济学受凯恩斯主义经济理论的影响，研究内容从单纯的工程费用效益分析扩大到市场供求和投资分配领域，从而取得了重大进展。这与两门同工程经济学密切相关学科的重大发展有关，一门是 1951 年由乔尔·迪安（Joel Dean）教授开创的管理经济学，另一门是在第二次世界大战前就已存在，但在 20 世纪 50 年代发生了重要变化的公司理财学（企业财务管理学）。二者对研究公司的资产投资、把计算现金流量的现值方法应用到资本支出的分析上，起着重要作用。1961 年，乔尔·迪安教授出版了

《资本预算》一书，不仅发展了现金流量的贴现方法，而且开创了资本限额分配的现代分析方法。

20世纪60年代以来，工程经济学研究主要集中在风险投资、决策敏感性分析和市场不确定性因素分析三方面，主要代表人物是美国的德加莫、卡纳达和塔奎因教授。德加莫教授偏重于研究工程企业的经济决策分析，他的《工程经济学》（1968）以投资形态和决策方案的比较研究，开辟了工程经济学对经济计划和公用事业的应用研究新领域。卡纳达教授的《工程经济学》（1980）重视外在经济因素和风险性投资分析。塔奎因教授等人的理论则强调投资方案的选择与比较，其提出的利润、成本与服务年限的评价原则、盈亏平衡原则和债务报酬率分析等经济评价原则成为美国工程经济学教材中的主要理论。美国堪萨斯州立大学的布西于1978年出版了《工业投资项目的经济分析》，全面系统地总结了工程项目的资金筹集、经济评价、优化决策以及项目的风险和不确定性分析等。同一时期，工程经济学在世界许多国家也得到了广泛的重视和应用。苏联逐渐形成了一套比较完整的技术经济分析论证程序和分析评价方法，其他国家也纷纷推出各自的有关工程与经济的分析方法和学科，如英国的业绩分析、法国的经济分析、日本的经济性工程等。

近年来，西方工程经济学理论出现了宏观经济研究的新趋势，工程经济中的微观部分效果分析逐渐同宏观的社会效益研究、环境效益分析结合在一起，国家的经济制度和政策等宏观问题成为当代工程经济学研究的新内容。同时，随着计算机技术的迅速普及，工程经济分析与评价、技术方案选择方法都有了新的突破，将一些以往无法定量描述的经济因素定量化，使工程经济学的理论和方法研究进入新时期。

4．我国工程经济学的发展

我国对现代工程经济学的研究和应用起步于20世纪50年代初，其发展过程大致分为以下几个阶段。

（1）起步阶段（20世纪50年代初至50年代末）。50年代初，我国在引进苏联科学技术的同时，也引入了技术经济分析和论证方法，将其应用于我国重点建设项目实践并结合我国经济建设的实践经验，创立了以费用效益分析理论和方法为主线，技术方案比选和建设项目经济评价为主要内容的应用经济学的分支——技术经济学。

（2）停滞阶段（20世纪50年代末至70年代末）。50年代末至70年代，受“左”倾思想影响，出现了片面追求速度、否定技术经济分析的必要性、建设程序不规范、审批手续不严格等问题，违背了基本建设程序，出现了所谓边勘察、边设计、边施工、边生产的“四边”工程，以及当年设计、当年施工、当年建成、当年生产的“四当年”工程，使生产建设和国民经济遭受巨大损失，技术经济工作也陷入停滞状态。

（3）蓬勃发展阶段（20世纪70年代末至今）。1978年，党的十一届三中全会拉开了中国经济体制改革的序幕，技术经济学的研究和应用重新得到国家的重视，国家制定的《1978—1985年全国科学技术发展规划纲要》提出，将“技术经济和管理现代化理论和方法的研究”列入108项重大课题研究。随后陆续成立了中国科学技术协会的中国技术经济研究会（1978年）、中国社会科学院技术经济研究所（1980年）、国务院技术经济研究中心（1981年）等研究机构。在此期间，国内专家和学者吸纳大量的工程经济理论与方法以及西方经济理论中有关技术的研究成果，逐步形成技术经济学的基本理论框架和学科体系。1983 年 2 月，国家计委颁发《建设项目进行可行性研究的试行管理办法》，明确规定把项目可行性研究纳入基本建设程序，要求所有新建、扩建的大中型项目以及所有利用外资进行基本建设的项目都必须有可行性研究报告。1985 年，国家科学技术委员会等编制出版了《工业建设项目可行性研究经济评价方法——企业经济评价》。1987 年，国家计委和建设部发布《建设项目经济评价方法与参数》（1993 年、2006 年分别发布第二版和第三版）。2001 年 9 月，国家计委委托中国国际工程咨询公司编写了《投资项目可行性研究指南》。这些理论方法和应用指南的颁布标志着我国初步进入了工程项目投资决策科学化阶段。

20 世纪 90 年代以来，随着我国建立社会主义市场经济体制目标的逐步确立，政府管理经济及配置经济资源的方式发生了变化，国家投资体制改革进程加快，技术经济学理论与方法普遍应用于各类建设项目的经济评价中，同时也推动了我国工程经济学的学科发展。工程经济学的研究范围一方面丰富和完善了微观层次的理论和方法，另一方面将研究领域扩展到中观和宏观的层次，同时借鉴了国外工程经济学、价值工程、可行性研究、预测和决策理论方法，丰富了工程经济学的内容，促进了学科的进一步发展。随着工程经济学的原理和方法在经济建设的各类项目评价中系统、广泛的应用，学科体系、理论与方法、性质与对象的研究不断深入，我国逐步形成了符合中国国情的较为完整的学科体系。

同样，随着管理科学和计算机技术的发展，我国的工程经济学也取得了新发展。借助运筹学、概率论、计算机技术等工具，将过去无法用数学计量的一些动态变化的经济因素、变量加以计量，运用大量连续变量计算求最优化的方法代替传统统计、对比、计算选择方案的方法，使分析评价技术经济效果及选择最佳技术方案的方法有了质的飞跃。

1.2 工程经济学的研究对象、研究内容、学科特点与分析方法

1.2.1 工程经济学的研究对象与研究内容

1．工程经济学的研究对象

工程经济学是当代工程技术和社会经济发展密切结合的产物，是工程科学与经济科学的交叉学科。其研究对象随着经济建设和社会进步而不断演变，学者对此的观点不完全统一。主要观点为：从经济角度选择最佳方案的原理与方法；为工程师服务的经济学；研究经济性的学科领域（经济性工学观点）；研究工程项目节省或节约之道的学科。

工程经济学是研究工程技术领域的经济问题和经济规律，以及工程领域资源最佳配置的科学，其研究对象是“工程-经济”系统中工程实践活动的经济性问题。传统工程经济学主要面对微观的工程经济问题，如某项工程的建设问题、某企业的技术改造问题、某技术措施的评价问题、多种技术方案的选择问题等。随着社会和经济的发展，现代工程经济学面对的问题越来越广泛，从微观的工程经济问题扩展到宏观的工程经济问题，如环境问题、能源问题、资源开发利用问题、国家经济制度与政策问题。这样，工程经济学的研究对象就涉及宏观和微观两个层面，既要解决经济对工程的影响问题，又要解决工程的经济评价问题。可从宏观和微观两个视角探讨工程建设与经济发展的相互影响、促进、协调发

展的关系，并探求两者的最佳结合点。而工程的经济评价问题从微观视角探讨了，为了实现资源合理配置、工程有效性目标，需要采用何种理论体系、方法体系及指标体系。本书主要介绍后者，称为工程经济分析。

工程实践活动的载体是工程项目。因此，工程经济分析的对象是具体的工程项目，它不仅是指需要投入一定社会资源，来规划、设计、建造、运营的具有独立设计方案、能够独立发挥功能的工程整体，而且是指投入一定社会资源、可独立分析和评价的计划、规划和技术方案。工程项目在工程经济学中是一个广义的概念，它可大到一个水利枢纽工程、一座工厂，也可小到一个新产品方案、一项技术革新、一台设备的更新。复杂的工程项目总是由许多不同内容的子项目所组成的，每个子项目由于具有独立的功能和明确的费用投入，因此都可作为工程经济分析的对象。例如，既可以把钢铁厂的改造项目作为工程经济分析的对象，也可以把钢铁厂的炼钢车间和热处理车间作为工程经济分析的对象。

2．工程经济学的研究内容

工程经济学的研究内容是如何建立评价的方法体系，从而正确估价工程项目的合理性，寻求工程与经济的最佳结合点。工程经济学不研究工程技术原理与应用本身，也不研究影响经济效果的各种因素，而是研究各种工程技术方案的经济评价方法。其主要内容包括资金的时间价值、项目评价指标与方法、项目多方案比选、项目的财务评价、项目的国民经济评价、项目社会评价、项目后评价、不确定性分析、设备更新方案的比较、价值工程、项目可行性研究等方面。

1.2.2　工程经济学的学科特点与分析方法

1．工程经济学的学科特点

（1）综合性。工程经济学横跨自然科学和社会科学，所研究和解决的工程经济问题具有多目标、多层次等特征，涉及技术、经济、社会、生态、环境、资源等多个方面，需要工程经济学具有较强的综合性。

（2）实用性。工程经济学研究的工程经济问题来源于生产建设实际，其分析和研究的成果直接用于生产实践，并通过实践来验证分析结果是否正确。

（3）定量性。工程经济学的研究方法以定量分析为主，通过调查、收集反映现状的数据、资料，采用量化方法进行分析评价，以定量结果提供决策依据。

（4）比较性。工程经济学研究工程技术可行性基础上的经济合理性，通过经济效果的比较，从多个可行的技术方案中选择最优方案或满意的可行方案。

（5）预测性。工程经济分析大多在正式决策之前进行，依据相关调查数据，通过预测，对未来的技术规划、措施、方案、工程项目等进行事前分析论证，决定了工程经济学具有预测性。

（6）系统性。工程经济分析的对象通常处于一定的“工程–经济”系统中，因此需要着眼于整体，采用系统分析的思想与方法，分析系统因素对工程项目的影响。

2．工程经济学的分析方法

（1）系统分析法。工程经济学所研究的工程实践问题具有多方案、多因素、多目标、多指标的特点，分析评价程序也是多阶段的。因此，要以系统的观点研究问题，把研究对象看作由若干作用于一个共同目标、互相联系又互相影响的单元组成的有机整体，以实现方案的最优化。

（2）方案比较法。通过若干工程经济效果的指标，对完成同一任务的几个技术方案进行计算、分析和比较，从中选出最优方案。为了保证比较结果的可靠性，方案比较中的关键环节通常要把各备选方案的条件等同化，把不可比因素可比化。

（3）定量分析与定性分析相结合。工程经济学通常采用定量分析方法，把分析的因素定量化，通过数学计算进行分析比较。但有些工程经济问题中的环境、社会影响等宏观因素无法定量或不能完全定量，因此需要进行定性分析。

（4）调查研究法。工程经济学研究工程实践活动的经济效果，必须借助调查研究弄清每个技术方案的全部投入、产出及相关因素产生的影响，以作为科学地做出工程经济分析结论的基本前提。同时，借助调查研究可以发现工程经济活动中出现的新问题，总结建设领域工程技术发展的一般规律和实践经验。

1.2.3　工程经济分析的基本原则和一般程序

1．工程经济分析的基本原则

（1）追求经济效果的原则。工程经济分析的目的是提高工程实践活动的经济效果。所谓经济效果，就是经济活动中所取得的劳动成果与劳动消耗和占用的比较，或者是经济活动中产出与投入的比较。在进行方案选择时，要充分考虑费用（投入）与效益（产出）两个方面，通过分析、比较各种效益的比值做出决策。其表示法通常有三种：

比率表示法：

$$\text{经济效果}\,E=\frac{\text{劳动成果（产出）}O}{\text{劳动消耗和占用（投入）}I} \tag{1-1}$$

差额表示法：

$$\text{经济效果}E=\text{劳动成果}O-\text{劳动消耗和占用}I \tag{1-2}$$

百分率表示法：

$$\text{经济效果}\,E=\frac{\text{劳动成果}O-\text{劳动消耗}\,I}{\text{劳动消耗和占用}\,I}\times 100\% \tag{1-3}$$

经济效果 E 的数值反映了不同的经济效果。

（2）可持续发展原则。从资源利用上看，任何工程的实施都要依赖社会经济资源的投入，离开了资源的可持续利用就不可能实现经济的可持续发展。任何工程的实施都要置身于人类生态与社会大系统中，离开了项目与系统的协调有效运行，就不可能实现可持续发展。工程经济分析要关注资源的合理配置、高效利用和循环利用问题，关注是否可以采用新材料、新工艺、新方法节约或替代稀缺资源等问题。从协调发展上看，工程经济分析要全面分析和论证项目的投入、产出对生态、环境和社会系统的影响，致力于项目和系统间的协调。从分析视角上看，工程经济分析要站在全局的高度，在关注眼前利益、局部利益的基础上，关注工程项目的长远利益。

（3）技术与经济相结合原则。经济是技术进步的目的，技术是达到经济目标的手段，是推动经济发展的强大动力，二者是对立统一的矛盾体。因此，在工程经济分析中必须坚持技术先进性与经济合理性相统一，既要考察工程项目技术上的先进性与适用性，又要考察其经济上的合理性，将两者有机结合起来。

（4）可比性原则。工程经济分析是一个方案择优的过程，择优比较的前提是要建立共同的比较基础。工程经济分析的可比性包括满足需求的可比性、消耗费用的可比性、价格的可比性和时间的可比性。在工程经济分析中，要对不同方案的产品在产量、品种、质量、性能等方面的差异进行修正和调整，对市场中失真的现行价格进行修正，对不同寿命期的方案进行处理，对不同时间点发生的费用效益进行折算，使方案具有可比性。

（5）系统性分析原则。一切工程都是人去建造的，是为了人而建造的。工程是科学、技术、经济、管理、社会、文化、生态等众多要素的集成、选择和优化。因此，要以系统整体为研究对象，建立顺应自然经济和社会规律，遵循社会道德伦理、公正公平准则，坚持以人为本、资源节约、环境友好、循环经济、绿色生产、促进人与自然和人与社会协调可持续发展的工程理念；不仅要研究工程技术结构、质量和可靠性等，也要研究可能实现的最佳经济效益及相关措施等，更要研究工程与社会经济系统间的协调发展。

（6）静态分析与动态分析相结合原则。静态分析不考虑时间因素的影响，忽略了资金的时间价值，因而评价结论较为粗略，通常适用于项目初评。动态分析考虑了资金的时间价值，全面评价了项目的经济效益状况，真实反映了项目经济效益水平，因此，工程经济分析中通常结合静态和动态分析，并多以动态分析结论作为评判依据。

（7）统计预测和不确定性分析相结合原则。工程经济分析主要是研究未来拟建项目或方案的可行性，因此要在广泛调研的基础上，选择适当预测方法，科学地预测所需投入、产出等相关信息，据此做出评价结论。而未来拟建项目或方案在实施时存在一定的不确定性，故在工程经济分析时不仅要关注确定性评价所估算的项目收益，还要关注不确定性分析所揭示的项目风险，权衡项目收益和风险并做出决策。

2．工程经济学的一般程序

工程经济分析主要是对各种可行的技术方案进行综合分析、计算、比较和评价，全面衡量其经济效益，以做出最佳选择，为决策者提供科学依据。

工程经济分析的一般程序如图 1-1 所示。

（1）确定目标和评价标准。工程经济分析的目的在于比较方案优劣并进行选优。要比较，就要有共同的目标。由需求形成问题，由问题产生目标，再依目标去寻求最佳方案。目标是根据问题性质、范围、原因和任务设定的，是工程经济分析至关重要的一环。若目标确定错误，就会导致分析失误或失败，从而造成浪费。在确定目标时要有长远和总体观点，使目标具体、明确，主次分明。目标确定后，依据目标确定评价指标及其标准。

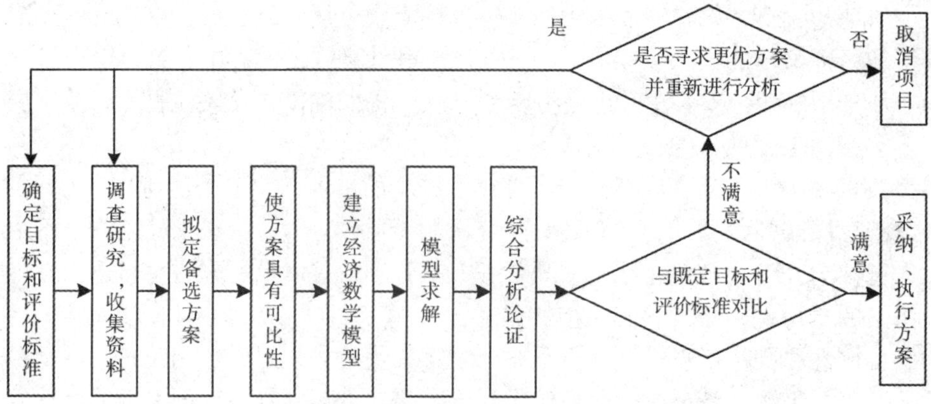

图 1-1　工程经济分析的一般程序

（2）调查研究，收集资料。目标确定后，要对现实目标的需求进行调查研究，分析是否具有现实目标所需的资源、技术、经济和信息等条件。资料是分析的基础，资料正确与否，直接影响分析的质量，资料要真实、先进、及时和全面。

（3）拟定备选方案。为了有利于比较、鉴别和优选，在工程经济分析初期，应首先对能够实现既定目标的各种途径进行充分挖掘。在占有资料的基础上，应尽可能地提供充分的对比方案，以确保优选质量。

（4）使方案具有可比性。若进行比选的方案指标和参数各不相同，则难以直接比较。故需要对一些不能直接对比的指标进行处理，使方案在使用价值上等同化，将不同的数量和质量指标尽可能转化为统一的可比性指标。通常，可比性指标要转化为货币指标，应该且必须满足可比性要求。

（5）建立经济数学模型。经济数学模型是工程经济分析的基础和手段，通过建立经济数学模型，进一步规定方案的目标体系和约束条件，为以后的经济分析创造条件。

（6）模型求解。把各种具体资料和数据代入数学模型中运算，求出各方案主要经济指标的具体数值并进行比较，初步选择方案。

（7）综合分析论证。在对不同方案指标分析计算的基础上，进行整个指标体系和相关因素的定量和定性的综合比较分析，选出最优方案。

（8）与既定目标和评价标准比较。将最后选定的方案与既定目标和评价标准相比较，对符合的就采纳，对不符合的则重新按照此程序进行其他替代方案的分析。

1.3　学习工程经济学的必要性

1. 工程技术人员学习工程经济学的必要性

合理分配和有效利用现有资源满足人类社会的需要，是当今人类社会面临的一项艰巨任务。从个人投资到重大工程项目的建设，都需要运用工程经济学的知识进行经济分析与决策。作为一名工程技术人员，不仅需要精通专业技术，而且需要具有经济头脑。因此，学习工程经济学的必要性主要体现在以下两个方面。

（1）正确做出经济决策的前提。世界上各种资源都是有限的，工程技术人员的任务就是要合理分配和有效利用现有资金、劳动力、原材料、能源等资源，以满足人类需要。所以，如何使产品以最低的成本可靠地实现产品的必要功能是工程技术人员必须考虑和解决的问题，而做出合理分配和有效利用资源的决策必须依靠工程经济学的相关理论和知识。

在工程建设领域，工程经济分析的研究客体是由某个具体建设项目构成的系统，通过考察该系统的预期目标和所拥有的资源条件，分析该系统的现金流量，选择合适的技术方案，以获得最佳的经济效果。运用工程经济学理论和方法可以解决建设工程从决策、设计到施工及运营各阶段的许多工程经济问题。在决策阶段，投资方进行细致深入的调查和论证，分析项目技术上和经济上的可行性，最终做出科学决策；在设计阶段，在满足功能需求的前提下，优选设计方案，节约工程投资造价；在施工阶段，通过对技术方案的工程经济分析，确定施工组织方案、施工进度安排、设备和材料的选择等，避免只关注技术忽略经济而造成重大经济损失；在运营阶段，通过设备的经济分析，确定设备的经济寿命，正确地做出更新决策。通过学习工程经济学，工程技术人员可以增强经济观念，运用工程经济分析基本理论和方法，将建设项目管理建立在更加科学的基础之上。

随着经济发展、技术进步及管理水平的不断提高，建设项目的技术经济要求越来越复杂，特别是交通和基础设施、公共服务、生态环境、智慧城市等领域重大工程项目，如大型桥梁、城市地铁、高速公路铁路、大型水电站等，投资规模大、复杂性高，对政治、经济、社会、科技发展、环境保护、公众健康与国家安全具有重要影响。重大工程的利益相关者在项目全生命周期中为其决策活动，对社会、经济和环境的影响而承担的社会责任也日益加重，因此更需要运用工程经济学的理论和方法做出正确决策。

（2）提高产品竞争力的保证。尽管产品是由工人在生产过程中制造出来的，但是产品的技术先进程度和制造费用的高低，在很大程度上都是由工程技术人员在设计产品和选择工艺过程中早已决定的。如果工程技术人员在设计产品和选择工艺时不考虑市场需要，不考虑生产成本，产品就没有竞争能力，无人购买，就不能实现其价值和使用价值，生产这种产品的企业也就无法生存和发展。通过学习工程经济学，工程技术人员将有意识地在产品设计与制造的过程中既注意提高其性能和质量，又注意降低生产成本，从而做到物美价廉。

2. 工程经济分析人员的基本要求

任何工程技术活动都离不开经济。任何计划和生产都应被财务化，最终都导向经济目标，并用经济尺度去检查工程技术和工程管理活动的效果。因此，工程经济分析人员在掌握工程经济分析方法、具备工程分析能力的同时，还应做到以下几点。

（1）树立新发展理念。党的十八大以来，习近平总书记提出的“创新、协调、绿色、开放、共享”的新发展理念成为我国各项事业发展的战略指引。党的二十大报告明确提出以中国式现代化全面推进中华民族伟大复兴。中国式现代化是中国共产党人坚持马克思主义中国化时代化的社会主义现代化，既有各国现代化的共同特征，更有基于自己国情的中国特色，是人口规模巨大的现代化，是全体人民共同富裕的现代化，是物质文明和精神文明相协调的现代化，是人与自然和谐共生的现代化，是走和平发展道路的现代化。作为立足中国、投身中国式现代化建设的工程经济分析人员，要深刻理解中国式现代化的特征和本质要求，深入贯彻新发展理念，更加清醒地认识到：技术是工程的前提，经济是工程的目的，工程与经济要协调发展。同时，工程经济分析人员还要具有创新思维和创新精神，胸怀祖国、放眼世界的开放意识，可持续的绿色发展理念和合作共享的精神。

（2）正确理解国家的发展战略和有关政策。国家的发展战略和有关政策牵动全局，影响深远，其中，国民经济发展战略是在各项具体工作中确定决策目标的依据。没有明确的目标，拟定方案就是盲目的，分析评价就没有正确的标准，更谈不上决策科学。为了实现国家发展战略目标，政府会制定和出台一系列相关产业政策、技术政策、税收政策、金融政策、物价政策，以及外资、外贸、外汇政策等，这些政策都是进行各项工程经济决策的外部条件，影响着具体的工程经济活动。只有在各项工程经济活动中严格执行国家的产业政策和技术政策，充分考虑其他经济政策的影响，才能保证整个国民经济的健康发展，实现决策的科学性。

（3）具备科学预测能力。工程经济分析具有较强的预见性，仅靠对本部门、本企业所处环境的某种感觉或直觉判断，往往会导致决策失误。因此，工程经济分析人员要正确掌握科学的预测方法，对经济、技术及工程实践活动的未来发展情况做出准确的估计或推测，以保证决策的科学化。

（4）具有实事求是、严谨认真的工作作风。工程经济决策的科学性取决于预测的科学性，科学的预测需要深入细致的调查研究。因此，工程经济分析人员应具有严谨认真的工作作风，遵守客观公正的原则，开展深入细致的调查研究，获取较为全面的资源、技术、经济等基础资料，保证分析结果的可靠性。在多方案比选时，要坚持实事求是的原则，不应先入为主，对某个方案有主观偏爱，更不应为了争取上级批准某个方案，夸大一面而掩盖另一面，使项目的可行性变成上级的“可批性”，使严肃的工程经济分析流于形式。

思政元素

（1）从“工程与经济的关系”元素点，理解我国工程建设领域的伟大成就与我国经济发展的关系，增强自豪感。

（2）从“工程经济学的一般程序”“工程经济分析人员基本要求”元素点，强调树立培养实事求是、严谨认真工作作风的重要性。

（3）从“重大工程社会责任”元素点，培养和树立系统整体思维观和可持续发展理念。

复习思考题

1. 知识点

工程的内涵、经济的内涵、工程与经济的关系、工程经济学的概念、工程经济学的产生、国外工程经济学的发展、我国工程经济学的发展、工程经济学的研究对象、工程经济学的研究内容、工程经济学的学科特点、工程经济学的分析方法、工程经济分析的基本原

则、工程经济分析的一般程序

2. 简答题

（1）工程与经济的关系如何?

（2）什么是工程经济学?

（3）工程经济学的研究对象是什么?

（4）工程经济分析的一般程序有哪些?

（5）为什么要学习工程经济学?工程经济分析人员的基本要求是什么?

3. 练一练

梳理本章知识内容，绘制本章思维导图。

第 2 章

建设项目可行性研究

本章知识导航

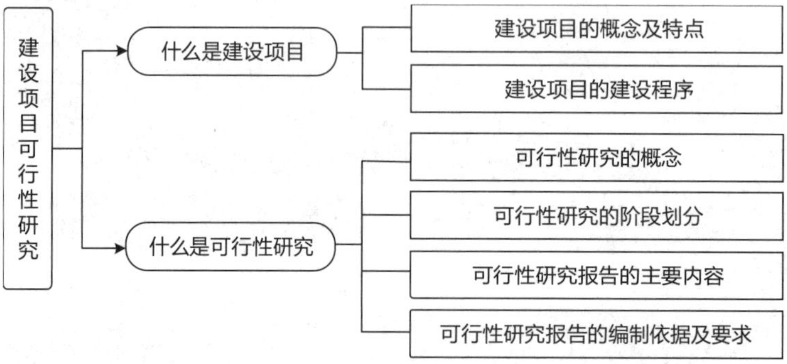

本章学习目标

☑ 知识目标：掌握建设项目的概念及特点；掌握建设项目的建设程序；掌握可行性研究的概念；理解可行性研究的目的和作用；掌握可行性研究的阶段划分；掌握可行性研究报告的主要内容及编制依据。

☑ 能力目标：提升可行性研究的认知能力。

☑ 素质目标：树立严谨、踏实的工作作风，养成科学、规范的研究态度。

✪ 引导案例

1999 年至 2001 年上半年，席卷全球的宽带风暴为光纤产业带来了前所未有的繁荣景象，宽带浪潮和中国电信运营商网络建设的竞赛共同营造出空前繁荣的中国光纤市场。在这一背景下，某上市公司经可行性研究论证得出结论：拟投资兴建的光纤生产项目具有较好的市场前景，故公司投资兴建光纤通信中心，从事光纤拉丝生产项目。新千年互联网泡沫使国内光纤生产厂家猛增，产能远大于市场需求。2001 年下半年，世界光纤需求量开始下降。光纤市场价格加速下滑，单价从每芯千米 1 600 元直降至每芯千米 80 元。产能严重过剩导致的恶性竞争加速了中国光纤行业的整合，造成该公司光纤项目被迫下马。2004 年，该公司爆出预亏 3.5 亿元，成为 ST 股，被某科技投资集团有限公司买为“壳资源”。

【案例分析与讨论】

（1）该上市公司在光纤生产项目上的可行性研究可能存在什么问题？

（2）建设项目的可行性研究重点要做好哪些工作？

（3）可行性研究属于建设项目程序中哪个阶段的工作？

2.1　建设项目概述

2.1.1　建设项目的概念及特点

1. 建设项目的概念

建设项目是指需要一定量的投资，经过决策和实施（设计、施工等）的一系列程序，在一定的约束条件下以形成固定资产为明确目标的一次性建设任务。

依据不同角度，建设项目有不同的分类。按照建设性质的不同，建设项目分为新建、扩建、改建、迁建、恢复项目。按照建设用途的不同，建设项目分为生产性建设项目和非生产性建设项目，前者是直接用于物质资料生产或直接为物质资料生产服务的建设项目，如工业、农业、基础设施、商业建设项目等；后者是用于满足人民的物质、文化、福利需要的建设项目和非物质资料生产部门的建设项目，如办公用房、居住建筑、公共建筑等。按照建设投资产生效益的不同，建设项目可分为竞争性项目、基础性项目、公益性项目，其中，竞争性项目主要是指具有较高投资效益的建设项目；基础性项目主要是指具有自然垄断性、建设周期长、投资额大而收益低的基础设施建设项目，需要政府重点扶持的基础工业项目，以及直接增强国力的各个领域经济规模的支柱产业项目；公益性项目主要包括科技、文教、卫生、体育、环保等设施建设项目，公、检、法等政权机关以及政府机关、社会团体办公设施建设项目、国防建设项目等。按照项目投资来源的不同，建设项目分为政府投资项目和非政府投资项目。

2. 建设项目的特点

根据我国对建设项目的有关规定并参照世界各国有关资料，建设项目主要有以下特点：

（1）整体性。建设项目是在一个总体设计和初步设计范围内，由一个或若干个相互有内在联系的单项工程（或单位工程）组成的，建设中实行统一核算、统一管理的建设单位。

（2）约束性。建设项目是在一定约束条件下，以形成固定资产为特定目标。约束条件包括：时间约束，即一个建设项目有合理的建设工期目标；资源约束，即一个建设项目有一定的投资总量目标；质量约束，即一个建设项目有预期的生产能力、技术水平或使用效益目标。

（3）有序性。建设项目需要遵循必需的建设程序和经过特定的建设过程，即一个建设项目从提出建设的设想、建议、方案选择、评估、决策、勘察、设计、施工，一直到竣工、投产或投入使用，有一个有序的过程。

（4）一次性。建设项目是具有特定目标的一次性任务，有明确的起点和终点，任务完成即告结束。建设地点的固定性、设计施工的单件性，决定了建设项目具有一次性特征。

（5）长期性。每个建设项目的建设周期、运行周期、投资回收周期都很长，其影响面大，作用时间长。

2.1.2 建设项目的建设程序

建设项目的建设程序是指在项目建设工作中必须遵循的先后次序，是建设项目从决策、设计、施工到竣工验收、投入生产或交付使用的整个工作过程中各个阶段的工作顺序。它是工程建设过程客观规律的反映，是建设项目科学决策和顺利进行的重要保证。

建设项目的建设程序是把投资转化为固定资产的经济活动，这一活动横纵向联系、内外部联系均比较复杂，涉及面广，环节多，是一项多行业、多部门密切配合的综合性比较强的经济活动。因此，在建设程序中，包含着紧密相连、环环相扣、有其前后顺序和阶段的过程，不同阶段有着不同的内容。建设项目必须有组织、有计划地按顺序进行，允许并行交叉，但不允许颠倒与跳跃。世界各国和国际组织在建设项目的建设程序上可能存在着某些差异，但按照建设项目发展的内在规律，其投资建设活动都要经过投资决策和建设实施两个阶段，这两个阶段又可细分为若干个阶段。

1. 国外工程建设项目的建设程序

从美国、英国、法国、德国、日本等国的情况看，国外工程建设项目的建设程序分为以下阶段：

（1）投资前阶段（pre-investment phase），包括投资设想、可行性研究、评价报告等。

（2）投资阶段（investment phase），包括谈判与签订合同、项目设计、施工安装、试运转等。

（3）生产阶段（operational phase），即正式投产阶段。

建设程序具体包括九个步骤：投资设想；可行性研究；投资决策；谈判与签订合同；以选购设备材料为主的工程设计；由承包施工单位负责的实施设计或施工详图设计；施工安装；竣工验收，提供使用；维持与管理。

世界银行贷款项目的建设周期一般包括项目选定、项目准备、项目评估、项目谈判、项目实施和项目总结评价六个阶段。每一阶段的工作深度决定着项目在下一阶段的发展，彼此相互联系、相互制约。在项目选定阶段，要根据借款申请国所提出的项目清单，进行鉴别选择，一般根据项目性质选择符合世界银行贷款原则、有助于当地经济和社会发展的急需项目。被选定的项目经过 1～2 年的项目准备，提出详细可行性研究报告，由世界银行组织专家进行项目评估之后，与申请国进行贷款谈判、签订协议，然后进入项目的勘察设计、采购、施工、生产准备和试运转等实施阶段，在项目贷款发放完成后一年左右进行项目的总结评价。正是其科学、严密的项目周期，保证了世界银行在各国的投资保持较高的成功率。

2．我国工程建设项目的建设程序

按照我国现行规定，建设项目的建设程序可以分为四期、十个阶段，如图 2-1 所示。

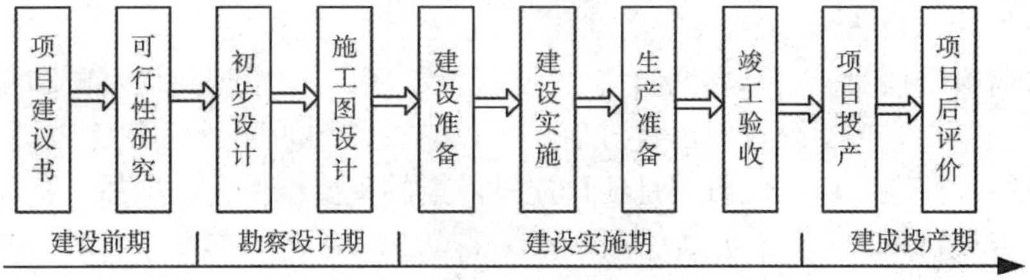

图 2-1　我国工程建设项目的建设程序

1）建设前期

建设前期也称投资决策阶段。2004 年我国颁布的《国务院关于投资体制改革的决定》（国发〔2004〕20 号）开启了投融资体制改革，2016 年颁布的《中共中央　国务院关于深化投融资体制改革的意见》（中发〔2016〕18 号）成为深化我国投融资体制改革的指导性和纲领性文件。党的十九大提出继续深化投资体制改革，以“谁投资、谁决策、谁受益、谁承担风险”为改革目标，不断简化审批程序，注重投资决策的科学化、民主化和法制化。根据两个文件的有关规定，对投资项目分别实行审批制、核准制或备案制。2016 年 12 月和 2019 年 5 月国务院先后颁布《企业投资项目核准和备案管理条例》（国令第 673 号）、《政府投资条例》（国令第 712 号），对政府和企业投资项目进一步做出明确规范。

对使用政府资金的投资项目，一律实行审批管理。采用政府直接投资和资本金注入方式的项目，如对经济社会发展、社会公众利益有重大影响或者投资规模较大，需要在咨询机构评估、公众参与、专家评议、风险评估等科学论证基础上，严格审批项目建议书、可行性研究报告、初步设计。经国务院及有关部门批准的专项规划、区域规划中已经明确的项目、部分改扩建项目，以及建设内容单一、投资规模较小、技术方案简单的项目，可以简化相关文件内容和审批程序。对采用投资补助、贷款贴息方式的政府投资项目，只审批资金申请报告。

对不使用政府资金的企业投资项目，依据《政府核准的投资项目目录》，区别不同情况实行核准制或登记备案制，企业不需要编制项目建议书，直接编制可行性研究报告。企业投资建设《政府核准的投资项目目录》中的项目实行核准管理，仅需向政府提交项目申请报告，不再经过批准项目建议书、可行性研究报告和开工报告程序。政府主要从维护经济安全、合理开发利用资源、保护生态环境、优化重大布局、保障公共利益、防止出现垄断等方面，对企业提交的项目申请报告进行核准；对于《政府核准的投资项目目录》以外的企业投资项目，实行备案管理。这类项目除国家另有规定外，通常由企业自主决策，按照属地原则，在项目开工建设前通过在线平台向地方政府投资主管部门备案。

（1）项目建议书。项目建议书是投资者（业主）根据国民经济、社会发展和行业、地区发展规划的要求，结合资源条件和市场调查及预测等，对准备建设的项目提出的轮廓性设想和建议，是向国家提出项目建设的建议性文件。项目建议书一般由专业机构和专业人员在调查研究、收集资料和综合分析的基础上提出。项目建议书的内容视项目的不同而有繁有简，但一般应包括：项目提出的必要性和依据；产品方案、拟建规模和建设地点的初步设想；资源情况、建设条件、协作关系和设备技术引进国别、厂商的初步分析；投资估算、资金筹措和还贷方案设想；项目进度安排；经济效益和社会效益的初步估计；环境影响的初步评价。

对于政府投资项目，按要求编制完成项目建议书后，应根据建设规模和限额划分分别报送有关部门审批。项目建议书经批准后，可以进行详细的可行性研究工作。

（2）可行性研究。可行性研究是项目建设前期的重要工作，是项目投资决策的核心环节，加强投资项目可行性研究是提升投资决策科学化水平的必然要求。可行性研究是对建设项目在技术上是否可行和在经济上是否合理进行全面、综合、深入的研究和科学的论证，其成果是可行性研究报告。可行性研究报告的内容和深度应遵循国家发展改革委《投资项目可行性研究指南》（2002年）、《投资项目可行性研究报告编写大纲及说明的通知》（发改投资规〔2023〕304号）及其相关规定。建设项目的可行性研究一般应委托具有相应资质的工程咨询单位进行。可行性研究未通过的项目不得进行下一步工作。

2）勘察设计期

勘察设计期的主要工作一般分为初步设计和施工图设计两个阶段，重大项目和技术复杂项目可根据需要增加技术设计阶段。

（1）初步设计。初步设计是根据可行性研究报告的要求所做的具体实施方案，其目的是阐明在指定的地点、时间和投资数额内拟建项目在技术上的可行性和经济上的合理性，并通过对建设项目做出的基本技术经济规定，编制项目总概算。通常，初步设计不得随意改变被批准的可行性研究报告所确定的建设规模、产品方案、工程标准、建设地址和总投资等控制目标。如果初步设计提出的总概算超过可行性研究报告总投资的10%以上或其他主要指标需要变更，则应说明原因和计算依据，并重新向原审批单位报批可行性研究报告。

（2）技术设计。对涉及重大技术问题的项目需要进行技术设计。技术设计应根据初步设计和更详细的调查研究资料进行编制，以进一步解决初步设计中的重大技术问题，如工艺流程、建筑结构、设备选型和数量确定等，使工程项目的设计更具体、更完善。

（3）施工图设计。施工图设计应根据初步设计和技术设计的要求，结合现场实际情况，完整地表现建筑物外形、内部空间分割、结构体系、构造状况以及建筑群的组成和周围环境的配合，并且包括各种运输、通信、管道系统、建筑设备的设计。在工艺方面，应具体确定各种设备的型号、规格和各种非标准设备的制造加工图。

根据《房屋建筑和市政基础设施工程施工图设计文件审查管理办法》的规定，国家实施施工图设计文件审查制度。施工图审查机构按照有关法律、法规，对施工图涉及公共利益、公众安全和工程建设强制性标准的内容进行审查。施工图审查应当坚持先勘察、后设计的原则。施工图未经审查合格的，不得使用。从事房屋建筑工程、市政基础设施工程施工、监理等活动，以及实施对房屋建筑和市政基础设施工程质量安全监督管理，应当以审查合格的施工图为依据。施工图一经审查批准，不得擅自修改，如遇特殊情况需要进行涉及审查主要内容的修改时，必须重新报请原审批部门，由原审批部门委托审查机构审查后再批准实施。按规定应当进行审查的施工图，未经审查合格的，住房城乡建设主管部门不得颁发施工许可证。

3）建设实施期

建设实施期的主要工作包括建设准备、建设实施、生产准备和竣工验收四个阶段。

（1）建设准备。建设准备是在项目开工建设之前切实要做好的各项准备工作，其主要内容包括：征地、拆迁和场地平整；完成施工用水、电、通信、道路等接通工作；组织招标，选择工程监理单位、承包单位和设备、材料供应商；办理建设工程质量监督手续；委托工程监理；准备必要的施工图纸；办理施工许可证等。

（2）建设实施。建设实施即建设项目的施工安装，建设项目具备了开工条件并取得施工许可证后方可开工。施工安装活动应按照工程设计要求、施工合同条款和施工组织设计，在保证工程质量、工期、成本、安全、环保等目标的前提下进行，达到竣工验收标准后，由施工单位移交给建设单位。

（3）生产准备。对生产性建设项目而言，生产准备是项目竣工投产前由建设单位进行的一项重要工作，它是衔接建设和生产的桥梁，是项目建设转入生产经营的必要条件。建设单位应适时组成专门的班子以做好生产准备工作，确保项目建成后及时投产。

生产准备工作的内容根据项目或企业的不同，其要求也各不相同，但一般应包括以下主要内容：①招收和培训生产人员。招收项目运营过程中所需的人员，并采用多种方式对他们进行培训。特别要组织生产人员参加设备的安装、调试和工程验收工作，使其能尽快掌握生产技术和工艺流程。②组织准备。主要包括生产管理机构设置、管理制度和有关规定的制定、生产人员配备等。③技术准备。主要包括国内装置设计资料的汇总，有关国外技术资料的翻译、编辑，各种生产方案、岗位操作法的编制以及新技术的准备等。④物资准备。主要包括落实原材料、协作产品、燃料、水、电、气等的来源和其他需要协作配合的条件，并组织工装、器具、备品、备件等的制造或订货。

（4）竣工验收。当建设项目按设计文件的规定内容和施工图纸的要求全部建完后，便可组织验收。竣工验收是投资成果转入生产或使用的标志，也是全面考核工程建设成果、检验设计和工程质量的重要步骤。

在竣工验收准备阶段，建设单位应认真做好工程竣工验收的准备工作，主要包括：①整理技术资料。技术资料主要包括土建施工、设备安装方面及各种有关的文件、合同和试生产情况报告等。②绘制竣工图。建设项目竣工图是真实记录各种地下、地上建筑物等详细情况的技术文件，是对工程进行交工验收、维护、扩建、改建的依据，同时也是使用单位长期保存的技术资料。③编制竣工决算。建设单位必须及时清理所有财产、物资和未花完或应收回的资金，编制工程竣工决算，分析概（预）算执行情况，考核投资效益，报请主管部门审查。

根据国家现行规定，规模较大、较复杂的建设项目应先进行初验，再进行正式验收。规模较小、较简单的工程项目，可以一次完成全部项目的竣工验收。

建设项目全部建完，经过各单位工程的验收，符合设计要求，并具备竣工图、竣工决算、工程总结等必要文件资料，由项目主管部门或建设单位向负责验收的单位提出竣工验收申请报告。

竣工验收要根据投资主体、工程规模和复杂程度，由国家有关部门或建设单位组成验收委员会或验收组。

4）建成投产期

建成投产期是指项目的生产经营阶段，其目的是实现经营目标，归还贷款和回收资金。

（1）项目投产。在完成生产准备、项目竣工验收合格后，即转入项目的投产期或运行期，开始进行产品的生产、销售等。在该期间应做好确保和提高产品质量、降低产品成本、加强售后服务等工作。

（2）项目后评价。在项目建成投产并达到设计生产能力后（一般为项目投产三年后），根据项目实际发生的数据以及后续年限的预测数据，对项目的技术水平、经营管理、产品市场、费用效益等进行综合分析和评价，比较项目建成后的实际情况与项目建设前期可行性研究中设定的目标，找出两者的差距和存在的问题、原因及影响因素，提出改进意见和建议，为今后同类项目建设的前期评估、决策提供参考和分析的依据。项目后评价一般由项目审批单位委托具有相应资质的工程咨询单位进行。在实际工作中，一般开展效益后评价和过程后评价两方面评价。

2.2 可行性研究的内容

2.2.1 可行性研究概述

1．可行性研究的概念

可行性研究是对投资建议、工程项目建设方案的确定所进行的系统、科学、综合的研究、分析和论证。建设项目可行性研究则是根据国民经济长期发展规划、地区发展规划和行业发展规划的要求，对拟建工程项目在技术、工程和经济上是否合理可行，进行全面分析、系统论证、多方案比较和综合评价，为编制和审批设计任务书提供可靠依据的一项工作。

可行性研究的任务是围绕项目建设必要性、方案可行性和风险可控性三大目标，从项目全生命周期出发对拟建的投资项目，在投资前期全面、系统地论证该项目的必要性、可能性、有效性和合理性，做出对项目可行或不可行的评价。可行性研究的目的是对提出的投资建议、工程项目建设方案进行尽可能详细的调查研究和做出鉴定，并对下一阶段是否终止或继续进行研究提出必要的论证。

2．可行性研究的主要作用

可行性研究的主要作用是作为建设项目投资决策的科学依据，防止和减少决策失误造成的浪费，提高投资效益。经批准的可行性研究报告，其具体作用如下。

（1）拟建项目投资决策的依据。可行性研究报告对项目产品的市场需求、市场竞争力、建设方案，以及项目需要投入的资金、可能获得的效益和可能面临的风险等都要做出评估，判断项目是否可行，为决策提供依据。

（2）编制设计文件的依据。可行性研究报告对项目选址、建设规模、主要生产流程、设备选型和施工进度等方面都要做较详细的论证、研究，为设计文件的编制提供依据。

（3）筹措资金、向银行贷款的依据。可行性研究报告详细预测项目的财务效益、经济效益和贷款偿还能力。银行等金融机构一般都把可行性研究报告作为申请项目投资贷款的先决条件。

（4）拟建项目与相关协作单位签订合同或协议的依据。根据可行性研究报告，拟建项目可以与有关协作单位签订原材料、燃料、动力、运输通信、建筑安装、设备购置、PPP项目合作等方面的协议。

（5）政府有关部门审批项目建设的依据。由于项目建设和投产后可能会对市政建设、环境和生态产生影响，因此项目开工建设需要当地市政、规划和环保部门的审批。可行性研究报告中对选址、总图布置、环境和生态保护方案等方面的论证是政府审批的依据。

（6）施工组织、工程进度安排及竣工验收的依据。可行性研究报告对施工组织、工程进度安排和竣工验收等工作都有明确的要求，因此，它是检查施工进度和工程质量的依据。

（7）项目后评价的依据。在项目后评价时，以可行性研究报告为依据，对项目的预期效果和实际效果进行对比考核，从而对项目的运行进行全面评价。

2.2.2　可行性研究的阶段划分

按研究的深度，可行性研究分为投资机会研究、初步可行性研究、详细可行性研究三个阶段。由于对基础资料的占有程度、研究深度和可靠程度等要求不同，可行性研究各个研究阶段的性质、任务、要求和作用各不相同，其研究深度和可靠程度也不同。可行性研究的阶段划分与比较如表 2-1 所示。

表 2-1　可行性研究的阶段划分与比较

阶　段	性　质	任　务	要　求	作　用	精确度
投资机会研究	项目设想	鉴别投资方向，寻找投资机会，提出项目投资建议	编制投资机会研究报告	为初步选择项目提供依据，批准后列入建设前期工作计划，作为国家对投资项目的初步决策	−30%～30%
初步可行性研究	项目初选	对项目做专题研究，筛选方案，确定项目的初步可行性	编制项目建议书（政府投资项目）或初步可行性研究报告	判定是否有必要进行下一步详细可行性研究	−20%～20%
详细可行性研究	项目准备	对项目进行深入的技术、经济论证，提出结论性建议，确定项目投资的可行性	编制可行性研究报告	作为项目投资决策的基础和重要依据	−10%～10%

1．投资机会研究

投资机会研究，也称投资机会鉴别，是指为寻找有价值的投资机会而进行的准备性调查研究。其重点是对投资环境的分析，目的是发现有利的投资机会。

投资机会研究可分为一般机会研究与具体项目机会研究两类。根据调查分析的对象不同，一般机会研究包括地区机会研究、部门机会研究、资源开发机会研究三种类型。在一般机会研究初步筛选投资方向和投资机会后，需要进行具体项目机会研究，需要对项目背景、市场需求、资源条件、发展趋势以及需要的投入和可能的产出等方面进行准备性的调查、研究和分析。

投资机会研究的成果是投资机会研究报告。投资机会研究阶段对项目的建设投资和生产成本一般是参照类似项目的数据做粗略的估算，其精确度要求在−30%～30%范围内。

2．初步可行性研究

初步可行性研究，也称预可行性研究，是在投资机会研究的基础上，对项目方案进行初步的技术、财务、经济分析和初步的社会、环境评价，对项目是否可行做出初步判断。初步可行性研究的目的是判断项目是否有生命力，是否值得投入更多的人力和资金进行详细可行性研究和辅助研究，并据此做出是否进行投资的初步决定。初步可行性研究的重点是从宏观上分析论证项目建设的必要性和可能性。项目建设的可能性，主要指项目是否具备建设的市场、资源、技术、资金、环境和外部协作配套等基本条件。

初步可行性研究的深度介于投资机会研究和详细可行性研究之间，研究内容与详细可行性研究相同，但这一阶段对建设投资和生产成本的估算一般采用指标估算法，其精确度要求在−20%～20%范围内。

通过初步可行性研究，如果认为项目建设是必要的，而且具备了基本的建设条件，就可以根据投资主体和审批机构的要求，编制项目建议书或初步可行性研究报告。项目建议书和初步可行性研究报告都是初步可行性研究的成果，它们之间的差别表现在具体阐述研究成果时，初步可行性研究报告详尽一些，项目建议书简略一些。有些重大项目通常是在初步可行性研究报告的基础上摘编项目建议书，在此情况下，项目建议书实际上是初步可行性研究报告的综合篇。需要指出的是，不是所有项目都必须进行初步可行性研究，小型项目或简单的技术改造项目在选定投资机会后，可以直接进行详细可行性研究。

3．详细可行性研究

详细可行性研究是在项目决策前对项目有关的工程、技术、经济等各方面条件和情况进行详尽、系统、全面的调查与研究分析，对各种可能的建设方案和技术方案进行详细的比较论证，并对项目建成后的经济效益、国民经济和社会效益进行预测和评价的一种科学分析过程和方法，是项目进行评估和决策的依据。详细可行性研究对项目所需的投资和生产费用的计算误差允许在−10%～10%范围内。

在对拟建项目进行详细可行性研究时，必须在国家有关的规划、政策、法规的指导下完成，同时还要有相应的各种技术资料。

编制完成的可行性研究报告是项目投资决策的依据，但对于政府投资项目还需要接受政府相关部门的审批。

2.2.3　可行性研究报告的主要内容及编制依据

1．可行性研究报告的主要内容

可行性研究的内容因投资主体的不同而有所差别。2023 年 3 月，国家发展改革委印发《政府投资项目可行性研究报告编写通用大纲（2023 年版）》和《企业投资项目可行性研究报告编写参考大纲（2023 年版）》（简称《通用大纲》和《参考大纲》）。按照《投资项目可行性研究报告编写大纲及说明的通知》中提出的可行性研究报告在内容和深度方面的新要求，从项目全生命周期管理的视角出发，围绕投资项目建设必要性、方案可行性及风险可控性“三大目标”开展系统、专业、深入论证。政府投资项目可行性研究报告原则上要依据《通用大纲》要求编写，主要包括概述、项目建设背景和必要性、项目需求分析与产出方案、项目选址与要素保障、项目建设方案、项目运营方案、项目投融资与财务方案、项目影响效果分析、项目风险管控方案、研究结论及建议等。企业投资项目可参照《参考大纲》编制可行性研究报告，结构基本与《通用大纲》一致，但从内容上要更强调聚焦市场需求分析，合理测算企业投资收益，关注企业财务的可持续性，切实防范各类风险。可行性研究报告要重点把握需求可靠性、要素保障性、工程可行性、运营有效性、财务合理性、影响可持续性、各类风险管控方案等“七个维度”的核心内容。可行性研究报告内容主要归纳如下：

（1）概述。主要包括拟建项目和项目单位的基本情况、编制依据、主要结论和建议等。

（2）项目建设背景和必要性。主要包括项目建设背景、规划政策符合性、项目建设必要性等分析内容。对于规划政策符合性分析，企业投资项目要阐述拟建项目与经济社会发展规划、产业政策、行业和市场准入标准的符合性。政府投资项目要阐述项目与经济社会发展规划、区域规划、专项规划、国土空间规划等重大规划的衔接性，与扩大内需、共同富裕、乡村振兴、科技创新、节能减排、碳达峰碳中和、国家安全和应急管理等重大政策目标的符合性。

（3）项目需求分析与产出方案。主要包括需求分析、项目建设内容和规模、产出方案等内容。需求分析要根据经济社会发展规划、国家和地方标准规范以及项目自身特点，分析需求现状和未来预期等情况，研究提出拟建项目近期和远期目标、产品或服务的需求总量及结构。对于企业投资项目，要以满足市场需求为导向，还应从企业发展战略需求分析、项目市场需求分析、市场竞争力等角度研究论证；项目建设内容和规模、产出方案分析要阐述拟建项目总体目标及分阶段目标，提出拟建项目建设内容和规模，明确项目产品方案或服务方案及其质量要求，并评价项目建设内容、规模以及产品方案的合理性。对于企业投资项目，还要研究“项目商业模式”，分析拟建项目收入来源和结构，判断项目是否具有充分的商业可行性和金融机构等相关方的可接受性，并研究项目综合开发等模式创新路径及可行性。

（4）项目选址与要素保障。主要包括项目选址或选线、项目建设条件、要素保障分析等内容。项目选址或选线应坚持国土空间“唯一性”要求，从规划条件、技术条件、经济条件和资源节约集约利用等方面，以国土空间规划和用途管制规则为基本依据，基于国土空间规划“一张图”，将耕地和永久基本农田保护、生态红线保护、节约集约利用土地作为方案比选核心要素，对拟定的备选场址方案或线路方案进行比较和择优；项目建设条件主要分析拟建项目所在地的自然环境、交通运输、公用工程等支撑项目建设的外部因素；要素保障分析包括土地要素保障，以及水资源、能耗、碳排放强度和污染减排指标控制要求及保障能力等。

（5）项目建设方案。主要从工程技术方案及工程实体建设角度研究工程可行性，包括技术方案、设备方案、工程方案、用地用海征收补偿（安置）方案、数字化方案、建设管理方案等内容。通过对项目“技术方案”“设备方案”“工程方案”的合理性、先进性、适用性、自主性、可靠性、安全性、经济性等进行多方案比选，研究工程技术方案的可行性；为推进项目有序实施，对项目组织实施、工期安排、招标方案等进行分析，明确“建设管理方案”；根据项目实际情况提出“数字化方案”，促进投资建设全过程数字化应用。对于涉及土地征收或用海海域征收的项目，要编制用地用海征收补偿（安置）方案，明确征收范围、土地现状、征收目的、补偿方式和标准、安置对象、安置方式、社会保障、补偿（安置）费用等内容。

（6）项目运营方案。项目运营方案是项目建成后运营方案的可行性研究，政府投资项目重点研究运营模式选择、运营组织方案、安全保障方案、绩效管理方案等内容，评价市场化运营的可行性和利益相关方的可接受性。企业投资项目重点研究生产经营方案、安全保障方案、运营管理方案等内容，突出运营有效性。

（7）项目投融资与财务方案。主要包括投资估算、盈利能力分析、融资方案、债务清偿能力分析、财务可持续性分析等内容。在明确项目产出方案、建设方案和运营方案的基础上，研究项目投资需求和融资方案，计算有关财务评价指标，评价项目盈利能力、偿债能力和财务持续能力，据以判断拟建项目的财务合理性，分析项目对不同主体的价值贡献，为项目投资决策、融资决策和财务管理提供依据。

（8）项目影响效果分析。主要包括经济影响分析、社会影响分析、生态环境影响分析、资源和能源利用效果分析、碳达峰碳中和分析等内容。既要重视经济社会、资源环境等外部影响效果的评价，也要注意与节能评价、环境影响评价等专项评价的结果相衔接。对于一些特殊项目，还需要开展安全影响效果论证，以保证供应链安全。

（9）项目风险管控方案。项目风险管控方案主要包括风险识别与评价、风险管控方案、风险应急预案等方面内容。要识别项目存在的各种潜在风险因素，包括市场需求、要素保障、关键技术、供应链、融资环境、建设运营、财务盈利性、生态环境、经济社会等领域的风险，并分析评价风险发生的可能性及其危害程度，提出规避重大和较大风险的对策措施及应急预案，建立健全投资项目风险管控机制。

综上，项目可行性研究报告的内容可以概括为三大部分：一是项目建设必要性研究，这是项目可行性研究的前提和基础，主要从需求可靠性维度研究得出结论；二是项目方案可行性研究，这是项目可行性研究的核心内容，主要解决项目在技术上的“可行性”、经济上的“合理性”问题，主要从要素保障性、工程可行性、运营有效性、财务合理性和影响可持续性等五个维度进行研究论证；三是项目风险可控性研究，这是项目可行性研究的关键内容，主要通过各类风险管控方案维度研究得出结论。

2．可行性研究报告的编制依据

（1）国家有关法律、法规，国民经济发展的长远规划，国家经济建设的方针、任务和技术经济政策等。按照国民经济发展的长远规划、经济建设的方针和政策及地区和部门发展规划，确定项目的投资方向和规模，提出需要进行可行性研究的项目建议书。在宏观投资意向的控制下安排微观的投资项目，并结合市场需求，有计划地统筹好各地区、各部门和各企业的产品生产及协作配套，搞好综合平衡。

（2）项目建议书（或初步可行性研究报告）及其批复文件和委托单位的要求。项目建议书是做各项准备工作和进行可行性研究的重要依据，只有经国家计划部门同意，并列入建设前期工作计划后，方可开展可行性研究的各项工作。建设单位在委托可行性研究任务时，应向承担可行性研究工作的单位提出对建设项目的目标和要求，并说明有关市场、原料、资金来源和工作范围等情况。

（3）有关的基础数据资料。进行场（厂）址选择、工程设计、技术经济分析，以便掌握可靠的自然、地理、气象、水文、地质、社会、经济等基础数据资料，以及交通运输与环境保护等资料。

（4）有关工程技术经济方面的法规、规范、标准、定额等。这些都是考察项目技术方案的基本依据。

（5）国家或有关主管部门颁发的有关项目评价的基本参数和指标。这些参数和指标主要包括基准收益率、社会折现率、折旧率、汇率、贸易费用率、影子工资率、重要投入物的影子价格等。它们是项目可行性研究中财务评价和国民经济评价的基准依据和判别标准。这些参数可由国家统一颁布发行，也可由各主管部门根据行业的特点，以及根据实际情况测算后自行拟定，并报国家有关部门备案。

3．可行性研究报告的编制要求

为了保证可行性研究报告的科学性、客观性和公正性，防止错误和虚假，可行性研究报告应满足下列编制要求。

（1）从客观数据出发，通过科学分析，得出可行或不可行的结论，不能限定可行的结论，或者为了可行而编造数据。

（2）可行性研究报告内容的深度要达到国家规定的标准，基本内容要完整。因此，调查研究要贯彻始终；要掌握切实可靠的资料，保证资料的全面性、客观性；要坚持按可行性研究的程序进行研究；要按照国家规定的格式、内容进行实事求是的编写；要坚持多方案比较，择优选取；要坚持先有论据、后下结论。

（3）为保证可行性研究的质量，承接任务的咨询单位要配齐相关领域的专业人才，要有足够的时间保证。要严格执行签订的合同，并按合同要求验收可行性研究的工作和报告。

2.2.4　可行性研究报告的审查与审批

对采取直接投资和资本金注入的政府投资项目，有关投资主管部门在决策前委托符合要求的工程咨询机构对项目建议书和可行性研究报告进行咨询评估。项目单位在编制完成可行性研究报告后，按照原申报程序和事权向原项目审批部门申报可行性研究报告。项目审批部门在受理项目可行性研究报告后，一般按规定时限委托相应入选工程咨询机构进行项目评估，评估结论是政府决策的依据。对于不使用政府资金的建设项目，一律不再审批可行性研究报告。企业在投资决策前，根据决策需要，可自主组织或委托第三方工程咨询机构对项目可行性研究报告进行咨询评估，评估结论是企业决策的依据。拟对项目贷款的银行，可自行组织专家组对项目进行评估，评估结论是银行贷款、决策的依据。工程咨询机构应按照委托方的要求，对项目可行性研究报告进行全面或有针对性的评估。项目评估的目的是要审查和评估可行性研究报告的内容是否真实、完整，分析和计算是否正确，最终确定投资机会的选择是否合理、可行，以确保项目的科学决策。

1．可行性研究报告评估

可行性研究报告评估是指在可行性研究报告编制完成后，由另一家具有相应执业资格的工程咨询单位，针对上报的建设项目可行性研究报告的内容，再一次对拟建项目进行技术、财务、经济等方面论证，对可行性研究报告进行全面的审核和再评价工作。其主要任务是，核实和评价可行性研究报告中所做结论的真实性和可靠性，如实反映项目潜在的有利和不利因素，对项目的可行性做出明确的结论，为项目业主或有关决策部门的决策提供依据。评估是在可行性研究报告的基础上进行的，主要包括四个方面的内容：全面审核可行性研究报告中反映的各项情况是否属实；分析项目可行性研究报告中各项指标计算是否正确，包括各种参数、基础数据、定额费率的选择；从企业、国家和社会等方面综合分析和判断工程项目的经济效益和社会效益；分析和判断项目可行性研究的可靠性、真实性和客观性，对项目的取舍做出最终投资决策并写出项目评估报告。

2．可行性研究报告审查的主要内容

项目投资者（业主）对可行性研究报告审查的主要内容包括九个方面。

（1）建设项目的必要性。从国民经济和社会发展等宏观角度，审查建设项目是否符合国家的产业政策、行业规划和地区规划，是否符合经济和社会发展的需要；分析市场预测是否准确，项目规模是否经济合理，产品的品种、性能、规格和价格是否符合国内外市场需求的趋势，以及有无竞争能力。

（2）建设条件与生产条件。项目所需资金能否落实，资金来源是否符合国家有关政策规定；分析选址是否合理，总体布置方案是否符合国土规划、城市规划、土地管理和文物保护的要求和规定；项目建设过程中和建成后原料、燃料的供应条件，以及供电、供水、供热、交通运输等要求能否落实；项目的“三废”治理是否符合保护生态环境的要求。

（3）工艺、技术、设备。分析项目采用的工艺、技术、设备是否符合国家的技术发展政策和技术装备政策，是否可行、先进、适用、可靠，是否有利于资源的综合利用，是否有利于提高产品质量、降低消耗、提高劳动生产率；项目所采用的新工艺、新技术、新设备是否安全可靠；引进设备有无必要，是否符合国家有关规定和国情，能否与国内设备、零配件、工艺技术相互配套。

（4）建筑工程的方案和标准。建筑工程有无不同方案的比选，分析推荐的方案是否经济、合理；审核工程地质、水文、气象、地震等自然条件对工程的影响和采取的治理措施；建筑工程采用的标准是否符合国家的有关规定，是否贯彻了勤俭节约的方针。

（5）基础经济数据的测算。分析投资估算的依据是否符合国家或地区的有关规定，工程内容和费用是否齐全，有无高估冒算、任意提高标准、扩大规模，以及有无漏项、少算、压低造价等情况；资金筹措方式是否可行，投资计划安排是否得当；报告中的各项成本费用计算是否正确，是否符合国家有关成本管理的标准和规定；产品销售价格的确定是否符合实际情况和预测变化趋势，各种税金的计算是否符合国家规定的税种和税率；对预测的计算期内各年获得的利润额进行审核与分析；分析报告中确定的项目建设期、投产期、生产期等时间安排是否切实可行。

（6）财务效益。从项目本身出发，结合国家现行财税制度和现行价格，对项目的投入费用、产出效益、偿还贷款能力和外汇等财务状况进行审查，判别项目财务上的可行性。复核财务内部收益率、财务净现值、投资回收率、投资利润率、投资利税率和固定资产借款偿还期等财务效益指标，对涉外项目还应评价外汇净现值、财务换汇成本和财务节汇成本等指标。

（7）国民经济效益。国民经济效益评价是从国家、社会的角度，考虑项目需要国家付出的代价和给国民经济带来的效益。一般审查时用影子价格、影子工资、影子汇率和社会折现率等，分析项目给国民经济带来的净效益，以判别项目经济上的合理性。评价指标主要是经济内部收益率、经济净现值、投资效益率等。

（8）社会效益。社会效益包括生态平衡、科技发展、就业效果、社会进步等方面。应根据项目的具体情况，分析和审查可能产生的主要社会效益。

（9）不确定性分析。审查项目的不确定性分析一般应对报告中的盈亏平衡分析、敏感性分析进行鉴定，以确定项目在财务上、经济上的可行性和抗风险能力。

业主对以上各方面进行审核后，对项目的投资机会进一步做出总的评价，进而做出投资决策。若认为推荐方案成立，可就审查中发现的问题，要求咨询单位对可行性研究报告进行修改、补充和完善，提出结论性意见并上报有关主管部门审批。

3. 可行性研究报告的审批

按照国家有关规定，可行性研究报告的审批权限划分为以下四级：

（1）所有大中型和限额以上项目的可行性研究报告，按照项目隶属关系由行业主管部门或省、自治区、直辖市和计划单列市审查同意后，报国家发展和改革委员会。国家发展和改革委员会委托中国国际工程咨询公司等有资格的咨询公司，对可行性研究报告进行评估，提出评估报告后，再由国家发展和改革委员会审批。凡投资在 2 亿元以上的项目，由国家发展和改革委员会审核后报国务院审批。

（2）地方投资安排的地方院校、医院及其他文教卫生事业的大中型基本建设项目，可行性研究报告由省、自治区、直辖市和计划单列市发展和改革委员会审批，抄报国家发展和改革委员会和有关部门备案。

（3）企业横向联合投资的大中型基本建设项目，凡自行解决资金、能源、原材料、设备，以及投产后的产供销、动力、运力等能够自己落实，而且已经与有关部门、地方、企业签订了合同，不需要国家安排的，可行性研究报告由有关部门或省、自治区、直辖市、计划单列市发展和改革委员会审批，抄报国家发展和改革委员会和有关部门备案。

（4）小型和限额以下项目的可行性研究报告，按照项目隶属关系，分别由主管部门或省、自治区、直辖市、计划单列市发展和改革委员会审批。

可行性研究报告经过正式批准后，应当严肃执行，任何部门、单位或个人都不能擅自变更。确有正当理由需要变更时，需将修改的建设规模、项目地址、技术方案、主要协作条件、突破原定投资控制数、经济效益的提高或降低等内容，报请原审批单位同意，并正式办理变更手续。

思政元素

（1）从“建设项目程序”元素点，理解遵循事物发展运行规律的重要性。

（2）从我国深化投融资管理体制改革，理解政府、企业不同投资主体在中国特色社会主义市场经济中的作用，理解如何实现投资决策的科学化、民主化和法制化。

复习思考题

1．知识点

建设项目的概念、建设项目的特点、建设项目的建设程序、可行性研究的概念、可行性研究的主要作用、可行性研究的阶段划分与比较、可行性研究报告的主要内容、可行性研究报告的编制依据、可行性研究报告的编制要求、可行性研究报告审查的主要内容

2．简答题

（1）什么是建设项目？建设项目具有哪些特点？

（2）建设项目遵循的一般建设程序是什么？

（3）可行性研究的概念和特点是什么？

（4）可行性研究的主要作用有哪些？

（5）可行性研究报告的编制依据和编制要求有哪些？

（6）可行性研究报告的主要内容包括哪些方面？

3．练一练

梳理本章内容，绘制思维导图。

第 3 章

建设项目现金流量构成

本章知识导航

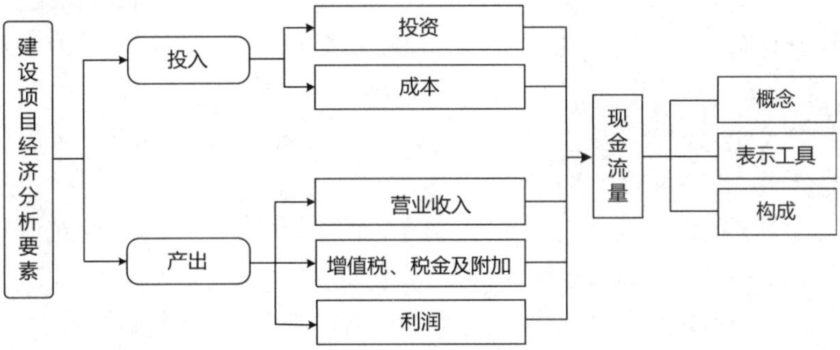

本章学习目标

☑ 知识目标：熟悉现金流量的概念、主要构成要素及各要素的组成部分；掌握现金流量图的绘制方法。

☑ 能力目标：培养工程经济分析必须具备的现金流量分析能力。

☑ 素质目标：培养实事求是的科学态度、认真严谨的工作作风；全面认识增值税改革，树立科学发展观。

✪ 引导案例

华泰公司拟与宝强集团、春光公司共同投资年产量 10 万吨的生物降解新材料项目，三方达成协议：宝强集团提供土地，土地估值 1 000 万元；春光公司投入专利，估值 500 万元；华泰公司投入资金 4 000 万元，用于建造厂房和购买工艺设备等。三方派出人员组建项目投资小组，针对市场需求、生产规模、工艺技术方案、厂址方案和项目实施规划等方面进行研究论证。经多方案比选后，基础数据预测如下：建设期

1 年，运营期 10 年，年营业收入 4 000 万元，每年拟提折旧 400 万元，在项目期末可回收固定资产余值 200 万元，每年总成本费用为 3 200 万元，税金及附加为 240 万元，预计利润总额为 800 万元。

【案例分析与讨论】

（1）对于合作项目而言，上述哪些经济变量属于流入资金？哪些属于流出资金？

（2）这些流入、流出合作项目的资金在工程经济分析中是否属于现金流量？

3.1 现金流量及其表示工具

3.1.1 现金流量

通常，建设项目全寿命期是指一个建设项目从产生项目设想开始，经建成投产、生产运行到报废淘汰的整个过程，包括项目的决策阶段、实施阶段、使用阶段。一个工业项目一般经历投资期、投产期、达产期、稳产期、减产期、回收处理期等阶段。正确确定项目在寿命期内各个时期（各个时间点）的现金流量是项目评价的基础，应注意以下几点。

（1）在工程经济分析中，把评价的项目视为一个独立的系统。通常，对某时间点上流入系统的资金收入称为现金流入，记为 CI（Cash Income）；对某时间点上流出系统的资金支出称为现金流出，记为 CO（Cash Output）。

（2）同一时间点的现金流入与现金流出的差额称为净现金流量。系统的现金流入、现金流出和净现金流量统称为现金流量。

（3）现金流量一般以年、季、月为时间单位，用现金流量图或现金流量表来表示。

工程经济学研究的现金流量同会计学研究的财务收支是不同的，两者的区别主要体现在四个方面：①工程经济学研究的是拟建项目未来将发生的现金流量，系统的现金流出和现金流入是预测的，需要重点把握预测的精确性。而会计学研究的是已经发生了的财务收支的实际数据，需要重点关注统计记录的完整性和真实性。②工程经济学中的现金流量计算是以特定的经济系统为研究对象的，实际流入和流出系统的资金才称为现金流量。例如，固定资产投资和无形资产投资发生在建设期，作为一次性支出计入现金流出，而产品费用中的折旧费、摊销费未实际流出，因此就不能在生产经营中计入现金流出，以免重复计算，但是在会计核算中却以产品成本费用要素的形式逐期计提和摊销。③在工程经济学研究中，由于考察的角度和范围不同，现金流量的构成也不同。例如，企业上缴给国家的税金，从企业角度看是现金流出，但从整个国民经济角度看则既不是现金流出，也不是现金流入，只是在国家范围内资金分配权与使用权的一种转移，因为社会资源量没有变化，国民收入也没有变化；而在会计学中，税金被视为企业财务支出。④工程经济学中的现金流量不仅指现钞，还包括转账支票等其他结算凭证；而会计学中的现金仅指现钞，即货币现金。

3.1.2　现金流量图

现金流量图是表示项目系统在整个寿命周期内各时间点的现金流入和现金流出状况的一种图示。它是用纵轴表示现金流量、用横轴表示时间坐标的现金流量与时间关系的直角坐标系图。

现金流量图包括三大要素：大小、流向与时间点。其中，大小表示资金数额，流向表示项目的现金流入或流出，时间点表示现金流入或流出所发生的时间。现金流量图的一般形式如图 3-1 所示（横轴单位为年，纵轴单位为万元，本章现金流量图同此）。

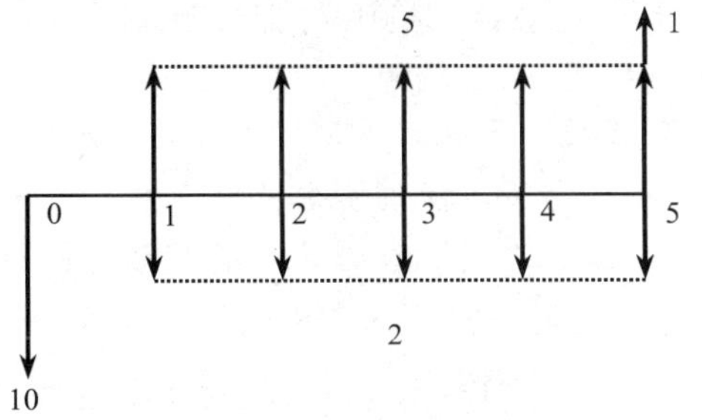

图 3-1　现金流量图

现金流量图的绘制方法如下。

（1）水平线表示时间坐标。时间推移从左到右，每个刻度表示一个计息期。

（2）垂直箭线表示现金流量的大小。箭头向上表示现金流入，箭头向下表示现金流出，箭线长度适当体现现金流量的大小。

（3）箭线方向与立足点有关。同一笔资金借贷双方的现金流量方向相反，如某工程公司 4 年前在银行存款 1 000 万元，现从银行取出 2 400 万元，则该工程公司和银行关于此项财务活动的现金流量图分别如图 3-2 和图 3-3 所示。（单位：万元）

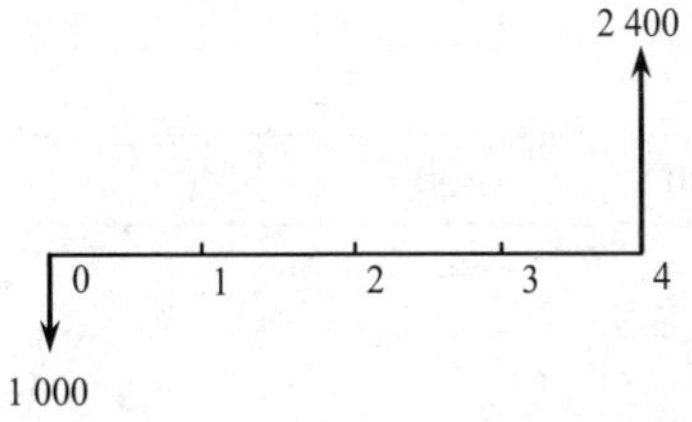

图 3-2　工程公司的现金流量图

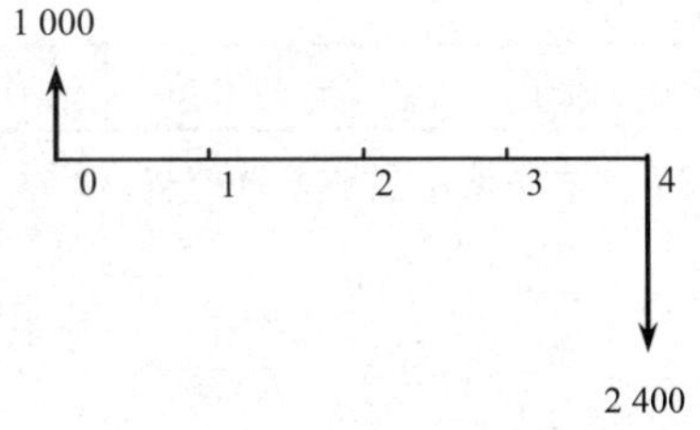

图 3-3　银行的现金流量图

【例 3-1】某项目在第 1、2、3 年的年初分别投资 100 万元、70 万元、50 万元，以后各年年末均收益 90 万元，经营费用为 20 万元，寿命期为 10 年，期末残值为 40 万元。试绘制现金流量图。

【解】该项目的现金流量图如图 3-4 所示。

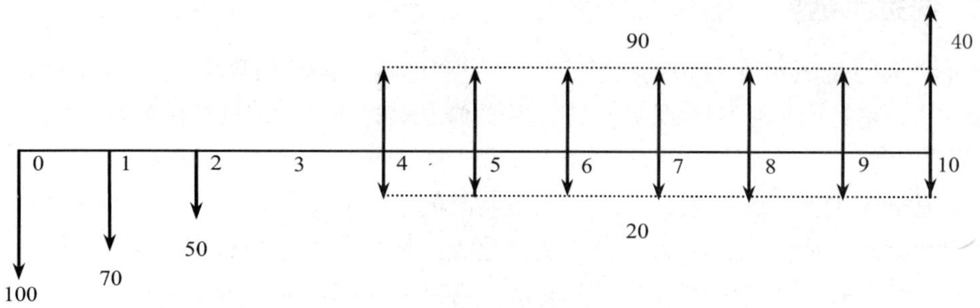

图 3-4　某项目的现金流量图

【例 3-2】某工程项目建设期为 2 年，运营期为 8 年。建设期第 1、2 年年初投资分别为 1 000 万元，运营期第 1 年年初投入流动资金 400 万元，并一次全部投入。投产后每年获得营业收入 1 200 万元，年经营费用 800 万元，运营期的最后一年年末回收固定资产净残值 200 万元及全部流动资金。试绘制该项目的现金流量图。

【解】题目中经济变量的发生时间与现金流量的时点对应分析如表 3-1 所示，现金流量图如图 3-5 所示。

表 3-1　现金流量分析表　　单位：万元

时　　点	0	1	2	3	4～9	10
时间	建 1 初	建 2 初	运 1 初	运 1 末	运 2 ~ 7 末	运 8 末
投资	1 000	1 000				
投入流动资金			400			
营业收入				1 200	1 200	1 200
经营费用				800	800	800
固定资产净残值						200
回收流动资金						400
净现金流量	−1 000	−1 000	−400	400	400	1 000

注：建 1 初表示建设期第 1 年年初，其余类推。

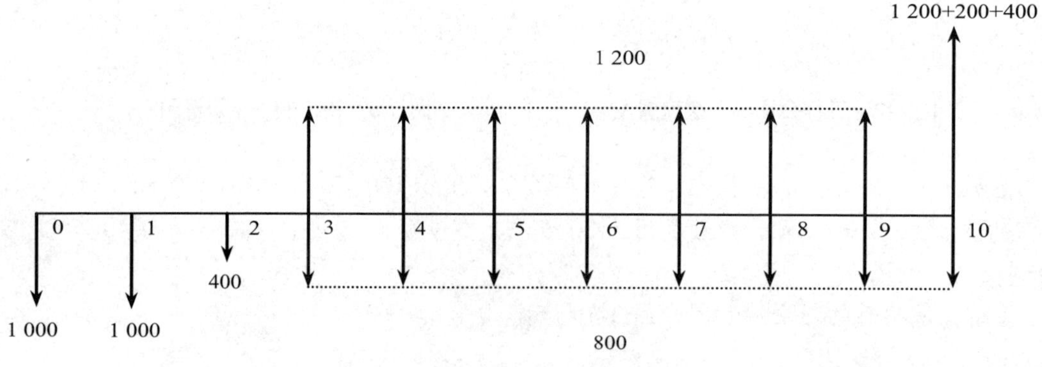

图 3-5　某工程项目的现金流量图

3.1.3　现金流量表

现金流量表是能够直接、清楚地反映项目在整个计算期内各年现金流量状况的一种表格。现金流量表是分析评价项目投资方案经济效果的主要依据，可以利用它进行现金流量分析，并计算各项静态或动态评价指标。其主要结构如表 3-2 所示。

表 3-2　现金流量表的主要结构

序　　号	项　　目	计 算 期					合　　计
		0	1	2	…	n	
1	现金流入						
1.1							
…							
2	现金流出						
2.1							
…							
3	净现金流量						

【例 3-3】某工业厂房项目建设期 1 年，运营期 5 年。预计建设投资 3 200 万元，流动资金 300 万元，运营期第 1 年全部投入，每年营业收入 4 000 万元，税金及附加取营业收入的 6%，年经营成本为 2 600 万元，固定资产余值为 200 万元。绘制该工业厂房项目的现金流量表（不分资金来源）。

【解】该项目的现金流量表如表 3-3 所示。

表 3-3　工业厂房项目的现金流量表　　单位：万元

序　　号	项　　目	计 算 期					
		1	2	3	4	5	6
1	现金流入	0	4 000	4 000	4 000	4 000	4 500
1.1	营业收入		4 000	4 000	4 000	4 000	4 000
1.2	回收固定资产余值						200
1.3	回收流动资金						300
2	现金流出	3 200	3 140	2 840	2 840	2 840	2 840
2.1	建设投资	3 200					
2.2	流动资金		300				
2.3	经营成本		2 600	2 600	2 600	2 600	2 600
2.4	税金及附加		240	240	240	240	240
3	净现金流量	−3 200	860	1 160	1 160	1 160	1 660

3.2 现金流量的构成

在工程经济分析中，投资、成本、营业收入、增值税、税金及附加、利润等是构成经济系统现金流量的基本要素，也是进行工程经济分析最重要的基础数据。

3.2.1 投资

广义的投资是指人们的一种有目的的经济行为，即以一定的资源投入某项计划，以获得所期望的报酬的活动。投资可以分为生产性投资和非生产性投资，所投入的资源可以是资金，也可以是人力、技术或其他资源。狭义的投资则指人们在社会经济活动中为实现某种预定的生产、经营目标而预先垫支的资金。建设项目的总投资是指为完成工程项目建设并达到使用要求或条件，在建设期内预计或实际投入的总费用，其投资构成如图 3-6 所示。

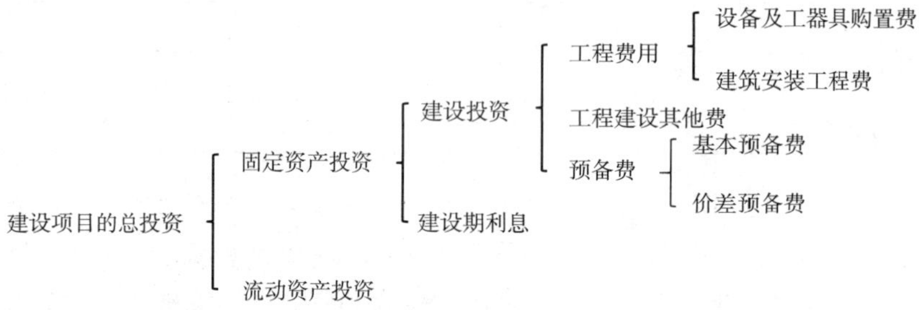

图 3-6　建设项目的总投资构成

1．设备及工器具购置费

设备及工器具购置费由设备购置费和工器具及生产家具购置费组成，如图 3-7 所示。

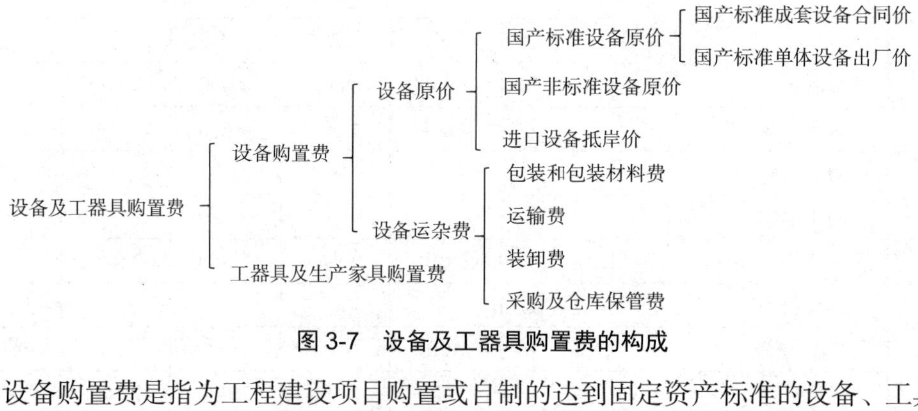

图 3-7　设备及工器具购置费的构成

设备购置费是指为工程建设项目购置或自制的达到固定资产标准的设备、工具、器具的费用。依据现行《中华人民共和国企业所得税法实施条例》，固定资产是使用时间超过 12 个月的非货币性资产，包括房屋、建筑物、机器、机械、运输工具以及其他与生产经营活动有关的设备、器具、工具等。

工器具及生产家具购置费是指新建项目或扩建项目初步设计规定必须购置的不够固定资产标准的设备、仪器、工卡模具、器具、生产家具和备品备件的费用。其一般计算公式为：

$$工器具及生产家具购置费=设备购置费\times定额费率 \tag{3-1}$$

2．建筑安装工程费

建筑安装工程费由建筑工程费和安装工程费两部分组成。根据住房和城乡建设部与财政部修订完成的《建筑安装工程费用项目组成》（建标〔2013〕44 号），建筑安装工程费的构成如图 3-8 所示。

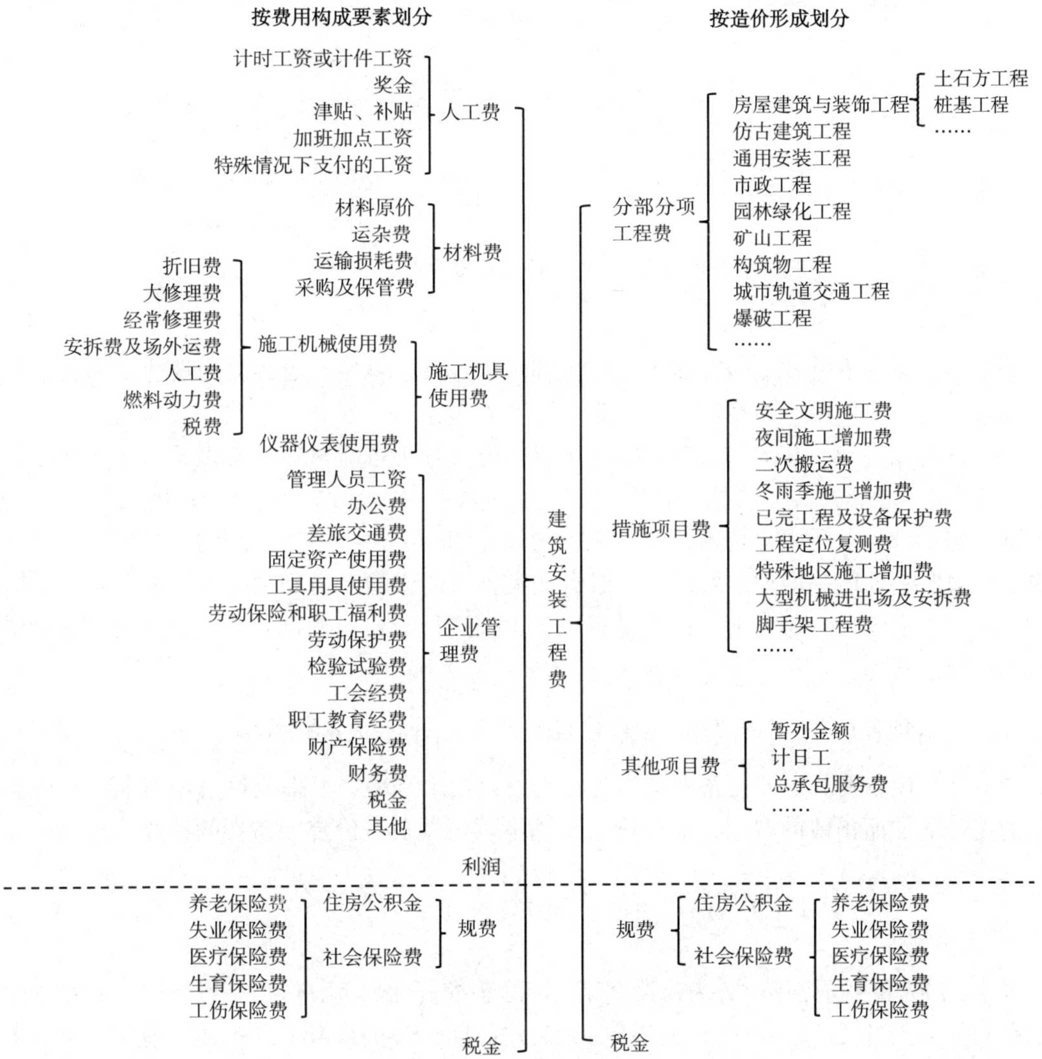

图 3-8　建筑安装工程费的构成

3．工程建设其他费

工程建设其他费是指从工程筹建到工程竣工验收、交付使用为止的整个建设期间，为保证工程建设顺利完成和交付使用后能够正常发挥效用而发生的各项费用。工程建设其他费按其内容大体可分为三类：第一类为土地使用费和其他补偿费；第二类为与项目建设有关的其他费用；第三类为与未来企业生产经营有关的其他费用，如图 3-9 所示。

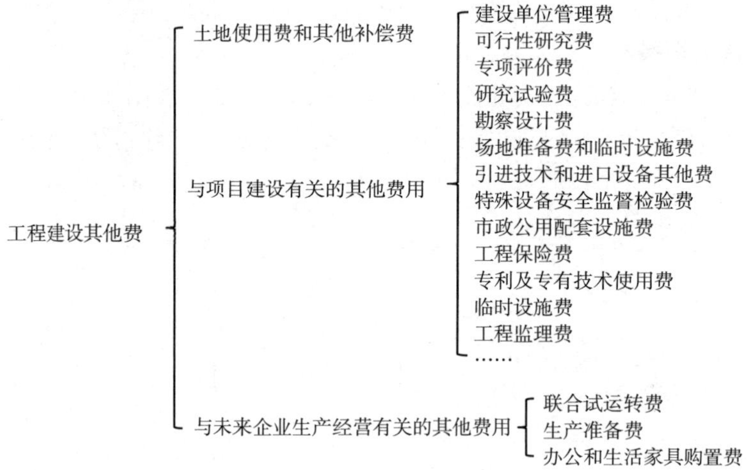

图 3-9 工程建设其他费的构成

4．预备费

预备费，又称不可预见费，是为保证工程顺利进行，避免不可预见因素造成投资不足而预先安排的一笔费用。按我国现行规定，预备费包括基本预备费和价差预备费。

（1）基本预备费。基本预备费是指在项目实施过程中可能发生的难以预料的支出，又称工程建设不可预见费，主要指设计变更和施工过程中可能增加工程量的费用。具体包括：在批准的初步设计范围内，技术设计、施工图设计和施工过程中所增加的工程费用；设计变更、局部地基处理等增加的费用；一般自然灾害所造成的损失和预防自然灾害所采取措施的费用；竣工验收时为鉴定工程质量对隐蔽工程进行必要的挖掘和修复的费用。基本预备费的计算公式为：

$$基本预备费=(工程费用+工程建设其他费)\times 基本预备费费率 \tag{3-2}$$

（2）价差预备费。价差预备费是指为在建设期内因利率、汇率或价格等因素变化可能引起的投资增加而预留的费用，又称价格变动不可预见费。价差预备费的计算公式为：

$$P=\sum_{t=1}^{n} I_t\left[(1+f)^m(1+f)^{0.5}(1+f)^{t-1}-1\right] \tag{3-3}$$

式中，P 为价差预备费；I_t 为建设期第 t 年静态投资计划额，包括工程费用、工程建设其他费和基本预备费；f 为投资价格指数；n 为建设期；t 为第 t 年；m 为建设前期年限（从编制估算到开工建设的年限）。

式（3-3）中的投资价格指数按国家颁布的计取，行业或地方对建设前期涨价费用不要求考虑时，n 取值为 0。式中 $(1+f)^{0.5}$ 表示建设期第 t 年当年投资分期均匀投入考虑涨价的幅度，对设计建设周期较短的项目价差预备费计算公式可简化处理。

5．建设期利息

建设期利息是指项目在建设期内因使用债务资金而支付的利息。在偿还债务资金时，这部分利息一般也作为本金，计算项目投入使用后各期的利息。建设投资借款的资金来源渠道不同，其建设期利息的计算方法也不同。国内借款利息的计算比较简单，国外借款利息还要包括承诺费、管理费等。为简化计算，承诺费等一般不单独计算，采用适当提高利息率的方法处理。

在工程经济分析中，无论各种债务资金是按年计息，还是按季、月计息，均可简化为按年计息，即将名义利率折算为年实际利率。

为了简化计算，一般假定借款额在建设期各年年内均衡发放，各种债务资金均在年中支用，即当年借款按半年计息，上年借款按全年计息。若建设期不付利息，则各年利息采用复利计息，其计算公式为：

$$\text{各年应计利息} = \left(\text{年初借款本息累计} + \frac{\text{本年借款额}}{2}\right) \times \text{年实际利率} \tag{3-4}$$

【例 3-4】某新建项目的建设投资估算额为 9 500 万元，建设期为 2 年，该项目的分年投资计划、资本金投入计划及各年借款额如表 3-4 所示。各年借款均在年内均衡发生，借款年利率为 6%，每年计息一次，建设期利息只计不还，运营期连同本金一同偿还。试计算该项目的建设期利息。

表 3-4　分年投资计划表　　单位：万元

序　号	工程或费用名称	计 算 期		合　计
		第 1 年	第 2 年	
1	建设投资	4 400	5 100	9 500
1.1	工程费用	3 000	4 000	7 000
1.2	工程建设其他费	1 000	500	1 500
1.3	预备费	400	600	1 000
2	用于建设投资的项目资本金	2 400	2 600	5 000
3	建设投资借款	2 000	2 500	4 500

【解】第 1 年建设投资借款利息：

$$(0+2\,000 \div 2) \times 6\% = 60\ (\text{万元})$$

第 2 年建设投资借款利息：

$$(2\,000+60+2\,500 \div 2) \times 6\% = 198.6\ (\text{万元})$$

该项目的建设期利息：

$$60+198.6=258.6\ (\text{万元})$$

6．流动资产投资

与固定资产投资相对应，流动资产投资是指投资主体用以获得流动资产的投资，即项目在投产前预先垫付，在投产后生产经营过程中周转使用的资金，又称流动资金。生产项目投资包括流动资产投资，非生产项目投资不包括流动资产投资。

为保证项目投产后正常生产经营，在项目正式建设前必须落实的最基本周转资金，称为铺底流动资金，一般为流动资金的 30%。

3.2.2 成本

1．总成本费用

总成本费用是指在一定时期（通常为一年）为生产和销售产品或提供服务而发生的全部费用。在工程经济分析中，总成本费用通常采用生产成本加期间费用法和生产要素估算法计算。

（1）生产成本加期间费用法。在生产经营期内，各年的成本费用由生产成本和期间费用两部分组成。其计算公式为：

$$\text{总成本费用}=\text{生产成本}+\text{期间费用} \tag{3-5}$$

其中：

$$\text{生产成本}=\text{直接材料费}+\text{直接工资}+\text{其他直接支出}+\text{制造费用} \tag{3-6}$$

$$\text{期间费用}=\text{管理费用}+\text{财务费用}+\text{销售费用} \tag{3-7}$$

①生产成本的构成。生产成本，也称制造成本，是指企业生产经营过程中实际消耗的直接材料费、直接工资、其他直接支出和制造费用。

直接材料费包括企业生产经营过程中实际消耗的原材料、辅助材料、设备零配件、外购半成品、燃料、动力、包装物、低值易耗品以及其他直接材料费。

直接工资包括企业直接从事产品生产人员的工资、奖金、津贴和补贴等。

其他直接支出包括直接从事产品生产人员的职工福利费等。

制造费用是指企业各个生产单位（分厂、车间）为组织和管理生产所发生的各项费用，包括生产单位（分厂、车间）管理人员工资、职工福利费、修理费、折旧费、维简费、物料消耗、低值易耗品摊销、劳动保护费、水电费、办公费、差旅费、运输费、保险费、租赁费（不含融资租赁费）、设计制图费、试验检验费、环境保护费以及其他制造费用。

②期间费用的构成。期间费用是指在一定会计期间发生的与生产经营没有直接关系和关系不密切的管理费用、财务费用和销售费用。期间费用不计入产品的生产成本，直接体现为当期损益。

管理费用是指企业行政管理部门为管理和组织经营活动所发生的各项费用，包括公司经费（工厂总部管理人员工资、职工福利费、差旅费、办公费、修理费、折旧费、物料消耗、低值易耗品摊销以及公司其他经费）、工会经费、职工教育经费、劳动保险费、董事会费、咨询费、顾问费、交际应酬费、税金（企业按规定支付的房产税、车船使用税、土地使用税和印花税等）、土地使用费（或海域使用费）、技术转让费、无形资产摊销、开办费摊销、研究发展费以及其他管理费用。

财务费用是指企业为筹集资金而发生的各项费用，包括生产经营期间的利息净支出、汇兑净损失、调剂外汇手续费、金融机构手续费，以及在筹资过程中发生的其他财务费用等。

销售费用是指企业在销售产品、自制半成品和提供劳务等过程中发生的各项费用以及专设销售机构的各项经费，包括应由企业负担的运输费、装卸费、包装费、保险费、委托代销费、广告费、展览费、租赁费（不包括融资租赁费）和销售服务费用、销售部门人员工资、职工福利费、差旅费、办公费、修理费、折旧费、物料消耗、低值易耗品摊销以及其他经费等。

（2）生产要素估算法。企业的制造费用、管理费用和营业费用中均包括多项费用，且行业间不尽相同。为便于计算，在工程经济分析中将工资及福利费、修理费、折旧费、维简费、摊销费、利息支出进行归并后分别列出，另设一项“其他费用”，将制造费用、管理费用、财务费用和销售费用中扣除工资及福利费、修理费、折旧费、维简费、摊销费、利息支出后的费用列入其中。各年成本费用的计算公式为：

$$\begin{aligned}&\text{年成本费用}=\text{原材料成本}+\text{燃料动力成本}+\text{工资及福利费}+\\&\text{修理费}+\text{折旧费}+\text{维简费}+\text{摊销费}+\text{利息支出}+\text{其他费用}\end{aligned} \tag{3-8}$$

①原材料成本的计算。原材料成本是成本的重要组成部分。其计算公式为：

$$\text{原材料成本}=\text{年产量}\times\text{单位产品原材料成本} \tag{3-9}$$

式中，年产量可根据测定的设计生产能力和投产期各年的生产负荷加以确定；单位产品原材料成本是依据原材料消耗定额和单价确定的。企业生产经营过程中所需的原材料种类繁多，在计算时可根据具体情况，选取耗用量较大的、主要的原材料为对象，依据有关规定、原则和经验数据进行估算。

②燃料动力成本的计算。燃料动力成本的计算公式为：

$$\text{燃料动力成本}=\text{年产量}\times\text{单位产品燃料和动力成本} \tag{3-10}$$

③工资及福利费的计算。工资及福利费包括在制造费用、管理费用、销售费用中，为方便计算，可将以上各项费用中的工资及福利费单独计算。计算可采取以下两种方法：

第一，按整个企业职工定员数和人均年工资额计算年工资总额，计算公式为：

$$\text{年工资总额}=\text{企业职工定员数}\times\text{人均年工资额} \tag{3-11}$$

第二，按照不同的工资级别对职工进行划分，分别估算同一级别职工的工资，然后再加以汇总。一般可分为五个级别，即高级管理人员、中级管理人员、一般管理人员、技术工人和一般工人。若有国外技术人员和管理人员，应单独列出。

福利费主要包括职工的保险费、医药费、医疗经费、职工生活困难补助以及按国家规定开支的其他职工福利支出，不包括职工福利设施的支出。一般可按职工工资总额的一定比例提取。

2. 折旧的计算

折旧是指在固定资产的使用过程中，随着资产损耗而逐渐转移到产品成本费用中的那部分价值。将折旧费计入产品成本费用是企业回收固定资产投资的一种手段。依据现行折旧制度，企业把已经发生的资本性支出转移到产品成本费用中，然后通过产品的销售，逐步回收初始的投资费用。

根据我国财务会计制度的有关规定，计提折旧的固定资产范围包括：房屋、建筑物；在用的机器设备、仪器仪表、运输车辆、工具器具；季节性停用和在修理停用的设备；以经营租赁方式租出的固定资产；以融资租赁方式租入的固定资产。结合我国企业管理水平，将固定资产分为三大部分 22 类，按大类实行分类折旧。在进行工程经济分析时，视项目的具体情况可分类计算折旧，也可综合计算折旧。我国一般采用平均年限法、工作量法或加速折旧法计算固定资产折旧。企业可在税法允许的范围内自行确定固定资产的折旧方法、折旧年限和预计净残值率。

（1）平均年限法。平均年限法，也称直线法，即根据固定资产原值、预计净残值率和折旧年限计算折旧。其计算公式为：

$$折旧费=固定资产原值\times年折旧率=固定资产原值\times\frac{1-预计净残值率}{折旧年限\times(折旧年限+1)\div 2} \quad (3\text{-}12)$$

式中，固定资产原值是根据工程费用、预备费和建设期利息等计算求得的。预计净残值率是预计的固定资产净残值与固定资产原值的比率，一般为 3% ~ 5%。固定资产的预计净残值率一经确定，不得变更。

折旧年限可参照国家有关部门对各类固定资产折旧最短年限做出的规定：房屋、建筑物，为 20 年；飞机、火车、轮船、机器、机械和其他生产设备，为 10 年；与生产经营活动有关的器具、工具、家具等，为 5 年；飞机、火车、轮船以外的运输工具，为 4 年；电子设备，为 3 年。

（2）工作量法。对于交通运输企业和其他企业专用车队的客货运汽车，按照行驶里程计算折旧费。其计算公式为：

$$单位里程折旧费=\frac{原值\times(1-预计净残值率)}{总行驶里程} \quad (3\text{-}13)$$

$$年折旧费=单位里程折旧费\times年行驶里程 \quad (3\text{-}14)$$

对于大型专用设备，可根据工作小时计算折旧费。其计算公式为：

$$每小时折旧费=\frac{原值\times(1-预计净残值率)}{总工作小时} \quad (3\text{-}15)$$

$$年折旧费=每小时折旧费\times年工作小时 \quad (3\text{-}16)$$

（3）加速折旧法。加速折旧法，也称递减折旧法，是指在固定资产使用初期提取折旧较多，在后期提取较少，使固定资产价值在使用年限内尽早得到补偿的折旧计算方法。它是一种鼓励投资的措施，即国家先让利给企业，加速回收投资，增强还贷能力，促进技术进步。因此，仅对某些确有特殊原因的建设项目采用加速折旧法计提折旧。加速折旧法主要包括双倍余额递减法和年数总和法。

①双倍余额递减法是以平均年限法确定的折旧率的双倍乘以固定资产在每一会计期间的期初账面净值，从而确定当期应提折旧的方法。其计算公式为：

$$\text{年折旧率}=\frac{2}{\text{折旧年限}}\times 100\% \tag{3-17}$$

$$\text{年折旧费}=\text{年初固定资产账面净值}\times\text{年折旧率} \tag{3-18}$$

实行双倍余额递减法的固定资产，应当在其固定资产折旧年限到期前两年内，将固定资产净值扣除预计净残值后的净额平均摊销，即最后两年改用平均年限法计算折旧。

②年数总和法是以固定资产原值扣除预计净残值后的余额作为计提折旧的基础，按照逐年递减的折旧率计提折旧的一种方法。采用年数总和法的关键是每年都要确定一个不同的折旧率。其计算公式为：

$$\text{年折旧率}=\frac{\text{折旧年限}-\text{已使用年限}}{\text{折旧年限的年数之和}}\times 100\%=\frac{\text{折旧年限}-\text{已使用年限}}{\text{折旧年限（折旧年限}+1)\div 2}\times 100\% \tag{3-19}$$

$$\text{年折旧费}=\text{（固定资产原值}-\text{预计净残值）}\times\text{年折旧率} \tag{3-20}$$

在工程经济分析中，一般采用平均年限法计算折旧费。

【例 3-5】某项目固定资产原值 10 000 万元，预计净残值率 4%，预计使用年限 5 年，分别利用平均年限法、双倍余额递减法、年数总和法计算各年折旧费。

【解】（1）平均年限法：

各年折旧费=10 000×（1−4%）÷5=1 920（万元）

（2）双倍余额递减法：

年折旧率=2÷5×100%=40%

第一年折旧费=10 000×40%=4 000（万元）

第二年折旧费=（10 000−4 000）×40%=2 400（万元）

第三年折旧费=（10 000−4 000−2 400）×40%=1 440（万元）

第四年折旧费=（10 000−4 000−2 400−1 440−10 000×4%）÷2=880（万元）

第五年折旧费=880（万元）

（3）年数总和法：

计算折旧基数=10 000×（1−4%）=9 600（万元）

年数总和=1+2+3+4+5=15（年）

第一年折旧费=9 600×5÷15=3 200（万元）

第二年折旧费=9 600×4÷15=2 560（万元）
第三年折旧费=9 600×3÷15=1 920（万元）
第四年折旧费=9 600×2÷15=1 280（万元）
第五年折旧费=9 600×1÷15=640（万元）

对比分析上述折旧方法可知，平均年限法和双倍余额递减法的年折旧率不变，年数总和法年折旧率不断递减。采用不同方法计提折旧，虽然每年计提的折旧费存在差异，但提取的折旧费总额相同。

不同折旧方法对企业纳税产生不同影响。按照财务制度规定，计提的折旧费计入成本费用，故不同折旧方法计提的年折旧费差异直接影响利润额受冲减的程度，进而导致所得税差异。平均年限法使折旧平均摊入成本，加速折旧法使固定资产成本在使用期限内快速得到补偿，企业前期利润少、纳税少，后期利润多、纳税多，从而起到延期纳税的作用。因此，企业应在符合制度规定基础上，综合考虑折旧对企业纳税的影响，恰当选择适宜的折旧方法。实践中，房屋建筑类固定资产多采用平均年限法，机械设备类固定资产多采用加速折旧法。

3．修理费的计算

与折旧费相似，修理费也包括在制造费用、管理费用、销售费用中。为便于计算和进行经济分析，可将以上各项费用中的修理费单独估算。修理费包括大修理费和中小修理费。

在估算修理费时，一般无法确定修理费具体发生的时间和金额，可按照折旧费的一定百分比计算，该百分比可参照同行业的经验数据加以确定。

4．维简费的计算

维简费是指采掘、采伐工业按生产产品数量（采矿按每吨原矿产量，林区按每立方米原木产量）提取的固定资产更新和技术改造资金，即维持简单再生产的资金。企业发生的维简费直接计入成本，其计算方法和折旧费相同。这类采掘、采伐企业不计提固定资产折旧。

5．摊销费的计算

摊销费是指无形资产和其他资产在一定期限内分期摊销的费用。通常采用平均年限法计算摊销费，不计残值。

无形资产是指企业能长期使用而没有实物形态的可辨认非货币性资产，包括专利权、非专利技术、商标权、商誉、著作权和土地使用权等。

其他资产是指除固定资产、无形资产和流动资产之外的其他资产。在工程经济分析中，可将生产准备费、办公和生活家具购置费等具有开办费性质的费用直接形成其他资产。开办费是指企业在筹建期间所发生的各种费用，主要包括在注册登记和筹建期间起草文件、谈判、考察等发生的各项支出，销售网的建立和广告费用，筹建期间的人员工资、办公费、培训费、差旅费、印刷费、律师费、注册登记费，以及不计入固定资产和无形资产购建成本的汇兑损益和利息等项支出。

无形资产和递延资产应按规定期限分期摊销，法律、合同或协议规定有法定有效期和受益年限的，按照法定有效期或合同、协议规定的受益年限孰短的原则确定；没有规定期限的，按不少于 10 年的期限分期摊销。

若各项无形资产和其他资产摊销年限相同，则根据全部无形资产和其他资产的原值和摊销年限计算出各年的摊销费；若摊销年限不同，则分别计算各项无形资产和其他资产的摊销费，然后将其相加，即可得到生产经营期各年的摊销费。

6. 生产经营期利息的计算

按照会计法规，企业为筹集所需资金而发生的费用称为借款费用，又称财务费用，包括利息支出（减利息收入）、汇兑损失（减汇兑收益）、相关的手续费等。在大多数项目财务分析中，通常只考虑利息支出。利息支出的估算包括长期借款利息和流动资金借款利息。

长期借款利息是指建设投资借款（含未支付的建设期利息）应在生产期支付的利息。为简化计算，还款当年按年末偿还、按全年计息。长期借款利息计算公式为：

$$每年支付利息=年初本金累计金额\times年利率 \tag{3-21}$$

流动资金的借款属于短期借款，利率较长期借款低，且一般为季利率，三个月计息一次。在工程经济分析中，为简化计算，一般采用年利率，每年计息一次。流动资金借款利息计算公式为：

$$流动资金利息=流动资金借款累计金额\times年利率 \tag{3-22}$$

需要注意的是，生产经营期的利息可以计入成本，因此每年计算的利息不再参与以后各年利息的计算。

7. 其他费用的计算

其他费用是指在制造费用、管理费用、财务费用和销售费用中扣除工资及福利费、折旧费、修理费、摊销费和利息支出后的费用。在工程经济分析中，其他费用一般可根据成本中的原材料成本、燃料动力成本、工资及福利费、折旧费、修理费、维简费和摊销费之和的一定百分比计算，并按照同类企业的经验数据加以确定。

8. 经营成本的计算

经营成本是指项目从总成本中扣除折旧费、维简费、摊销费和利息支出后的成本，即:

$$经营成本=总成本-折旧费-维简费-摊销费-利息支出 \tag{3-23}$$

经营成本是工程经济学特有的概念，它涉及产品生产及销售、企业管理过程中的物料、人力和能源的投入费用，它反映企业的生产和管理水平。在工程经济分析中，经营成本被应用于现金流量的分析。

计算经营成本时之所以要从总成本中剔除折旧费、维简费、摊销费和利息支出，主要原因如下。

（1）现金流量表反映项目在计算期内逐年发生的现金流入和流出。与常规会计方法不同，现金收支何时发生就在何时计算，不做分摊。由于投资已按其发生的时间作为一次性支出被计入现金流出，所以不能再以折旧费、维简费和摊销费的方式计为现金流出，否则会发生重复计算。因此，作为经常性支出的经营成本中不包括折旧费、摊销费和维简费。

（2）全部投资现金流量表以全部投资作为计算基础，不区分投资资金来源，利息支出不作为现金流出，而自有资金现金流量表中已将利息支出单列，因此经营成本中也不包括利息支出。

9. 固定成本与可变成本的计算

从理论上讲，年成本费用可分为固定成本、可变成本和混合成本三大类。固定成本是指在一定的产量范围内不随着产量变化而变化的成本，如按平均年限法计提的固定资产折旧费、摊销费、修理费和工资及福利费（计件工资除外）等。可变成本是指随着产量变化而变化的成本，如原材料成本、燃料动力成本、计件工资等。混合成本是指介于固定成本和可变成本之间，既随产量变化又不成正比例变化的成本，又称半固定和半可变成本，即同时具有固定成本和可变成本的特征。在线性盈亏平衡分析中，要求对混合成本进行分解，以区分出其中的固定成本和可变成本，并分别计入固定成本和可变成本总额之中。在工程经济分析中，为便于计算和盈亏平衡分析，可将总成本费用中的原材料成本及燃料动力成本视为可变成本，其余各项均视为固定成本。

【例 3-6】某新建项目建设期 2 年，运营期 4 年，投产当年生产负荷达到 80%，以后各年均为 100%。经预测，正常生产年份的外购原材料成本为 3 000 万元，外购燃料动力成本为 1 200 万元；全厂定员 80 人，人均工资及福利费按 4 万元估算；固定资产原值为 11 800 万元，采用平均年限法计提折旧，折旧年限为 4 年，无残值；修理费按年折旧费的 20%提取；无形资产每年摊销费为 75 万元；其他费用为 820 万元/年；在生产经营期所发生的建设投资借款利息分别为 950 万元、860 万元、710 万元、560 万元，每年流动资金借款利息为 60 万元。试确定该项目每年的总成本费用、经营成本、固定成本、可变成本，其中，可变成本包括外购原材料成本、外购燃料动力成本，固定成本为除可变成本外的所有费用。

【解】通过编制总成本费用估算表 3-5，计算总成本费用、经营成本、固定成本和可变成本。

表 3-5　总成本费用估算表　　单位：万元

序　号	工程或费用名称	计 算 期			
		3	4	5	6
	生产负荷	80%	100%	100%	100%
1	外购原材料成本	2 400	3 000	3 000	3 000
2	外购燃料动力成本	960	1 200	1 200	1 200
3	职工工资及福利费	320	320	320	320
4	修理费	590	590	590	590
5	其他费用	820	820	820	820
6	经营成本（1+2+3+4+5）	5 090	5 930	5 930	5 930
7	折旧费	2 950	2 950	2 950	2 950
8	摊销费	75	75	75	75

续表

序　　号	工程或费用名称	计 算 期			
		3	4	5	6
9	利息支出	1 010	920	770	620
9.1	建设投资借款利息	950	860	710	560
9.2	流动资金借款利息	60	60	60	60
10	总成本费用合计（6+7+8+9）	9 125	9 875	9 725	9 575
	其中可变成本（1+2）	3 360	4 200	4 200	4 200
	固定成本（3+4+5+7+8+9）	5 765	5 675	5 525	5 375

3.2.3 营业收入

1. 营业收入的计算

建设项目的营业收入是估算项目投入使用后生产经营期内各年销售产品或提供劳务所取得的收入。

营业收入是项目建成投产后补偿成本、上缴税金、偿还债务、保证企业再生产正常进行的前提，它是进行利润总额、增值税估算的基础数据。营业收入的计算公式为：

$$营业收入=产品销售价格\times产品年销售量 \tag{3-24}$$

在工程经济分析中，产品年销售量应根据市场行情，采用科学的预测方法确定。产品销售价格一般采用出厂价格，也可根据需要选用送达用户的价格。

如果项目的产品比较单一，用产品价格乘以产量即可得到每年的营业收入；如果项目的产品种类比较多，要根据营业收入、增值税、税金及附加估算表进行估算，即应首先计算每种产品的年营业收入，然后汇总在一起，求出项目生产经营期各年的营业收入；如果产品部分销往国外，还应计算外汇收入，并按外汇牌价折算成人民币，然后再计入项目的年营业收入中。

2. 产品销售价格的选择

产品销售价格是估算营业收入的一个重要因素，直接影响着建设项目经济效益评价结论，一般可在口岸价格、市场价格和成本加成价格中进行选择。

（1）如果项目产品是出口产品，或者是替代进口产品，或者是间接出口产品，可以口岸价格为基础确定产品销售价格。出口产品和间接出口产品可选择离岸价格（FOB），替代进口产品可选择到岸价格（CIF），或者直接以口岸价格定价，或者以口岸价格为基础，参考其他有关因素确定产品销售价格。

（2）如果同类产品或类似产品已在市场上销售，并且这种产品既与外贸无关，也不在计划控制的范围内，则可选择现行市场价格作为项目产品的销售价格。当然，也可以现行市场价格为基础，根据市场供求关系上下浮动作为项目产品的销售价格。

（3）如果拟建项目的产品属于新产品，则可根据下列公式估算其出厂价格：

$$出厂价格=产品计划成本+产品计划利润+产品计划税金 \tag{3-25}$$

其中：

$$产品计划利润=产品计划成本\times产品成本利润率 \tag{3-26}$$

$$产品计划税金=\frac{产品计划成本+产品计划利润}{1-税率}\times税率 \tag{3-27}$$

以上几种情况，当难以确定采用哪种价格时，可考虑选择可供选择方案中价格最低的那种作为项目产品的销售价格。

3．产品年销售量的确定

在工程经济分析中，应首先根据市场需求预测确定项目产品的市场份额，进而合理确定企业的生产规模，再根据企业的设计生产能力确定年产量。在现实经济生活中，产品年销售量不一定等于年产量，这主要是由于市场波动而存在库存变化引起的产量与销售量的差别。但在工程经济分析中，难以准确地估算出由于市场波动而引起的库存量变化，因此在估算营业收入时，不考虑项目的库存情况，假设当年生产出来的产品当年全部售出。这样就可以根据项目投产后各年的生产负荷确定各年的销售量。

3.2.4 增值税、税金及附加

增值税、税金及附加属于流转税的范畴，根据商品或劳务的流转额征收。2016年5月1日起，我国全面推开营业税改征增值税试点，旨在减少重复征税，降低企业整体税负，疏导资源合理配置。根据“财会（2016）22号”增值税会计处理规定，全面试行营业税改征增值税后，原来的“营业税金及附加”科目调整为“税金及附加”科目，其中，税金包括消费税、城市维护建设税、资源税、土地增值税；附加包括教育费附加和地方教育费附加，其征收的环节和计费的依据类似城市维护建设税。

1．增值税

增值税是对我国境内销售货物、进口货物以及提供加工、修理修配劳务的单位和个人，就其取得货物的销售额、进口货物金额、应税劳务收入额计算税款，并实行税款抵扣制的一种流转税。

增值税是价外税，由购买方承担税款。在工程经济分析中，增值税可作为价外税不出现在现金流量表中，也可作为价内税出现在现金流量表中。当现金流量表中不包括增值税时，产出物的价格不含有增值税中的销项税，投入物的价格也不含有增值税中的进项税。但在税金及附加的估算中，为了计算城市维护建设税、教育费附加和地方教育费附加，还需要单独计算增值税额，作为城市维护建设税、教育费附加和地方教育费附加的计算基数。增值税是按增值额计税的，可按下列公式计算：

$$应纳税额=当期销项税额-当期进项税额 \tag{3-28}$$

当期销项税额小于当期进项税额不足抵扣时，不足部分可以结转下期继续抵扣。

销项税额是指纳税人销售货物或提供应税劳务，按照销售额和增值税税率计算并向购买方收取的增值税额。其计算公式为：

销项税额=销售额×增值税税率

=营业收入（含税销售额）÷（1+增值税税率）×增值税税率　　（3-29）

或　=营业收入（不含税销售额）×增值税税率

进项税额是指纳税人购进货物或接受应税劳务所支付或者负担的增值税额。其计算公式为：

进项税额=外购原材料、燃料动力成本（含税）÷（1+增值税税率）×增值税税率　　（3-30）

或　=外购原材料、燃料动力成本（不含税）×增值税税率

另外，在实施增值税改革后，允许从销项税额中抵扣部分固定资产增值税，同时该可抵扣固定资产进项税不得计入固定资产原值。

【例 3-7】 某施工企业当月合同收入为 100 万元（不含税），增值税税率为 9%，购进施工材料共计 56.5 万元（含税），增值税税率为 13%，那么当期销项税额、进项税额和增值税各为多少？

【解】：销项税额=100×9%=9（万元）

进项税额=56.5÷（1+13%）×13%=6.5（万元）

增值税=9−6.5=2.5（万元）

2．消费税

消费税是对工业企业生产、委托加工和进口的部分应税消费品按差别税率或税额征收的一种税。消费税是在普遍征收增值税的基础上，根据消费政策、产业政策的要求，有选择地对部分消费品征收的一种特殊的税种。目前，我国的消费税共设 15 个税目。消费税的税率有从价定率和从量定额两种，其中，黄酒、啤酒、成品油产品（汽油、柴油等）采用从量定额计税；其他消费品均采用从价定率计税，税率从 1%到 56%不等。

消费税采用从价定率和从量定额两种计税方法计算应纳税额，一般以应税消费品的生产者为纳税人，于销售时纳税。

（1）从价定率的计算：

$$应纳税额=应税消费品销售额\times适用税率=\frac{销售收入（含增值税）}{1+增值税税率}\times消费税税率 \quad （3-31）$$

（2）从量定额的计算：

$$应纳税额=应税消费品销售数量\times单位税额 \quad （3-32）$$

应税消费品销售额是指纳税人销售应税消费品向买方收取的全部价款和价外费用，不包括向买方收取的增值税税款。应税消费品销售数量是指应税消费品的数量。其中，销售应税消费品的，为应税消费品的销售数量；自产自用应税消费品的，为应税消费品的移送使用数量；委托加工应税消费品的，为纳税人收回的应税消费品数量；进口应税消费品的，为海关核定的征税数量。

【例 3-8】 某工厂销售应税消费品，取得销售收入 10 万元（不含增值税），同时取得各种价外费用 1 万元，该产品消费税税率为 15%，计算应纳消费税税额。

【解】：应纳消费税税额=11×15%=1.65（万元）

3．城市维护建设税

城市维护建设税是以纳税人实际缴纳的流转税为计税依据征收的一种附加税。城市维护建设税按纳税人所在地区实行差别税率：项目所在地为市区的，税率为 7%；项目所在地为县城、镇的，税率为 5%；项目所在地为乡村的，税率为 1%。

城市维护建设税以纳税人实际缴纳的增值税、消费税税额为计税依据，并分别与上述两种税同时缴纳。其应纳税额计算公式为：

$$\text{应纳税额}=（\text{增值税}+\text{消费税}）\text{的实纳税额}\times\text{适用税率} \tag{3-33}$$

4．资源税

资源税是国家对在我国境内开采各种应税自然资源的单位和个人征收的一种税。实质上，它是对因资源生产和开发条件的差异而客观形成的级差收入征收的。资源税的征收范围包括：①矿产品，包括原油、天然气、煤炭、金属矿产品和其他非金属产品；②盐，包括固体盐、液体盐。资源税按照《税目税率表》实行从价计征或者从量计征。

（1）从价定率的计算：

$$\text{应纳税额}=\text{应税资源产品销售额}\times\text{适用税率} \tag{3-34}$$

（2）从量定额的计算：

$$\text{应纳税额}=\text{应税资源产品课税数量}\times\text{单位税额} \tag{3-35}$$

课税数量是指纳税人开采或者生产应税产品用于销售的，以销售数量为课税数量；纳税人开采或者生产应税产品自用的，以自用数量为课税数量。

5．土地增值税

土地增值税是按转让房地产取得的增值额征税的税种，包括转让国有土地使用权和地上的建筑物及其附着物。房地产项目应按规定计算土地增值税。

6．教育费附加

教育费附加是为了加快地方教育事业的发展，扩大地方教育经费的资金来源而开征的一种附加费。根据有关规定，凡缴纳消费税、增值税的单位和个人，都是教育费附加的缴纳人。教育费附加随消费税和增值税同时缴纳，其计征依据是各缴纳人实际缴纳的消费税和增值税的税额，征收率为 3%。其计算公式为：

应纳教育费附加额=（增值税+消费税）的实纳税额×3%　　　　(3-36)

7．地方教育费附加

地方教育费附加是为增加地方教育的资金投入，促进省教育事业发展而开征的政府基金。地方教育费附加的征收标准为单位和个人实际缴纳的增值税和消费税税额的 2%。其计算公式为：

应纳地方教育费附加额=（增值税+消费税）的实纳税额×2%　　　　(3-37)

【例 3-9】某新建项目的建设期为 2 年，运营期为 4 年，投产当年生产负荷达到 80%，以后各年均为 100%。预测该项目正常生产年份年销售量为 6 万吨，产品单价为 2 000 元/吨（不含税），正常生产年份可抵扣投入物 4 250 万元（不含税），投入和产出增值税税率均为 16%，可抵扣的固定资产增值税为 2 192 万元，城市维护建设税税率为 7%，教育费附加征收率为 3%，地方教育费附加征收率为 2%，无消费税应税产品。估算该项目的增值税、税金及附加。

【解】（1）增值税：

正常年份（第 4～6 年）销项税额=营业收入（不含税）×增值税税率=6×2 000×16%=1 920（万元）

正常年份（第 4～6 年）进项税额=可抵扣投入物（不含税）×增值税税率=4 250×16%=680（万元）

投产当年（第 3 年）的销项税额、进项税额为正常年份乘以生产负荷 80%可得。

第 3 年销项税额=1 920×80%=1 536（万元）。

第 3 年进项税额=680×80%=544（万元）。

如果无可抵扣的固定资产增值税，正常年份增值税为 1 240 万元（1 920−680）。由于存在可抵扣的固定资产增值税 2 192 万元，因此增值税计算较为复杂。

第 3 年增值税=1 536−544−2 192=−1 200<0，所以实际缴纳增值税为 0，剩余未抵扣的固定资产进项税 1 200 万元进入下一年度抵扣。

第 4 年增值税=1 920−680−1 200=40，所以实际缴纳增值税为 40 万元。

第 5、6 年增值税=1 920−680=1 240，所以实际缴纳增值税为 1 240 万元。

（2）由于该项目无消费税，因此税金及附加的计算基数为增值税。

第 3 年的增值税为 0，城市维护建设税、教育费附加、地方教育费附加均为 0，税金及附加为 0。

第 4 年增值税为 40 万元，城市维护建设税=40×7%=2.8（万元）

教育费附加=40×3%=1.2（万元）

地方教育费附加=40×2%=0.8（万元）

税金及附加=2.8+1.2+0.8=4.8（万元）

第 5、6 年增值税为 1 240 万元，城市维护建设税=1 240×7%=86.8（万元）

教育费附加=1 240×3%=37.2（万元）

地方教育费附加=1 240 × 2%=24.8（万元）

税金及附加=86.8+37.2+24.8=148.8（万元）

计算结果如表 3-6 所示。

表 3-6　营业收入、增值税和税金及附加估算表　　单位：万元

序　号	项　目	计 算 期			
		3	4	5	6
	生产负荷	80%	100%	100%	100%
1	营业收入	9 600	12 000	12 000	12 000
2	增值税				
2.1	产出销项税额	1 536	1 920	1 920	1 920
2.2	投入进项税额	544	680	680	680
2.3	可抵扣的增值税额	992	1 200		
2.4	应纳增值税		40	1 240	1 240
3	税金及附加		4.8	148.8	148.8
3.1	消费税				
3.2	城市维护建设税		2.8	86.8	86.8
3.3	教育费附加		1.2	37.2	37.2
3.4	地方教育费附加		0.8	24.8	24.8

3.2.5　利润

1．利润总额的计算

利润总额是企业在一定时期内生产经营活动的最终财务成果，它集中反映了企业生产经营各方面的效益。

现行会计制度规定，利润总额等于营业利润加上投资净收益、补贴收入和营业外收支净额的代数和。其中，营业利润等于主营业务收入减去主营业务成本和主营业务税金及附加，加上其他业务利润，再减去营业费用、管理费用和财务费用后的净额。在对建设项目进行经济分析时，为简化计算，在估算利润总额时，假定不发生其他业务利润，也不考虑投资净收益、补贴收入和营业外收支净额，本期发生的总成本费用等于主营业务成本、营业费用、管理费用和财务费用之和，并且视项目的主营业务收入为本期的营业收入，主营业务税金及附加为本期的税金及附加。利润总额的估算公式为：

利润总额=营业收入（不含增值税）−税金及附加−总成本费用　　（3-38）

根据利润总额可计算所得税和净利润，在此基础上可进行净利润的分配。在工程经济分析中，利润总额是计算一些静态指标的基础数据。

2．所得税的计算

根据税法的规定，企业取得利润后，先向国家缴纳所得税，即凡在我国境内实行独立

经营核算的各类企业或者组织者，来源于我国境内、境外的生产、经营所得和其他所得，均应依法缴纳企业所得税。

企业所得税以应纳税所得额为计税依据。纳税人每一纳税年度的收入总额减去准予扣除项目的余额为应纳税所得额。

纳税人发生年度亏损的，可用下一纳税年度的所得弥补；下一纳税年度的所得不足以弥补的，可以逐年延续弥补，但是延续弥补期最长不得超过 5 年。

企业所得税的应纳税额计算公式为：

$$应纳税额=应纳税所得额\times所得税税率 \tag{3-39}$$

在工程经济分析中，一般以利润总额作为企业应纳税所得额，乘以 25%税率计算所得税，即

$$所得税=利润总额\times25\% \tag{3-40}$$

3．净利润的分配

净利润是指利润总额扣除所得税后的差额，计算公式为：

$$净利润=利润总额-所得税 \tag{3-41}$$

在工程经济分析中，一般视净利润为可供分配利润，可按照下列顺序分配：

（1）提取盈余公积金。一般企业提取的盈余公积金分为两种：一是法定盈余公积金，在其金额累计达到注册资本的 50%以前，按照可供分配的净利润的 10%提取，达到注册资本的 50%，可以不再提取；二是法定公益金，按可供分配的净利润的 5%提取。

（2）向投资者分配利润（应付利润）。企业以前年度未分配利润，可以并入本年度向投资者分配。

（3）未分配利润，即未做分配的净利润。可供分配利润减去盈余公积金和应付利润后的余额，即未分配利润。

营业收入、总成本费用、税金和利润的关系如图 3-10 所示。

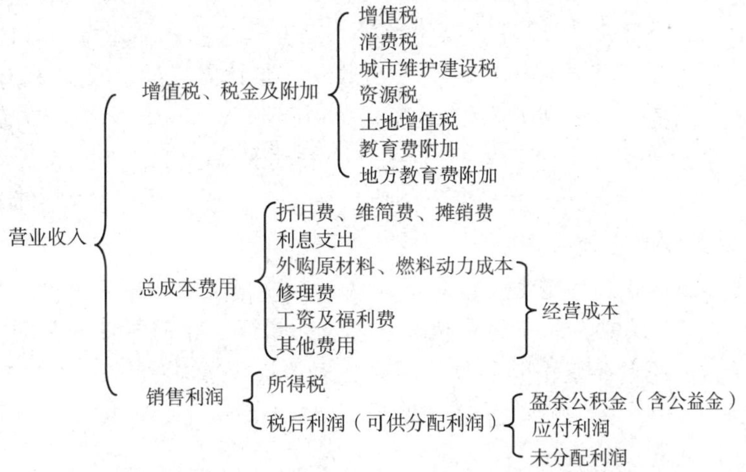

图 3-10　营业收入、总成本费用、税金和利润的关系

思政元素

（1）从科学预测现金流量提高工程经济分析的准确性，引出实事求是的科学态度、严谨的工作作风在工程经济分析中的重要性。

（2）从营业税改征增值税引出税制改革缘由，认识和理解科学发展观对解决我国经济问题的重要性。

复习思考题

1. 知识点

现金流量的概念、现金流量图的绘制、现金流量表的制作、投资的概念及构成、成本的概念及构成、折旧的概念及计算方法、经营成本的概念、经营成本的计算方法及设置原因、营业收入的概念及计算、增值税的概念及计算、税金及附加的相关计算、利润的概念及计算

2. 简答题

（1）建设项目现金流量主要由哪些要素构成？各要素的组成如何？

（2）如何绘制现金流量图？

（3）何谓经营成本？说明设置的理由。

（4）销项增值税、进项增值税、增值税分别是什么？三者之间关系如何？

（5）固定资产折旧可采用哪些方法？各种方法的特点及适用范围分别是什么？

3. 分析计算题

（1）企业第1、2、3年年初分别投资1 000万元、800万元、500万元，第4、5年年末分别收益20万元、40万元，经营费用为30万元。以后各年平均收益为550万元，经营费用均为100万元，寿命期为12年，期末残值为200万元。试画出该项目的现金流量图。

（2）某工业厂房项目建设期1年，运营期8年。预计固定资产投资3 200万元，建设期年初一次性投入，流动资金300万元（运营期第一年年初一次性投入），年营业收入5 000万元，增值税、税金及附加取营业收入的6%，所得税税率25%，年经营成本2 600万元，年折旧费400万元，无摊销，无固定资产余值。根据上述数据分析该项目的现金流量（不分资金来源），并绘制现金流量图。

（3）某公司以6 000万元建造一栋商业大楼，其中90%形成固定资产。假定这栋建筑的折旧期为40年，无残值。试分别采取以下方法计算第5年的折旧费及第5年年末该固定资产的账面价值：平均年限法、年数总和法、双倍余额递减法。

4. 练一练

梳理本章内容，绘制思维导图。

第 4 章

资金时间价值与等值计算

本章知识导航

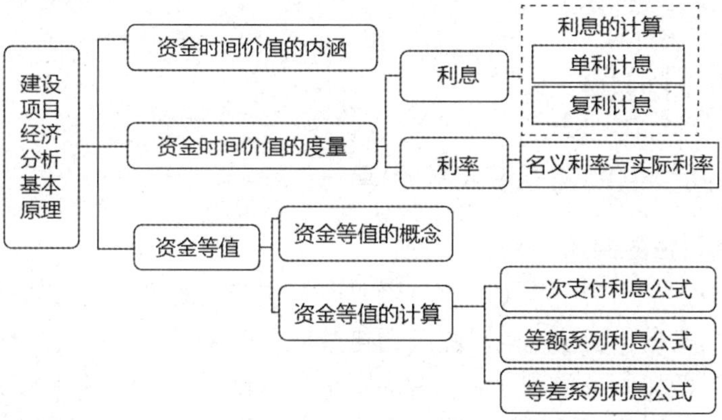

本章学习目标

☑ 知识目标：理解资金时间价值的内涵及度量方法；掌握名义利率与实际利率的概念及其换算关系；掌握资金等值的概念；掌握资金等值的计算公式并熟练运用以解决实际问题。

☑ 能力目标：培养资金时间价值分析能力。

☑ 素质目标：培养热爱劳动、积极进取、持续进步的思想；培养勤俭节约美德，树立正确消费观。

✪ 引导案例

现有两个投资方案，初始投资相同，总收益相等，寿命期均为 2 年，每年收益如表 4-1 所示。

表 4-1　投资收益表（初始投资相同）　　单位：万元

方　案	初始投资	第 1 年收益	第 2 年收益
A	1 000	1 000	500
B	1 000	800	700

【案例分析与讨论】

（1）直观上判断哪个方案较优并说出理由。

（2）如果两个方案初始投资不同，每年收益如表 4-2 所示，那么如何判断哪个方案更优。

表 4-2　投资收益表（初始投资不同）　　单位：万元

方　案	初始投资	第 1 年收益	第 2 年收益
A	1 200	1 200	500
B	1 000	800	700

4.1　资金时间价值

4.1.1　资金时间价值的内涵及影响因素

1．资金时间价值的内涵

建设项目所投入的人力、物力和自然资源以及所产出的经济效益都是以价值形态（资金的形式）表现出来的。资金运动反映了物化劳动和活化劳动的运动过程，物化劳动可看作将资源固化为建筑工程的过程，活化劳动则是为物化劳动过程提供的劳动和服务，而物化劳动过程也是资金随时间运动的过程。因此，在工程经济分析中，既要关注项目资金量的大小，又要考虑资金发生的时间，即考虑资金时间价值。

资金时间价值是指资金在生产经营及其循环、周转过程中，随着时间的推移而产生的价值增值。资金时间价值是资金在周转使用中产生的，是资金所有者让渡资金使用权而参与社会财富分配的一种形式。例如，将今天的 100 元存入银行，在年利率为 10%的情况下，一年后就会增值为 110 元。可见，经过一年时间，这 100 元发生了 10 元的增值。人们将资金在使用过程中随时间的推移而发生增值的现象，称为资金具有时间价值的属性。资金时间价值可以从以下两个方面来理解。

（1）随着时间的推移，资金的价值会增加，这种现象称为资金的增值，其实质是劳动者在生产过程中创造了剩余价值。增值的原因是资金的投资和再投资。1 元钱今年到手和明年到手是不一样的，先到手的资金可以用来投资而产生新的价值，因此，今年的 1 元钱比明年的 1 元钱更值钱。从投资者的角度来看，资金的增值特性使资金具有时间价值。

（2）资金一旦用于投资，就不能用于现期消费。牺牲现期消费是为了能在将来得到更多的消费，个人储蓄的动机和国家积累的目的都是如此。因此，从消费者的角度看，资金的时间价值体现为对放弃现期消费的损失所应做的必要补偿。

2．资金存在时间价值的原因

从经济理论上讲，资金存在时间价值的原因主要有下列几个方面：

（1）资金增值。把资金投入生产或流通领域后，资金会随着时间的推移而产生增值，这是资金存在时间价值的最根本原因。

（2）机会成本。资金作为一种稀缺资源，选择其中某一用途而放弃的其他用途所获得的最大收益。

（3）承担风险。收到资金的不确定性通常随着收款日期的推远而增加，即未来得到钱不如现在立即得到钱保险，俗话“多得不如现得”就是其反映，即对因风险的存在而可能带来的损失所应做的补偿。

（4）通货膨胀。通货膨胀是指商品和服务的货币价格总水平的持续上涨现象，简言之，通货膨胀是物价的持续普遍上涨。如果某项投资具有保值性，就意味着其投入资金的增值速度至少等于货币的贬值速度，即投资一段时间后所收回的资金，能购买到当初投资额可以购买到的同等商品或服务。

3．影响资金时间价值的因素

（1）资金的使用时间。在单位时间资金增值率一定的前提下，资金使用时间越长，资金时间价值越大；资金使用时间越短，则资金时间价值越小。

（2）资金数量的大小。在其他条件不变的情况下，资金数量越大，资金时间价值越大；反之，资金时间价值越小。

（3）资金投入和回收的特点。在总投资一定的情况下，前期投入资金越多，资金的负效益越大；反之，后期投入资金越多，资金的负效益越小。而在资金回收额一定的情况下，离现在越近的时间回收的资金越多，资金时间价值就越大；反之，离现在越远的时间回收的资金越多，资金时间价值就越小。

（4）资金周转速度。资金周转越快，在一定时间内等量资金时间价值越大；反之，资金时间价值越小。

总之，资金时间价值是客观存在的，在工程实践中应充分利用资金时间价值并最大限度地获得资金时间价值。这就要加速资金周转，早期回收资金，并不断进行高利润的投资活动，减少资金的闲置，提高资金的时间价值。

4.1.2　资金时间价值的度量

度量资金时间价值的尺度有两种：一是绝对尺度，即利息、盈利或收益；二是相对尺度，即利率、盈利率或收益率。

利息是货币资金借贷关系中借方支付给贷方的报酬。利息是劳动者为全社会创造的剩余价值（社会纯收入）的再分配部分。借贷双方的关系是国家通过银行，在国家、企业、个人之间调节资金余缺的相互协作关系。所以贷款要计算利息，固定资金和流动资金的使用也采取有偿和付息的办法，其目的都是鼓励企业改善经营管理，鼓励节约资金，提高投资的经济效果。

利率是指在单位时间所得利息额与投入资金的比例，也称使用资金的报酬率，它反映了资金随时间变化的增值率，是度量资金时间价值的相对尺度，一般以百分数表示。用于表示计算利息的时间单位称为计息周期，有年、季、月或日等不同的计息长度。因为计息周期不同，所以表示利率时应该注明时间单位。

如果将一笔资金存入银行，这笔资金就称为本金。经过一段时间之后，储户可在本金之外再得到一笔利息。这一过程可表示为：

$$F_n = P + I_n \tag{4-1}$$

式中，F_n表示本利和；P表示本金；I_n表示利息；n表示计息周期。

利息通常根据利率来计算。利率是单位本金经过一个计息周期后的增值额。其表达式为：

$$i = \frac{I_1}{P} \times 100\% \tag{4-2}$$

式中，i表示利率；I_1表示一个计息周期的利息。

4.2 利息、利率的计算

通过前面的分析可以看出，利息是占用资金所付出的代价（或放弃使用资金所得到的补偿）。利率是在一个计息周期内所得的利息额与借贷金额（本金）之比。

4.2.1 单利与复利

利息的计算有单利计息和复利计息之分。

1．单利法

单利法是指仅用本金计算利息，不将先前计息周期中产生的利息累加到本金中去计息，即利息不再生利息。单利法的计算公式为：

第1年 $F_1 = P + Pi = P(1+i)$

第2年 $F_2 = P(1+i) + Pi = P(1+2i)$

……

第n年 $F_n = P[1+(n-1)i] + Pi = P(1+ni)$

即n个计息周期后的本利和为：

$$F_n = P(1+ni) \tag{4-3}$$

2．复利法

复利法是指由本金加上先前计息周期中累积利息额的总和进行计息，即利息再生利息。复利法的计算公式为：

第 1 年　$F_1 = P + Pi = P(1+i)$

第 2 年　$F_2 = P(1+i) + P(1+i)\ i = P(1+i)^2$

……

第 n 年　$F_n = P(1+i)^{n-1} + P(1+i)^{n-1}i = P(1+i)^n$

即 n 个计息周期后的本利和为：

$$F_n = P(1+i)^n \tag{4-4}$$

【例 4-1】某人存入银行 10 000 元，年利率 5%，存期 3 年，分别用单利法和复利法求到期后的本利和。

【解】

（1）单利法：F=10 000（1+3×5%）=11 500（元）

（2）复利法：F =10 000（1+5%）^{3}= 11 576.25（元）

从例 4-1 可以看出，同一笔存款，在利率和计息周期均相同的情况下，复利计息的本利和比单利计息的本利和多 76.25 元。本金越大，计息周期数越多，二者的差距就会越大。单利计息未考虑利息的增值因素，没有完全反映资金的时间价值，而复利计息更能反映实际的资金运用情况，比较符合客观的经济发展情况，故在工程经济分析中，一般采用复利计息。

复利法分为间断复利法（又称普通复利法）和连续复利法。按期（年、半年、季、月、周、日）计算复利的方法称为间断复利法，按瞬时计算复利的方法称为连续复利法。在实际应用中，一般采用间断复利法。

4.2.2　名义利率与实际利率

1．利率周期与计息周期

利率周期通常以年为单位。例如，银行存贷款利率以年为单位。计息周期，即计算一次利息的时间单位，可能是半年、季、月、天等时间单位。当计息周期单位小于利率周期单位时，就出现了名义利率与实际利率的概念。例如，银行半年期存款年利率为 2%，显然利率周期为年，计息周期为半年，此时利率 2%为名义利率。这时进行资金时间价值计算，就应先进行名义利率与实际利率的计算。

2．名义利率

名义利率 r 是指计息周期利率乘以一个利率周期内的计息次数所得到的该利率周期利率，即用单利法计算的利率周期利率。

按单利法计算，若资金为 P，一年内计息次数为 m，计息周期利率为 i，则一年后本利和为：

$$F = P(1+mi)$$

以年为利率周期单位，名义利率 r 为：

$$r=\frac{F-P}{P}=\frac{P(1+mi)-P}{P}=mi$$

即

$$名义利率\ r=计息周期利率\ i\times 每年的计息次数\ m \tag{4-5}$$

3．实际利率

若用计息周期利率来计算利率周期利率，并将利率周期内的利息再生因素考虑进去，这时所得到的利率周期利率称为该利率周期的实际利率 i_{eff}，也称有效利率。实际利率 i_{eff} 是用复利法计算得到的利率。

按复利法计算，若本金为 P，一年中计息次数为 m，每个计息周期的利率为 i，则一年之后的本利和为：

$$F=P(1+i)^m$$

以年为利率周期单位，实际利率 i_{eff} 为：

$$i_{\text{eff}}=\frac{F-P}{P}=\frac{P(1+i)^m-P}{P}=(1+i)^m-1 \tag{4-6}$$

4．名义利率与实际利率的关系

由式（4-5）可推 $i=r\div m$，当一年中复利计息次数 m 有限时，实际利率为：

$$i_{\text{eff}}=\left(1+\frac{r}{m}\right)^m-1 \tag{4-7}$$

当每年中的复利计息次数 m 无限增加时，实际利率为：

$$i_{\text{eff}}=\lim_{n\to+\infty}\left[\left(1+\frac{r}{m}\right)^{\frac{m}{r}}\right]^r-1$$

因为 $\lim\limits_{n\to+\infty}\left(1+\frac{r}{m}\right)^{\frac{m}{r}}=e$，则

$$i_{\text{eff}}=e^r-1 \tag{4-8}$$

对每年计息次数不同的名义利率，只有把它们换算成相应的实际利率，彼此之间才是可比的，否则是不可比的。因为如果名义利率一定，每年的计息次数越多，则实际利率与名义利率之间的差额就越大；如果每年的计息次数一定，名义利率越高，实际利率与名义利率之间不仅绝对差额大，而且相对差额也越大。

为了比较，将名义利率为10%的不同计息周期的实际利率列出，如表4-3所示。

表 4-3　不同计息周期的实际利率比较

计息周期	一年内计息次数 m	每期利率 $r \div m$（%）	实际利率 i_{eff}（%）
一年	1	10.000	10.000
半年	2	5.000	10.250
按季	4	2.500	10.381
按月	12	0.833	10.471
按天	365	0.027	10.516
连续	∞	0.000	10.517

【例 4-2】某银行半年期存款年利率为 2%，存入银行 10 000 万元，则半年后利息是多少？如果到期后又续存半年，一年后利息是多少？

【解】利率 2%是以年为单位的，计息周期为半年，则 2%为名义利率，半年期利率为 1%，半年后利息为：

$$10\,000 \times 1\% = 100\text{（万元）}$$

$$\text{实际利率 } i_{eff} = \left(1 + \frac{2\%}{2}\right)^2 - 1 = 2.01\%$$

则一年后利息为：

$$10\,000 \times 2.01\% = 201\text{（万元）}$$

【例 4-3】某企业要购置新设备，有两家银行可提供贷款。甲银行年利率为 16%，按年复利计息；乙银行年利率为 15%，按月复利计息。向哪家银行贷款为宜？

【解】甲银行的实际利率就是名义利率，即实际利率为 16%。

乙银行的名义利率为 15%，其实际利率为：

$$i = \left(1 + \frac{r}{m}\right)^m - 1 = \left(1 + \frac{0.15}{12}\right)^{12} - 1 = 16.075\%$$

计算结果表明，乙银行的实际利率高于甲银行的实际利率，故应向甲银行贷款。

【例 4-4】某构件厂欲购买设备，现有四家银行可以提供贷款。A 银行年利率为 10%（单利计息），B 银行年利率为 9%（复利计息），C 银行年利率为 8%（年计息 4 次），D 银行年利率为 7%（连续计息）。如果都要求在第 10 年年末一次还清本息，该向哪家银行贷款？

【解】假定购买设备贷款金额为 W 万元，则第 10 年年末偿还金额为：

A 银行：W（1+10%×10）=2W（万元）

B 银行：W（1+9%）^{10}=2.367W（万元）

C 银行：r=8%，则 i=2%，W（1+2%）^{40}=2.208W（万元）

D 银行：r=7%，则 $i_{\text{eff}}=e^r-1$=7.2508%，则 W（1+7.2508%）^{10}=2.013W（万元）

计算结果表明，应先向 A 银行贷款。

4.3 资金等值

4.3.1 资金等值的概念

资金等值是在时间因素的作用下，在不同时间点绝对值不等的资金具有相同的价值。例如，现在的 100 元与一年以后的 106 元，虽然绝对数量不等，但在年利率为 6%的情况下，这两个时间点上的两笔绝对值不等的资金是“等值”的。

在方案对比中，由于资金时间价值的作用使得各方案在不同时间点上发生的现金流量无法直接比较，因此必须把在不同时间点上的现金流量按照某一利率折算至某一相同的时间点上，使之等值后方可进行比较。这种计算过程称为资金的等值计算。

影响资金等值的因素有三个：资金金额的大小、资金发生的时间点和利率。在已定资金金额及其所在时间点的情况下，利率是决定资金等值的主要因素。

把将来某一时间点的资金金额换算成现在时间点等值金额的过程称为“折现”或“贴现”。将来时间点上的资金折现后的资金金额称为“现值”，与现值等价的将来某时间点的资金金额称为“终值”、“将来值”或“本利和”。需要说明的是，“现值”并非专指一笔资金“现在”的价值，它是一个相对的概念。一般来说，将第 $t+k$ 时间点上发生的资金折现到第 t 时间点，所得的等值金额就是第 $t+k$ 时间点上资金金额的现值，进行资金等值计算中使用的反映资金时间价值的参数叫折现率。实际上，折现率可以看作收益率。

4.3.2 资金等值的计算公式

在考虑资金时间价值的情况下，不同时间点上发生的现金收入和支出的数值是不能直接相加减的，只能通过资金等值的计算，将它们换算成同一时间点后再进行加减计算，等值换算和普通复利公式是相同的，因此就可以用普通复利公式来计算资金的时间价值。

1. 一次支付利息公式

一次支付，又称整付，是指所分析系统的现金流量无论是流入还是流出，均在一个时间点上一次发生。其典型的现金流量图如图 4-1 所示。

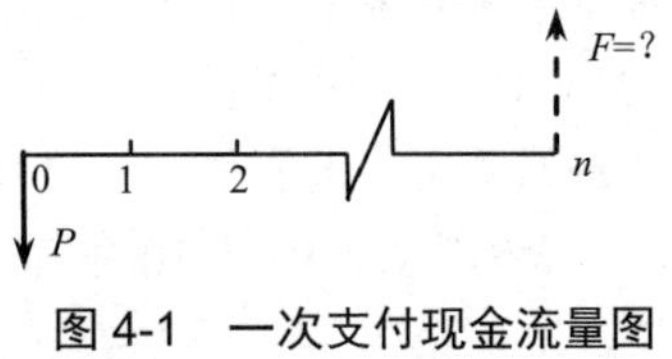

图 4-1　一次支付现金流量图

（1）一次支付终值公式。如果现有一笔资金，按利率 i 进行投资，那么 n 年后的本利和计算公式为：

$$F = P(1+i)^n \tag{4-9}$$

式中，$(1+i)^n$表示一次支付终值系数，简称终值系数，通常用$(F/P,i,n)$表示。其含义是：一元钱的本金，在利率为 i 的条件下，n 年后的本利和为多少。这样计算终值的公式可写为：

$$F = P(F/P,i,n) \tag{4-10}$$

【例 4-5】某公司现在向银行借款 100 万元，年利率为 10%，借款期为 5 年。第 5 年年末一次偿还银行的本利和是多少？

【解】由式（4-9）及（4-10）可得：

$F = P(1+i)^5 = P(F/P,10\%,5) = 100\times1.610\ 5 = 161.05$（万元）

所以第 5 年年末一次偿还银行的本利和为 161.05 万元。

（2）一次支付现值公式。如果已知终值、利率和计息周期，即已知 F、i 和 n，求现值 P，则由公式 $F = P(1+i)^n$ 可得：

$$P = F\frac{1}{(1+i)^n} \tag{4-11}$$

这是一次支付终值公式的逆运算，系数$\frac{1}{(1+i)^n}$叫作一次支付现值系数，简称现值系数，通常用$(P/F,i,n)$表示，所以现值公式还可表示为：

$$P = F(P/F,i,n) \tag{4-12}$$

【例 4-6】某人想在第 4 年年末买一台彩色电视机，估计到时价格为 8 000 元，按 3%的复利计算。现在他必须存入多少资金？

【解】由式（4-12）可得：

$P = 8\ 000(P/F,3\%,4) = 8\ 000\times0.888\ 5 = 7\ 108$（元）

所以此人现在必须存入 7 108 元。

【例 4-7】某投资方案实施时需要立即投入 20 000 元，第 2 年年末投入 15 000 元，第 5 年年末投入 10 000 元，利率为 5%。第 10 年年末实际投资共计多少？现值又是多少？

【解】根据题意，可得：

$F = 20\ 000(F/P,5\%,10) + 15\ 000(F/P,5\%,8) + 10\ 000(F/P,5\%,5)$

$= 20\ 000\times1.628\ 9 + 15\ 000\times1.477\ 5 + 10\ 000\times1.276\ 3 = 67\ 503.5$（元）

$P = 20\ 000 + 15\ 000(P/F,5\%,2) + 10\ 000(P/F,5\%,5)$

$= 20\ 000 + 15\ 000\times0.907\ 0 + 10\ 000\times0.783\ 5 = 41\ 440$（元）

所以第 10 年年末实际投资共计 67 503.5 元，现值为 41 440 元。

2．等额系列利息公式

多次支付是指现金流入和现金流出在多个时间点上发生，而不是集中在某点上。现金流量的大小可以是不等的，也可以是相等的。等额支付是多次支付形式中的一种。当现金流量序列是连续的且数额相等时，称为等额系列现金流量。

（1）等额系列终值公式。其现金流量图如图 4-2 所示。图中所示的从第 1 年年末到第 n 年年末每年发生的金额均为 A，称为等额年金。

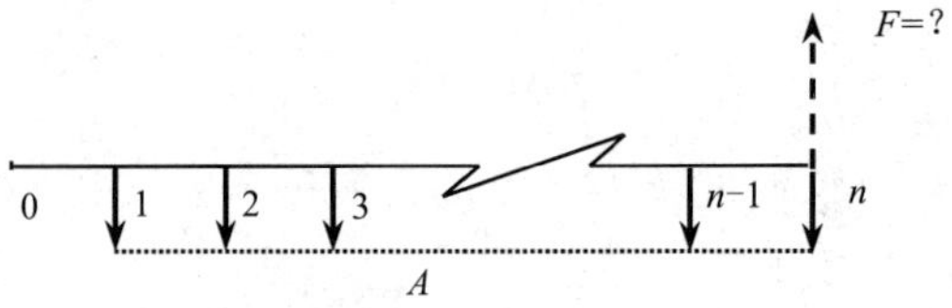

图 4-2　等额系列现金流量图

若已知每年的等额年金 A、利率 i 和计息周期 n，欲求终值 F，公式的推导过程如下：

第 1 年　$F_1 = A(1+i)^{n-1}$

第 2 年　$F_2 = A(1+i)^{n-2}$

……

第 n−1 年　$F_{n-1} = A(1+i)$

第 n 年　$F_n=A$

$F = A(1+i)^{n-1} + A(1+i)^{n-2} + \cdots + A(1+i) + A$

$\quad = A[1+(1+i)+(1+i)^2+\cdots+(1+i)^{n-2}+(1+i)^{n-1}]$

利用等比级数求和公式得：

$$F = A\frac{(1+i)^n - 1}{i} \tag{4-13}$$

式中，$\frac{(1+i)^n - 1}{i}$ 叫作等额系列终值系数，简称年金终值系数，通常用（$F/A,i,n$）来表示。

【例 4-8】某企业计划更新某设备，现在已提折旧 20 万元，今后 6 年每年计提折旧 5 万元，利率为 10%。第 6 年年末这笔折旧基金总额是多少？

【解】F=20（F/P,10%,6）+5（F/A,10%,6）=20×1.771 6+5×7.715 6=74.01（万元）

【例 4-9】某公路工程总投资 10 亿元，5 年建成，每年年末投资 2 亿元，利率为 7%。第 5 年年末的实际累计总投资额是多少？

【解】已知 A=2，i=7%，n=5，求 F。

该项目现金流量图如图 4-3 所示。第 5 年虚线表示需要收入多少才能与总投资持平。

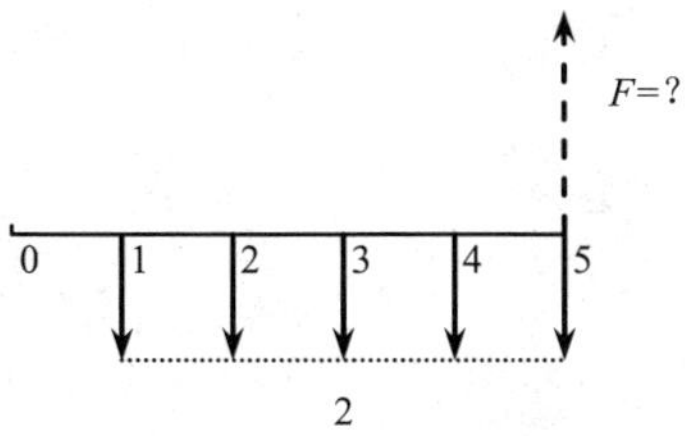

图 4-3　该项目的现金流量图（单位：亿元）

$F=2(F/A, 7\%, 5)=2\times5.750\,7=11.5$（亿元）

【例 4-10】某人每年年初存入银行 500 元，连续 8 年，若银行利率为 8%，此人第 8 年年末可从银行取出多少钱？相当于现值多少？

【解】根据题意：

$F=500(F/A,8\%,8)(F/P,8\%,1)=500\times10.636\times1.0800=5\,743.76$（元）

$P=500+500(P/A,8\%,7)=500+500\times5.2064=3\,103.2$（元）

此人第 8 年年末可从银行取出 5 743.76 元，相当于现值 3 103.2 元。

（2）等额系列偿债基金公式。等额系列偿债基金公式是等额系列终值公式的逆运算，可从式（4-13）推导出来，得出：

$$A=F\frac{i}{(1+i)^n-1} \tag{4-14}$$

式中，$\frac{i}{(1+i)^n-1}$叫作等额系列偿债基金系数，简称年金偿债基金系数，通常用（$A/F,i,n$）来表示。

【例 4-11】某厂欲积累一笔设备更新基金，用于第 4 年年末更新设备。预计此项设备投资总额为 500 万元，银行利率为 12%。每年年末至少要存入多少钱？

【解】由式（4-14）可得：

$A=500(A/F,12\%,4)=500\times0.209\,2=104.6$（万元）

所以该厂每年年末应至少存入 104.6 万元。

【例 4-12】某企业准备 5 年后兴建一幢 5 000 平方米的住宅楼以改善职工居住条件，按测算每平方米造价为 2 800 元。若银行利率为 8%，那么现在起每年年末应等额存入多少钱才能满足需要？

【解】已知 $F=5\,000\times2\,800=1400$ 万元，$i=8\%$，$n=5$，求 A。

$A=1400(A/F,8\%,5)=1\,400\times0.170\,5=238.7$（万元）

所以该企业每年年末应等额存入 238.7 万元才能满足需要。

（3）等额系列现值公式。如果希望在今后 n 年内，每年年末都能取得一笔等额的资金，利率（或收益率）为 i，那么现在必须投入多少资金？可利用 $F=A\frac{(1+i)^n-1}{i}$ 和 $F=P(1+i)^n$

两个公式推导，得出：

$$P = A\frac{(1+i)^n - 1}{i(1+i)^n} \tag{4-15}$$

式中，$\frac{(1+i)^n - 1}{i(1+i)^n}$叫作等额系列现值系数，简称年金现值系数，通常用（$P/A,i,n$）来表示，如图 4-4 所示。

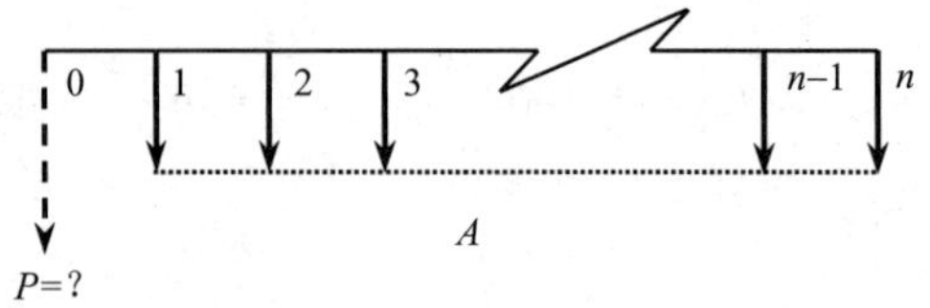

图 4-4　等额系列现金流量图

【例 4-13】父亲准备在他儿子出生那一天存入银行一笔教育资金，利率为 5%，希望他儿子在过 18、19、20、21 岁生日时都有一笔数额 20 000 元的教育经费。①他现在应存入多少钱？②若这四笔钱不取，而作为他儿子 24 岁生日时的总创业经费，那么他儿子 24 岁时有多少存款？

【解】根据题意：

①P=20 000（P/A,5%,4）（P/F,5%,17）=20 000×3.546 0×0.436 3=30 942.40（元）

所以他现在应存入 30 942.40 元。

②F=20 000（F/A,5%,4）（F/P,5%,3）=20 000×4.310 1×1.157 6=99 787.44（元）

所以他儿子 24 岁时有 99 787.44 元存款。

【例 4-14】某建筑公司计划贷款购买一台 10 万元的建筑机械，利率为 10%。据预测，此机械使用年限为 10 年，每年平均可获净利润 2 万元。所得净利润是否足以偿还银行贷款？

【解】已知 A=2 万元，i=10%，n=10，求 P 是否大于或等于 10 万元。

P= 2（P/A,10%,10）=2×6.144 6=12.289 2（万元）>10（万元）

所以净利润足以偿还银行贷款。

（4）等额系列资本回收公式。等额系列资本回收公式是等额系列现值公式的逆运算，可从式（4-15）推导出来，得出：

$$A = P\frac{i(1+i)^n}{(1+i)^n - 1} \tag{4-16}$$

式中，$\frac{i(1+i)^n}{(1+i)^n - 1}$叫作等额系列资本回收系数，简称年金资本回收系数，通常用（$A/P,i,n$）来表示。

【例 4-15】若现在用 1 000 元购买一台设备，那么在今后 5 年中每年应等额回收多少款项，才能使得购买此设备不盈不亏？（投资收益率为 6%。）

【解】根据等额系列资本回收公式得：

A=1 000（A/P,6%,5）=1 000×0.237 4 = 237.4（元）

所以应在今后 5 年中每年等额回收 237.4 元。

【例 4-16】某建设项目的投资计划用外国商业银行贷款，利率为 20%。若投资额为 1 000 万元，项目服务年限为 20 年，期末无残值。该项目年收益至少为多少时不亏本？

【解】已知 P=1 000 万元，i=20%，n=20，求 A。

A= 1 000（A/P,20%,20）=1 000×0.205 4=205.4（万元）

所以该项目年平均收益至少应为 205.4 万元。

3．等差系列利息公式

在经济活动中，许多经济过程所发生的现金流量是逐年递增或递减的。例如，设备的维修和保养费用是随着设备的使用年限增加而递增的，而油田的收益从整个生产周期看是随着开采期限的延长而递减的。若递增或递减的速度是稳定的，即以相等的数额递增或递减，这种类型就可称为等差系列。

现以递增情况的现金流量进行说明，如图 4-5 所示。

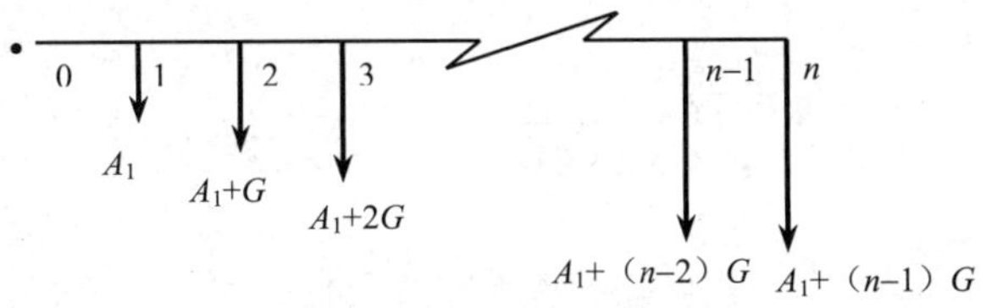

图 4-5　等差系列现金流量图

在图 4-5 中，第 1 年年末的支付是 A_1，第 2 年年末的支付是 A_1+G，第 3 年年末的支付是 A_1+2G，……，第 n 年年末的支付是 $A_1+(n-1)G$。如果把图 4-5 的等差系列现金流量图分解成由两个系列组成的现金流量图，一个是等额支付系列，年金为 A_1（见图 4-6），另一个是 $0,G,2G,\cdots,(n-1)G$ 组成的等差系列（见图 4-7）。

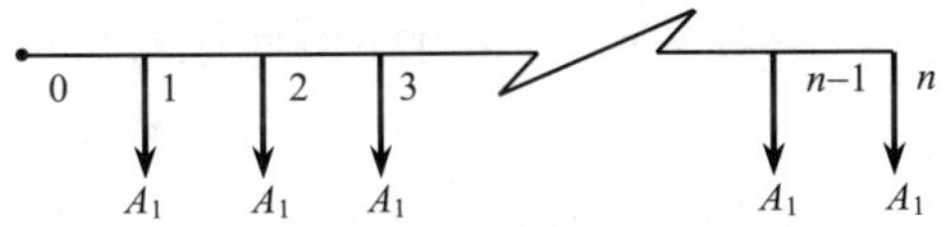

图 4-6　等额支付系列现金流量图

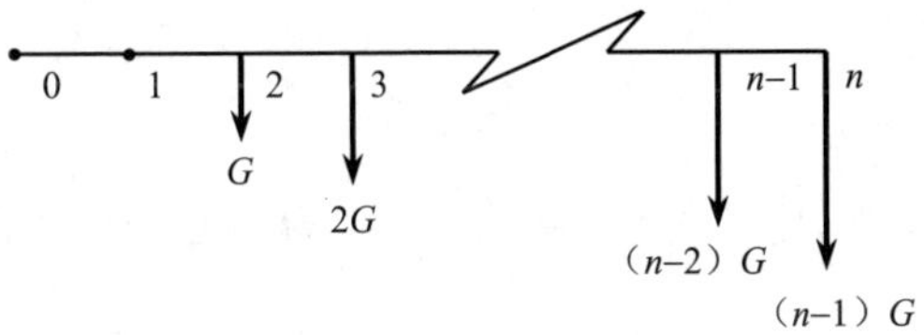

图 4-7　等差系列现金流量图

若 A_1=0，图 4-7 即为递增情况下的等差系列现金流量图，则等差系列利息公式包括：

（1）等差系列终值公式：

$$F=\sum_{j=1}^{n-1}G\frac{(1+i)^j-1}{i}$$
$$=\frac{G}{i}\left[(1+i)+(1+i)^2+\cdots+(1+i)^{n-1}-(n-1)\right]$$
$$=\frac{G}{i}\left[1+(1+i)+(1+i)^2+\cdots+(1+i)^{n-1}-n\right]$$
$$=\frac{G}{i}\left[\frac{(1+i)^n-1}{i}-n\right]$$
$$=\frac{G}{i}\left[(F/A,i,n)-n\right]$$

式中，$\frac{1}{i}\left[\frac{(1+i)^n-1}{i}-n\right]$为等差序列终值系数，可用（$F/G,i,n$）表示，所以该式又可表示为：$F=G$（$F/G,i,n$）。

（2）等差系列现值公式：

$$\because F=\frac{G}{i}\left[\frac{(1+i)^n-1}{i}-n\right],\quad P=\frac{F}{(1+i)^n}$$
$$\therefore P=\frac{G}{i}\left[\frac{(1+i)^n-1}{i(1+i)^n}-\frac{n}{(1+i)^n}\right]=\frac{G}{i}\left[(P/A,i,n)-n(P/F,i,n)\right]$$

式中，$\frac{1}{i}\left[\frac{(1+i)^n-1}{i(1+i)^n}-\frac{n}{(1+i)^n}\right]$为等差序列现值系数，可用（$P/G,i,n$）表示，所以该式又可表示为：$P=G$（$P/G,i,n$）。

（3）等差系列年值公式：

$$\because F=\frac{G}{i}\left[\frac{(1+i)^n-1}{i}-n\right],\quad A=F\frac{i}{(1+i)^n-1}$$
$$\therefore A=\frac{G}{i}\left[1-\frac{in}{(1+i)^n-1}\right]=\frac{G}{i}\left[1-n(A/F,i,n)\right]$$

式中，$\frac{1}{i}\left[1-\frac{in}{(1+i)^n-1}\right]$为等差序列年值系数，可用（$A/G,i,n$）表示，因此该式又可表示为：$A=G$（$A/G,i,n$）。

【例 4-17】 某厂考虑购买一台设备，其价值为 25 000 元，每年的维修及保养费用第 1 年为 5 000 元，第 2 年为 6 000 元，以后每年递增 1 000 元，至第 8 年年末。使用该设备 8 年内总费用的现值、终值各是多少？（i=10%）

【解】根据题意：

P=25 000+5 000（P/A,10%,8）+1 000 ÷ 10% ×［（P/A,10%,8）−8（P/F,10%,8）］

=25 000+5 000×5.334 9+10 000 ×（5.334 9 × 0.466 5）=67 703.5（元）

F=25 000（F/P,10%,8）+5 000（F/A,10%,8）+1 000 ÷ 10% ×［（F/A,10%,8）−8］

=25 000 × 2.143 6+5 000×11.435 9+10 000 ×（11.435 9−8）=145 128.5（元）

所以该设备 8 年内总费用的现值和终值分别为 67 703.5 元和 145 128.5 元。

【例 4-18】某公司新产品的营业收入可达 10 万元，由于市场竞争的结果，销售额每年等额递减，第 9 年年末递减为零。在 10%的利率下，该公司现值收入为多少？

【解】根据题意：

G=10 ÷ 8=1.25（万元）

P=10（P/A,10%,9）−1.25 ÷ 10% ×［（P/A,10%,9）−9（P/F,10%,9）］

=10 × 5.759 0−12.5 ×（5.759 0 × 0.424 1）=33.31（万元）

所以该公司现值收入为 33.31 万元。

【例 4-19】某类建筑机械的维修费用第 1 年为 200 元，以后每年递增 50 元，服务年限为 10 年。服务期内全部维修费用的现值为多少？（i=10%）

【解】已知 A_1=200 元，G=50 元，i=10%，n=10 年，求等差支付现值 P。

P=200（P/A,10%,10）+50 ÷ 10% ×［（P/A,10%,10）−10（P/F,10%,10）］

=200×6.144 6−500×（6.144 6−10 × 0.385 5）=2 373.72（元）

所以服务期内全部维修费用的现值为 2 373.72 元。

4．等值计算公式应用的注意事项

上面介绍了复利计算的各类基本计算公式，运用这些公式时要注意以下问题：

（1）方案的初始投资如未明确，假设发生在寿命期初；

（2）寿命期内各项收入或支出，均假设发生在各期的期末；

（3）本期的期末即下一期的期初；

（4）P 在计算期的期初发生；

（5）寿命期末发生的本利和 F，记在第 n 期期末；

（6）等额支付系列 A，发生在第 1 期期末；

（7）当问题包括 P、A 时，P 在第 1 期期初，A 在第 1 期期末；

（8）当问题包括 F、A 时，F 和 A 同时在最后一期期末发生；

（9）等差系列公式中，第一个 G 发生在第 2 期期末。

思政元素

（1）从资金时间价值的本源“劳动创造价值”，引出“幸福是奋斗出来的”，树立热爱劳动、积极进取的思想。

（2）从复利计算，引出复利的力量，引出不要虚度青春，每天进步一点点，树立持续进步、不断提升自我的思想，同时让学生意识到资金累积效应，培养勤俭节约的美德，建立正确的消费观。

复习思考题

1. 知识点

资金时间价值的内涵、利息与利率、单利法与复利法的区别与计算方法、名义利率与实际利率的概念与计算、资金等值的概念与三要素、一次支付利息公式、等额系列利息公式、等差系列利息公式

2. 简答题

（1）简述资金时间价值的内涵。

（2）什么是单利和复利？两者区别是什么？

（3）如何理解资金等值？影响资金等值的因素有哪些？

（4）名义利率和实际利率的关系如何？

3. 分析计算题

（1）某企业现贷款2 000万元，利率为8%，若在第10年年末一次还清本利和，求按单利法和复利法计算的本利和各是多少。

（2）企业5年后需100万元作为技术改造经费，若利率为8%，每年存入相同数量的金额，则在年末存款时，每次应存入多少资金？当改为年初存款时，每次又应存入多少资金？

（3）借款10万元，名义利率为12%，要求在25年内以每半年计息一次的方式均分25次等额偿还借款，求每次的偿还额度。

（4）某工程师获得10 000元贷款，偿还期为5年，利率为10%。在下列几种还款方式中，求按复利法计算此人还款总额和利息各是多少。

①第5年年末一次还清本利。

②每年年末偿还所欠利息，第5年年末一次还清本金。

③每年年末只偿还2 000元本金，所欠利息第5年年末一次还清。

④每年年末偿还2 000元本金和所欠利息。

⑤每年年末等额还款。

（5）假设你的工作对公司贡献较大，现公司准备奖励你，奖金支付方案有以下四种：

①立即支付10万元；

②期限为10年的年末年金1.9万元；

③第10年年末一次支付32万元；

④从第6年年末起支付5年的等额年金5万元。

请绘制各方案的现金流量图，计算分析并选出最大价值的方案。（假定利率为10%。）

（6）假设你以 8 000 元/平方米的价格购买了一套建筑面积为 120 平方米的住宅，并向金融机构申请了相当于房价 70%的按月等额还款的抵押贷款。已知该项抵押贷款的年限为 20 年，年利率为 12%，按月计息。若你拟于开始还款后的第 10 年年初一次偿清贷款余额，求此时一次偿还的金额为多少。试画出现金流量图并求解。

4．练一练

梳理本章内容，绘制思维导图。

第 5 章

建设项目经济评价指标

本章知识导航

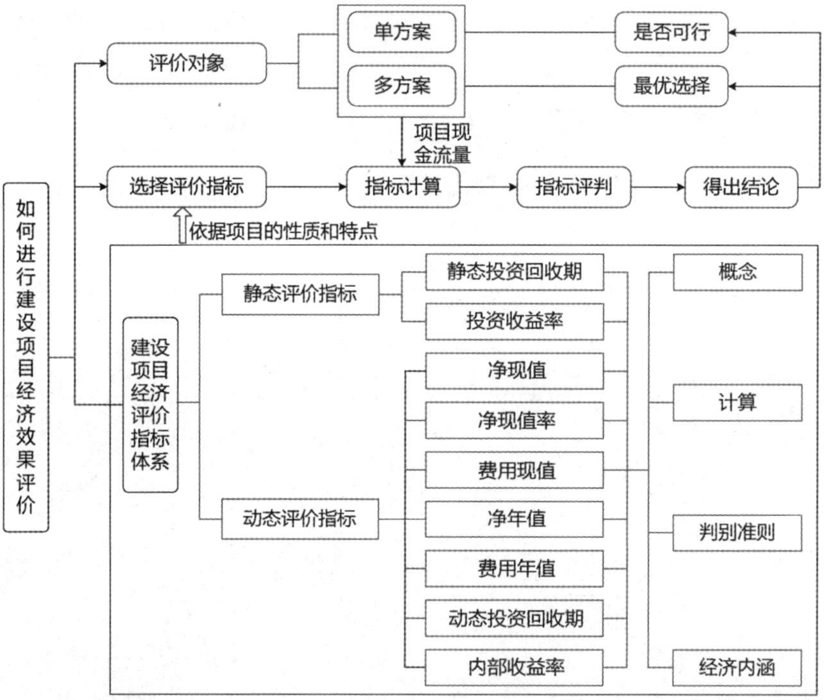

本章学习目标

☑ 知识目标：了解建设项目经济评价指标体系及指标分类；掌握各种经济评价指标的概念、计算及判别准则；理解各种经济评价指标的经济内涵、优缺点及适用场景。

☑ 能力目标：培养工程项目经济评价的能力。

☑ 素质目标：培养爱岗敬业的职业精神、实事求是的科学精神，为工程项目提供科学评价结论，为决策提供翔实依据。

✪ 引导案例

某商业广场项目设计方案总投资 2 100 万元，当年建成并投入使用后预计年经营成本 600 万元，年营业收入 1 500 万元，第 3 年年末工程追加投资 1 200 万元，若以 5 年为计算期，试回答以下问题。

【案例分析与讨论】

（1）若投资者要求投资回报率为 15%，此方案是否可行？

（2）若投资者要求投资回报率为 20%，此方案是否可行？

（3）哪些因素影响投资者要求的回报率？

建设项目经济评价是确保投资决策正确性和科学性的基础，而经济评价质量一方面取决于基础数据的完整性和可靠性，另一方面取决于所选择的评价指标和评价方法的正确性和适宜性。

建设项目经济评价指标多种多样，它们从不同的角度反映项目的经济性。根据是否考虑资金时间价值，建设项目经济评价指标可分为静态评价指标和动态评价指标。不考虑资金时间价值的评价指标为静态评价指标，考虑资金时间价值的评价指标为动态评价指标。根据项目对资金的回收速度、获利能力和资金的使用效率，这些指标又可分为价值型指标、效率型指标和时间型指标，如表 5-1 所示。

表 5-1　建设项目经济评价指标

指标类型	具体指标	备　注
价值型指标	净现值、净年值、费用现值、费用年值	动态评价指标
效率型指标	投资收益率	静态评价指标
	内部收益率、净现值率	动态评价指标
时间型指标	静态投资回收期	静态评价指标
	动态投资回收期	动态评价指标

5.1　静态评价指标

5.1.1　静态投资回收期

1．概念

投资回收期（Payback Period），也称返本期或投资偿还年限，是指以项目的净收益（净现金流量）回收项目总投资（包括建设投资和流动资金）所需的时间，一般以年为单位。

通常，项目投资回收期宜从项目建设开始年算起。

根据是否考虑资金时间价值，投资回收期可分为静态投资回收期和动态投资回收期。静态投资回收期是在不考虑资金时间价值条件下，从项目投建之日起，用项目每年的净收益将项目全部投资收回所需的时间。

2．计算

根据静态投资回收期的概念，可知其计算公式为：

$$K=\sum_{t=0}^{T_{\mathrm{p}}}\mathrm{NB}_t \tag{5-1}$$

式中，K 表示投资总额；NB_t 表示第 t 年的净收益；T_{p} 表示静态投资回收期。

如果投资项目每年的净收益相等，则静态投资回收期可以用下式表示：

$$T_{\mathrm{p}}=\frac{K}{\mathrm{NB}}+T_K \tag{5-2}$$

式中，NB 表示年净收益；T_K 表示项目建设期。

对于各年净收益不等的项目，可根据投资项目财务分析的现金流量表计算静态投资回收期，其公式为：

$$T_{\mathrm{p}}=T+\frac{\text{第}T\text{年累计净现金流量的绝对值}}{\text{第}T+1\text{年净现金流量}} \tag{5-3}$$

式中，T 表示项目各年累计净现金流量最后一个负值的年份数。

用横坐标表示时间，纵坐标表示累计净现金流量（记作 $\sum\mathrm{NCF}$），则建设项目的净现金流量累计曲线如图 5-1 所示，该图有助于对式（5-3）的理解。

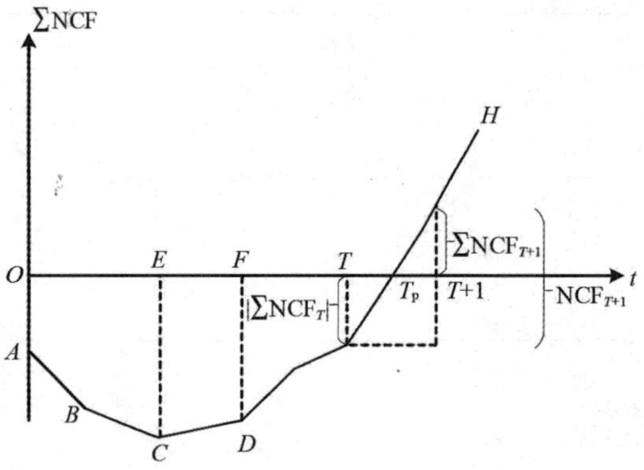

图 5-1　净现金流量累计曲线

图 5-1 中 T_{p} 为静态投资回收期，通过构造三角形并利用三角形相似性质可得：

$$\frac{T+1-T_{\mathrm{p}}}{1}=\frac{\sum\mathrm{NCF}_{T+1}}{\mathrm{NCF}_{T+1}}$$

式中，$\sum \mathrm{NCF}_{T+1}$ 和 NCF_{T+1} 分别为第 $T+1$ 年的累计净现金流量和净现金流量，且 $\mathrm{NCF}_{T+1}=\left|\sum \mathrm{NCF}_T\right|+\sum \mathrm{NCF}_{T+1}$，

解得

$$T_{\mathrm{p}}=T+\frac{\left|\sum \mathrm{NCF}_T\right|}{\mathrm{NCF}_{T+1}}$$

该结果与公式完全相符。

图 5-1 还反映了一般建设项目从建设到报废全过程的资金运行状况：图中 OA 为前期费用支出阶段，如勘察、设计及可行性研究等的费用支出；AB 为主要投资阶段，如厂房建设、设备的购置安装等；BC 为后期投资阶段，如试车及流动资金投资等；CD 和 $T_{\mathrm{p}}H$ 分别为投产和生产获利阶段。

图 5-1 中的一些点和线段也有明确的经济含义：CE 为投资总额；OE 为建设期；EF 为投产期。

3．判别准则

用静态投资回收期评价投资项目时，需要与根据同类项目的历史数据和投资者意愿确定的基准投资回收期相比较。设基准投资回收期为 T_{b}，判别准则为：若 $T_{\mathrm{p}} \leqslant T_{\mathrm{b}}$，则可以考虑接受该项目；若 $T_{\mathrm{p}}>T_{\mathrm{b}}$，则应拒绝该项目。

【例 5-1】已知项目投资与年净收益状况如表 5-2 所示，基准投资回收期为 6 年，计算该项目的静态投资回收期，并判断项目是否可行。

表 5-2 项目投资与年净收益状况 单位：万元

项目	年份							
	0	1	2	3	4	5	6	7
（1）总投资	1 000							
（2）收入	—	—	300	500	640	750	750	750
（3）支出（不包括投资）	—	—	210	300	350	400	400	400
（4）净现金流量	–1 000	0	90	200	290	350	350	350
（5）累计净现金流量	–1 000	–1 000	–910	–710	–420	–70	280	630

【解】从表 5-2 可见，该项目的静态投资回收期在 5～6 年之间，根据式（5-3）计算解得：

$$T_{\mathrm{p}}=5+\frac{|-70|}{350}=5.2\text{（年）}$$

即该项目的静态投资回收期为 5.2 年，根据静态投资回收期的判别准则，该项目应予以接受。

可以利用 Excel 完成静态投资回收期的计算，例 5-1 的计算过程如图 5-2 所示。

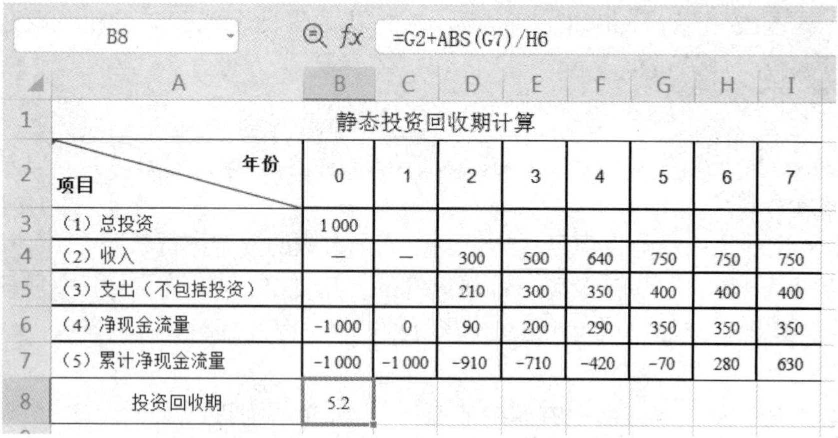

B8　=G2+ABS(G7)/H6

静态投资回收期计算								
项目＼年份	0	1	2	3	4	5	6	7
（1）总投资	1 000							
（2）收入	—	—	300	500	640	750	750	750
（3）支出（不包括投资）			210	300	350	400	400	400
（4）净现金流量	-1 000	0	90	200	290	350	350	350
（5）累计净现金流量	-1 000	-1 000	-910	-710	-420	-70	280	630
投资回收期	5.2							

图 5-2　Excel 中静态投资回收期计算示例

4．优缺点

作为广泛使用的辅助评价指标，静态投资回收期的优点为：

（1）概念明确，计算简单；

（2）在一定程度上反映了建设项目的经济性，即投资回收期越短越好；

（3）在一定程度上反映了建设项目风险的大小。

静态投资回收期的缺点为：

（1）未反映资金时间价值；

（2）由于它未考虑投资回收以后的经济效益及项目的服务年限等，因此不能全面反映项目在整个寿命期内的经济效果。

例如，项目 A 和 B 的各年净现金流量如表 5-3 所示。若基准投资回收期确定为 3 年，基准收益率为 8%，应用静态投资回收期评价项目，则项目 A 能通过筛选，项目 B 不能通过，但项目 B 的盈利能力强于项目 A。所以，静态投资回收期指标一般作为其他评价指标的补充。

表 5-3　项目 A 和 B 的净现金流量　　单位：万元

项　目	年　份						
	0	1	2	3	4	5	6
A	−80 000	30 000	35 000	30 000	15 000	15 000	10 000
B	−80 000	25 000	24 000	24 000	35 000	65 000	65 000

5.1.2　投资收益率

1．概念

投资收益率（Rate of Return on Investment，ROI），也称投资效果系数，是指项目达到设计生产能力后正常生产年份的年净收益与项目总投资的比率。

2．计算

投资收益率的一般表达式为：

$$R=\frac{\text{NB}}{K} \tag{5-4}$$

式中，K 表示投资总额，$K=\sum_{t=0}^{m}K_t$，K_t 为第 t 年的投资额，m 为完成投资的年份。根据不同的分析目的，K 可以是全部投资额（固定资产投资、建设期借款利息和流动资金之和），也可以是投资者的权益投资额（如资本金）。NB 表示正常年份的净收益，根据不同的分析目的，NB 可以是利润，可以是利润税金总额，也可以是年净现金流入等。R 表示投资收益率，根据 K 和 NB 的具体含义，R 可以表现为各种不同的形态。

投资收益率的具体形态有：

$$\text{总投资收益率}=\frac{\text{年息税前利润}}{\text{投资总额}}\times 100\% \tag{5-5}$$

式中，年息税前利润为项目正常年份的年息税前利润或运营期内年平均息税前利润。

$$\text{投资利税率}=\frac{\text{年利税总额}}{\text{投资总额}}\times 100\% \tag{5-6}$$

式中，年利税总额为项目正常年份的年利润总额与销售税金之和或运营期内年平均利润与销售税金之和。

$$\text{权益投资收益率}=\frac{\text{年利润}+\text{折旧与摊销}}{\text{权益投资额}}\times 100\% \tag{5-7}$$

式中，权益投资收益率是投资者在项目中所投入的自有资本所产生的内部收益率，是相对借贷资本回报率而言的，可用于资金筹措方案评价。

$$\text{权益资金利润率}=\frac{\text{年净利润}}{\text{权益投资额}}\times 100\% \tag{5-8}$$

式中，年净利润为项目正常年份的年净利润或运营期内年平均净利润。

3．判别准则

投资收益率系列指标用来衡量项目方案的获利能力，需要与根据同类项目的历史数据及投资者意愿等确定的基准投资收益率（也称基准收益率）做比较。设基准投资收益率为 R_b，则判别准则为：若 $R\geqslant R_b$，则可以考虑接受该项目；若 $R<R_b$，则应拒绝该项目。

【例 5-2】某拟建项目资金投入及利润情况如表 5-4 所示，试计算该项目的总投资收益率和权益资金利润率。

表 5-4　某拟建项目资金投入与利润情况　　单位：万元

序号	项目		年份 1	2	3	4	5	6
1	建设投资	自有资金	600	300				
		贷款	500	300				
		贷款利息	17.5	46.7	60.5	45.4	30.2	15.1
2	流动资金投资	自有资金			200			
		贷款			200			
		贷款利息			6.0	6.0	6.0	6.0
3	所得税前利润				307	518	596	581
4	所得税后利润				180	350	420	420

【解】

（1）计算项目总投资收益率。

项目总投资=建设投资+建设期贷款利息+全部流动资金

=（600+300+500+300）+（17.5+46.7）+（200+200）

=2 164.2（万元）

年平均息税前利润=（贷款利息总额+利润总额）÷运营年限

=［（60.5+45.4+30.2+15.1+6.0×4）+（307+518+596+581）］÷4

=544.3（万元）

$$总投资收益率=\frac{544.3}{2164.2}\times100\%=25.15\%$$

（2）计算权益资金利润率。

项目资本金=600+300+200=1 100（万元）

年平均净利润=所得税后利润总额÷运营年限

=（180+350+420+420）÷4

=342.5（万元）

$$权益资金利润率=\frac{342.5}{1100}\times100\%=31.14\%$$

5.2　动态评价指标

动态评价指标不仅计入了资金时间价值，而且考察了项目在整个寿命期内收入与支出的全部经济数据。因此，动态评价指标比静态评价指标的评价效果更准确、更科学。

5.2.1　净现值

1．概念

净现值（Net Present Value，NPV）是指方案在寿命期内各年的净现金流量，按照一个预定的基准收益率（或设定的折现率）i_0，折现到同一时间点（通常是期初）的现值累加值。

2．计算

净现值按下式计算：

$$\mathrm{NPV}=\sum_{t=0}^{n}(\mathrm{CI}-\mathrm{CO})_t(1+i_0)^{-t} \tag{5-9}$$

式中，NPV 表示净现值；$(\mathrm{CI}-\mathrm{CO})_t$ 表示第 t 年的净现金流量，其中 CI 为现金流入，CO 为现金流出；n 表示项目寿命年限；i_0 表示基准收益率。

3．判别准则

对于单一方案而言，其结论有三种：

（1）NPV>0，说明项目方案除了满足基准收益率要求的盈利水平，还有超额收益。

（2）NPV<0，说明项目方案不能满足基准收益率要求的盈利水平。

（3）NPV=0，说明项目方案基本能满足基准收益率要求的盈利水平，即方案收益现值刚好抵偿支出现值。

故 NPV≥0，应接受项目方案；NPV<0，应拒绝项目方案。

多方案比选时，若各备选方案的寿命期相同，则净现值越大的方案相对越优，即净现值最大准则。

4．优缺点

净现值是反映项目投资盈利能力的一个重要的动态评价指标，其优点在于：

（1）考虑了资金时间价值，对项目进行动态评价。

（2）考察了项目在整个寿命期内的经济状况，可直接以货币额表示项目投资的收益性大小，经济意义明确直观。

其缺点在于：

（1）必须首先确定一个符合经济现实的基准收益率，这往往是比较困难的。

（2）应用净现值进行多方案比选时，若各方案的寿命不等，则需要构造统一的寿命周期才能进行比选。

（3）净现值不能真正反映项目投资中单位投资的使用效率。

【例 5-3】 某项目期初投资为 100 000 元，在 5 年中每年平均收入 55 000 元，残值为 20 000 元，每年支出的经营费和维修费为 30 000 元。按基准收益率 10%计算，试说明它是否为一个理想方案。

【解】按净现值指标进行评价：

NPV（10%）=–100 000+（55 000–30 000）（P/A,10%,5）+20 000（P/F,10%,5）

=7 188（元）

由于NPV（10%）>0，因此，此投资项目在经济效果上可行，应予以接受。图5-3为例5-3在Excel中应用NPV函数计算净现值的过程。在应用NPV函数时，注意“0”时间点的净现金流量不能折现，所以不能计入NPV函数的values中。

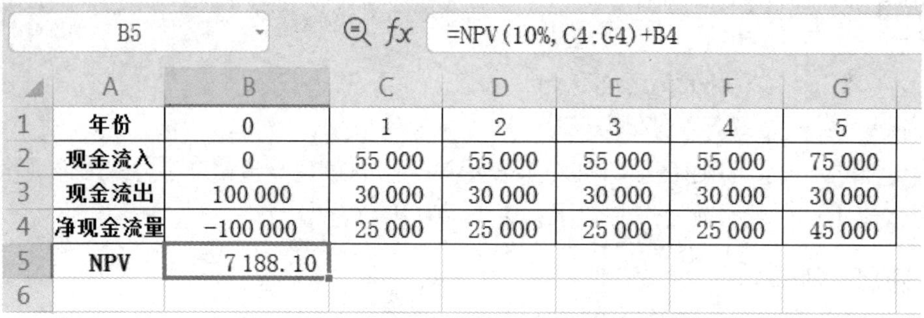
B5 =NPV(10%, C4:G4)+B4

	A	B	C	D	E	F	G
1	年份	0	1	2	3	4	5
2	现金流入	0	55 000	55 000	55 000	55 000	75 000
3	现金流出	100 000	30 000	30 000	30 000	30 000	30 000
4	净现金流量	–100 000	25 000	25 000	25 000	25 000	45 000
5	NPV	7 188. 10					
6							

图5-3　应用Excel中的NPV函数计算项目净现值

【例5-4】若将例5-3中的基准收益率调整为15%，那么此项投资是否值得。

【解】计算此时的净现值：

NPV（15%）=–100 000+（55 000–30 000）（P/A,15%,5）+20 000（P/F,15%,5）

=–6 251（元）

由于NPV（15%）<0，此投资项目在经济效果上不可行，应予以拒绝。

5. 净现值与折现率之间的函数关系

例5-3和例5-4的数据表明，净现值的大小与基准收益率有很大关系。通常，对于具有常规现金流量（计算期内，净现金流量为负值的在前，净现金流量为正值的在后，且净现金流序列的符号只改变一次）的投资方案，其净现值随着基准收益率的变动而反向变动。下面具体讨论一下净现值与折现率之间的函数关系。

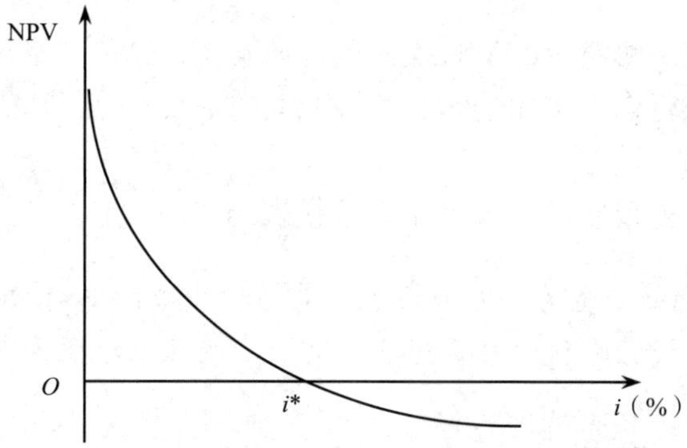

图5-4　净现值与折现率的函数关系

从图 5-4 中可以发现，净现值与折现率的关系具有如下特点：

（1）同一净现金流量的净现值随着折现率 i 的增大而减小，故基准收益率定得越高，净现值越小，方案越不容易通过评价。

（2）净现值曲线与横坐标相交时的折现率为 i^*，表示该折现率下的 NPV=0，且当 $i<i^*$ 时，NPV（i）>0；$i>i^*$时，NPV（i）<0。i^*是一个具有重要经济意义的折现率临界值。

6．基准收益率的含义及确定依据

基准收益率是指使投资项目可以被接受的最低期望收益率，是投资者进行投资时可以接受的一个最低界限标准。通常把该收益率称为最低吸引力收益率（Minimum Attractive Rate of Return，MARR），它是项目方案经济效果评价中的一个十分重要的参数。

确定一个项目的基准收益率必须对该项目的投资条件做深入的分析，充分考虑资金来源、借贷利息、投资收益、风险大小及投资的机会成本等多个方面。在基准收益率确定时，要特别注意：

（1）必须大于以任何方式筹措的资金成本。项目的资金主要来源于两个方面：一是自有资金，包括用于项目投资的资本公积金、提取的折旧与摊销费、未分配的税后利润和发行股票所筹集的资金等；二是债务资金，包括向银行和非银行金融机构的贷款及发行债券所筹集的资金等。资金成本是项目筹措资金和使用资金所需付出的代价。一般情况下，基准收益率必须大于全部资金的加权平均成本。

（2）必须大于投资的机会成本。投资的机会成本是指投资者可筹集到的有限资金如果不用于拟建项目，而用于其他最佳投资机会所能获得的盈利。例如，一个投资 500 万元的项目，如果这 500 万元在其他最佳投资机会中的盈利率为 15%，则这个 15%就是项目所用每一单位资金的机会成本。为了保证资金的有效利用，项目的最低期望收益率不能低于投资的机会成本。正常情况下，投资的机会成本会高于资金成本，否则大量的日常投资活动就会停顿下来。

（3）考虑不同项目的风险等级。不同投资项目的风险等级是不同的。例如，在市场稳定的情况下进行技术改造降低生产费用、提高产品质量的项目，现有产品扩大生产规模的项目，生产新产品开拓新市场的项目，高新技术项目等，显然这些项目的风险等级是依次递增的。投资决策的实质是对未来的投资收益与投资风险进行权衡。

（4）考虑通货膨胀因素。在预计未来存在通货膨胀的情况下，如果项目现金流量是按预计的各年即时价格计算的，那么据此计算出的项目经济指标中就含有通货膨胀因素。在这种情况下，在确定最低期望收益率时就不能不考虑通货膨胀因素。

国家有关部门按照企业和行业的平均投资收益率，在考虑产业政策、资源劣化程度、技术进步和价格变动等因素的基础上，分行业确定并颁布基准收益率。同时，制定并颁布各行业的基准收益率也是国家用来投资调控的一种手段。

5.2.2　净现值率

1．概念

净现值率（Net Present Value Rate，NPVR），也称净现值指数，是指项目净现值与项

目总投资现值之比。净现值率衡量的是单位投资的盈利能力或资金的使用效率，在项目方案评价或比选中，净现值率可作为净现值的补充，辅助决策。

2．计算

净现值率的计算公式为：

$$\mathrm{NPVR}=\frac{\mathrm{NPV}}{K_{\mathrm{p}}}=\frac{\mathrm{NPV}}{\sum_{t=0}^{n}K_t\,(P/F,i,t)} \tag{5-10}$$

式中，K_{p} 表示总投资现值；$K_t\,(P/F,i,t)$ 表示第 t 年投资额的现值。

3．判别准则

对于单一方案而言，若 NPVR≥0，可以考虑接受该方案；若 NPVR<0，应拒绝该方案。

值得注意的是，净现值大的方案，其净现值率不一定大。因此，在多方案的评价与选优中，净现值率是一个重要的评价指标，其与净现值配合使用。

【例 5-5】 计算例 5-3 中投资项目的净现值率。

【解】 根据净现值率的计算公式可得：

$$\mathrm{NPVR}=\frac{\mathrm{NPV}}{K_{\mathrm{p}}}=\frac{7\ 188}{100\ 000}=0.071\ 9=7.19\%$$

【例 5-6】 有 A 和 B 两个方案，在利率为 15%时，方案 A 的净现值为 352.2 万元，投资现值为 3 000 万元；方案 B 的净现值为 372.6 万元，投资现值为 3 650 万元。试以净现值和净现值率指标来选择最优方案。

【解】（1）从净现值指标判断：

$$\mathrm{NPV_A}=352.2，\mathrm{NPV_B}=372.6$$

因为 $\mathrm{NPV_A}<\mathrm{NPV_B}$，所以方案 B 优于方案 A。

（2）从净现值率指标判断：

$$\mathrm{NPVR_A}=\frac{\mathrm{NPV}}{K_{\mathrm{p}}}=\frac{352.2}{3\,000}=0.117\ 4=11.74\%$$

$$\mathrm{NPVR_B}=\frac{\mathrm{NPV}}{K_{\mathrm{p}}}=\frac{372.6}{3\,650}=0.102\ 1=10.21\%$$

净现值率指标的计算结果说明，方案 A 在确保 15%的利率时，每元投资现值尚可获得比方案 B 多 0.015 3 元的额外收益，所以在考虑单位投资效率的情况下，方案 A 优于方案 B。

用净现值指标和净现值率指标评价方案时，由于二者反映的经济效果角度不同，得出的结论可能是相互矛盾的。这时就应根据具体情况，择其中一个为主要指标，另一个为辅助指标。

5.2.3　费用现值

在对多个方案进行比较选择时，如果各方案的产出价值相同或者各方案能够满足相同的需要，但产生的经济效益难以用价值形式（货币）计量（如教育、环保、卫生、国防等），就可以通过对各方案费用现值的比较进行选择。

1．概念

费用现值（Present Cost，PC）是指包含从项目投资开始到项目终结的整个项目寿命期内发生的全部费用，按照一定的折现率折现到同一时间点（通常是期初）的现值累加值。

2．计算

费用现值的计算公式为：

$$PC=\sum_{t=0}^{n}CO_t\,(P/F,i_0,t) \tag{5-11}$$

式中，PC 表示费用现值；CO_t 表示第 t 年的现金流出；（$P/F,i_0,t$）表示复利现值系数。

3．判别准则

费用现值指标只用于多方案的比选，其判别准则是费用现值最小的方案为最优。

【例 5-7】某项目有 A、B、C 三个方案，均能满足同样的需要。各方案的费用数据如表 5-5 所示。在基准收益率为 10%的情况下，计算各方案的费用现值并确定最优方案。

表 5-5　三个方案的费用数据　　单位：万元

方　案	初始投资	年运营费用（第 1～5 年）	年运营费用（第 6～10 年）
A	80	15	15
B	105	12	12
C	115	8	10

【解】各方案的费用现值计算如下：

$$PC_A=80+15\,(P/A,10\%,10)=80+15\times6.144\,6=172.17\text{（万元）}$$

$$PC_B=105+12\,(P/A,10\%,10)=105+12\times6.144\,6=178.74\text{（万元）}$$

$$PC_C=115+8\,(P/A,10\%,5)+10\,(P/A,10\%,5)\times(P/F,10\%,5)$$
$$=115+8\times3.790\,8+10\times3.790\,8\times0.620\,9=168.86\text{（万元）}$$

根据费用现值最小原则，方案 C 最优，方案 A 次之，方案 B 最差。

5.2.4 净年值

1．概念

净年值（Net Annual Value，NAV）是指按给定的基准收益率，通过等值换算，将方案计算期内各个不同时间点的净现金流量分摊到计算期内各年的等额年值。

2．计算

净年值的计算公式为：

$$\begin{aligned}NAV &= NPV(A/P,i_0,n)\\ &=\left[\sum_{t=0}^{n}(CI-CO)_t(1+i_0)^{-t}\right](A/P,i_0,n)\end{aligned} \quad (5\text{-}12)$$

式中，NAV 表示净年值；（$A/P,i_0,n$）表示资本回收系数；其余符号意义同式（5-9）。

3．判别准则

对于单一方案而言，若 NAV≥0，则项目在经济效果上予以接受；若 NAV<0，则项目在经济效果上予以拒绝。

多方案进行评价时，净年值最大的方案为最优。

将净年值与净现值的计算公式及判别准则做比较可知，由于（$A/P,i_0,n$）>0，故净年值与净现值在项目评价的结论上是一致的。因此，净年值与净现值是等效评价指标。

【例 5-8】以例 5-3 的投资项目为例，计算其净年值。

【解】此题目可用两种方法求解。

方法一：

NAV=［−100 000+（55 000−30 000）（P/A,10%,5）+20 000（P/F,10%,5）］（A/P,10%,5）

=1 896.19（元）

方法二：

NAV=（55 000−30 000）−100 000（A/P,10%,5）+20 000（A/F,10%,5）

=1 896（元）

根据净年值的判别准则，该投资项目方案应予以接受。由此也可看出，净年值与净现值在项目评价的结论上是一致的。

5.2.5 费用年值

1．概念

费用年值（Annual Cost，AC）是指按基准收益率，通过等值换算，将方案计算期内各年不同时间点的现金流出分摊到计算期内各年的等额年值。

2．计算

费用年值的计算公式为：

$$\begin{aligned}\mathrm{AC} &= \mathrm{PC}(A/P,i_0,n) \\ &= \left[\sum_{t=0}^{n}\mathrm{CO}_t(P/F,i_0,t)\right](A/P,i_0,n)\end{aligned} \tag{5-13}$$

式中，AC 表示费用年值；（A/P ,i_0,n）表示资本回收系数；其余符号意义同式（5-11）。

3．判别准则

费用年值只用于多方案的比选，其判别准则与费用现值一致，费用年值最小的方案为最优。

【例 5-9】计算例 5-7 中各方案的费用年值。

【解】AC_A=15＋80（A/P,10%,10）=28.02（万元）

AC_B=12＋105（A/P,10%,10）=29.08（万元）

AC_C=［115＋8（P/A,10%,5）＋10（P/A,10%,5）（P/F,10%,5）］（A/P,10%,10）=27.47（万元）

根据费用最小原则，计算结果表明方案 C 最优，方案 A 次之，方案 B 最差。该结论与应用费用现值指标的评价结果一致。

所以费用现值与费用年值的关系，恰如前述净现值和净年值的关系一样，二者除了在指标含义上有所不同，就评价结论而言，二者是等效的。

5.2.6 动态投资回收期

1．概念

动态投资回收期是按照给定的基准收益率，用项目净收益的现值将总投资现值回收所需的时间。动态投资回收期克服了静态投资回收期没有考虑资金时间价值的缺点。

2．计算

动态投资回收期 T_p^*的计算公式为：

$$\sum_{t=0}^{n}K_t\,(1+i_0)^{-t}=\sum_{t=0}^{T_p^*}\mathrm{NB}_t\,(1+i_0)^{-t} \tag{5-14}$$

式中，T_p^*表示动态投资回收期；n 表示投资期数；K_t 表示第 t 年的投资额；NB_t 表示第 t 年的净收益。

动态投资回收期也可以根据项目财务分析的现金流量表计算，其公式为：

$$T_p^* = T^* + \frac{\text{第}T\text{年累计净现金流量现值的绝对值}}{\text{第}T+1\text{年净现金流量现值}} \tag{5-15}$$

式中，T^*表示项目各年累计净现金流量现值最后一个出现负值的年份数。

同样，可以借助图 5-5，参照静态投资回收期 T_p 的推导过程，推导出 T_p^*。

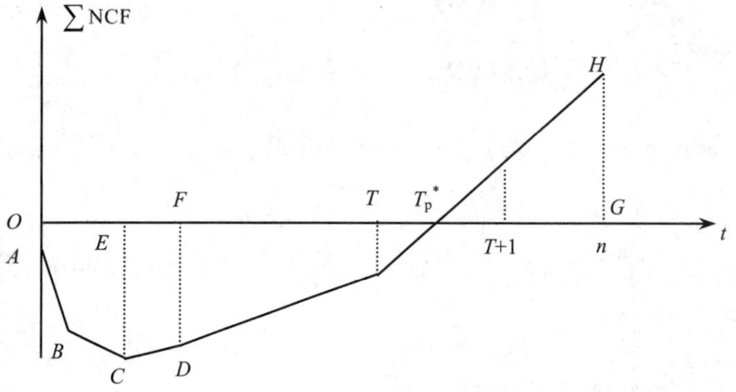

图 5-5 现金流量现值累计图

3．判别准则

用动态投资回收期 T_p^*评价投资项目的可行性，需要与根据同类项目的历史数据和投资者意愿确定的基准动态投资回收期相比较。设基准动态投资回收期为 T_b^*，判别准则为：若 $T_p^* \leqslant T_b^*$，则项目可以考虑接受，否则应予以拒绝。

【例 5-10】 计算例 5-1 中项目的动态投资回收期，数据如表 5-6 所示。基准收益率为 10%，基准动态投资回收期 T_b^*为 6 年。试判断该项目是否可行。

表 5-6 某项目的现金流量现值 单位：万元

项 目	年份							
	0	1	2	3	4	5	6	7
（1）总投资	1 000							
（2）收入	—	—	300	500	640	750	750	750
（3）支出（不包括投资）	—	—	210	300	350	400	400	400
（4）净现金流量	−1 100	0	90	200	290	350	350	350
（5）净现金流量现值（i_0=10%）	−1 000	0	74.38	150.26	198.07	217.32	197.58	179.62
（6）累计净现金流量现值	−1 000	−1 000	−925.62	−775.36	−577.29	−359.98	−162.40	17.22

【解】 从表 5-6 可知，该项目的动态投资回收期为：

$$T_p^* = 6 + \frac{|-162.40|}{179.62} = 6.90\text{（年）}$$

由于 $T_p^* > T_b^*$，因此根据动态投资回收期判别准则，该项目应予以拒绝。

除了考虑资金时间价值，动态投资回收期还具有静态投资回收期同样的特征，一般用于粗略评价，需要与其他指标结合起来使用。

5.2.7　内部收益率

前述评价指标的应用都必须事先给定一个折现率，评价结论只能说明该项目是否达到或超过基本要求的收益水平，并不能反映项目实际达到的投资效率。而内部收益率指标反映了项目实际能达到的投资效率，不需要事先给定折现率。

1. 概念

内部收益率（Internal Rate of Return，IRR），也称内部报酬率，是指方案在寿命期内的净现值为零时的折现率。

一般情况下，同一净现金流量的净现值随着折现率的增大而减小。其原因是，一般投资项目正的现金流入总是发生在负的现金流出之后，由于正的现金流入折现到期初的时间长，而负的现金流出折现到期初的时间短，使得随着折现率的增加，正的现金流入的现值减少得多，负的现金流出的现值减少得少，这样现值的代数和就会减小。净现值函数曲线与横坐标的交点，即当 NPV＝0 时的收益率就为内部收益率。因此可以明确，用净现值为零作为条件，反求出净现值为零时的 i 值，就可得出项目的内部收益率。

2. 计算

内部收益率可通过下述方程求得：

$$NPV(IRR)=\sum_{t=0}^{n}(CI-CO)_t(1+IRR)^{-t}=0 \tag{5-16}$$

式中，IRR 表示内部收益率；其他符号意义同式（5-9）。

式（5-16）是一个高次方程，不容易直接求解，通常采用线性插值法求 IRR 的近似解。其原理如图 5-6 所示。

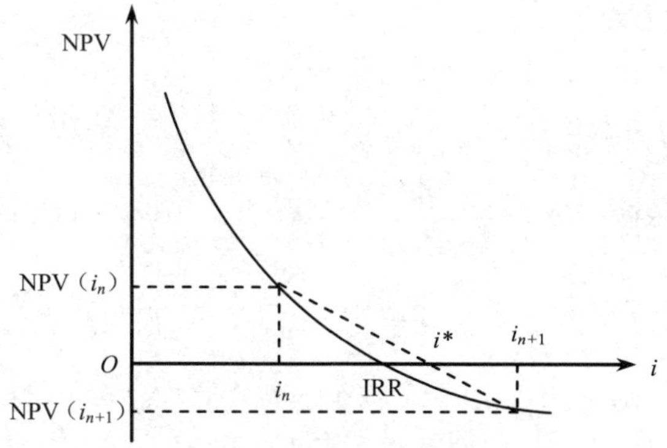

图 5-6　试算线性插值法求 IRR 图解

如图 5-6 所示，IRR 在 i_n 与 i_{n+1} 之间，用 i^* 近似代替 IRR，当 i_{n+1} 与 i_n 的距离控制在一定范围内时，可以达到要求的精度。具体计算步骤如下：

（1）设初始折现率为 i_1，一般可以先取行业的基准收益率 i_0 作为 i_1，并计算对应的净现值 NPV（i_1）。

（2）若 NPV（i_1）$\neq 0$，则根据 NPV（i_1）是否大于零，再设 i_2，若 NPV（i_1）>0，则

设 $i_2>i_1$；若 NPV（i_1）<0，则设 $i_2<i_1$。i_1 与 i_2 的差距取决于 NPV（i_1）绝对值的大小，较大的绝对值可以取较大的差距；反之，取较小的差距，然后计算对应的 NPV（i_2）。

（3）重复步骤（2），直到出现 NPV（i_n）>0, NPV（i_{n+1}）<0 时，用线性插值法计算出 IRR 的近似值，计算公式为：

$$\mathrm{IRR}=i_n+\frac{\mathrm{NPV}(i_n)}{\mathrm{NPV}(i_n)+\left|\mathrm{NPV}(i_{n+1})\right|}(i_{n+1}-i_n) \tag{5-17}$$

（4）计算的误差取决于 $(i_{n+1}-i_n)$ 的大小，为此，$(i_{n+1}-i_n)$ 一般以等于 2%为宜，最大不超过 5%。

3．判别准则

设基准收益率为 i_0，若 IRR≥i_0，则项目在经济效果上可以接受；若 IRR<i_0，则项目在经济效果上应予以拒绝。

一般情况下，当 IRR≥i_0 时，则 NPV（i_0）≥0，反之，当 IRR<i_0 时，则 NPV（i_0）<0。因此对于单方案评价，内部收益率准则与净现值准则评价的结论是一致的。

【例 5-11】某工程的现金流量如表 5-7 所示，基准收益率为 10%，试用内部收益率指标评价该方案是否可行。

表 5-7　某工程的现金流量　　单位：万元

年　份	0	1	2	3	4	5
现金流量	−1 000	200	300	300	300	300

【解】取 $i_1=i_0=10\%$，则

NPV（i_1）= −1 000+200（P/F,10%,1）+300（P/A,10%,4）（P/F,10%,1）

=46.35（万元）

取 $i_2=12\%$，计算 NPV（i_2）= −7.82（万元）

利用线性插值法计算公式可得：

$$\mathrm{IRR}=10\%+\frac{46.35}{46.35+\left|-7.82\right|}(12\%-10\%)=11.71\%$$

由于 IRR（11.71%）大于基准收益率 i_0（10%），故该项目在经济效果上是可行的。

图 5-7 为例 5-11 在 Excel 中应用 IRR 函数计算内部收益率的过程。复利系数的精确度问题，导致查表计算与 Excel 中直接应用函数计算的结果之间有偏差（本书后续此类情况同此）。

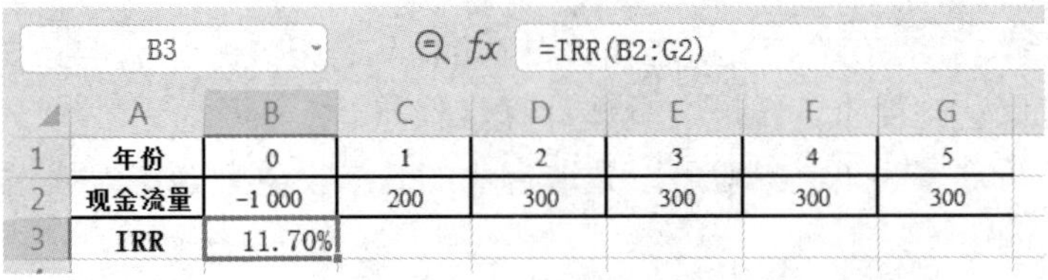

图 5-7　应用 Excel 中的 IRR 函数计算项目内部收益率

4．经济含义

内部收益率的经济含义可以理解为在项目的整个寿命期内按利率 i=IRR 计算，始终存在未能回收的投资，而在寿命期结束时，投资恰好被完全收回。也就是说，项目在寿命期内始终处于“偿付”未被回收的投资状况。因此，项目的“偿付”能力完全取决于项目内部，故称为“内部收益率”。

5．内部收益率方程解的讨论

内部收益率计算适用于常规投资项目，否则会出现内部收益率的多个解，使内部收益率指标评价方案失效。所谓常规投资项目，是在寿命期内除建设期或者投产初期的净现金流量为负值外，其余年份均为正值，寿命期内净现金流量的正负号只从负到正变化一次，且所有负现金流量都出现在正现金流量之前。

为了讨论这个问题，可把内部收益率计算表达式（5-16）改写为：

$$\mathrm{NCF}_0+\mathrm{NCF}_1(1+\mathrm{IRR})^{-1}+\cdots+\mathrm{NCF}_n(1+\mathrm{IRR})^{-n}=0 \tag{5-18}$$

式中，NCF_0, NCF_1，⋯, NCF_n 表示各年的净现金流量。

令 $1+\mathrm{IRR}=x$，则式（5-18）是关于 x 的 n 次方程，从理论上讲有 n 个根（可能是重根）。根据笛卡儿符号规则，方程正实数根的个数不大于净现金流量 NCF_t 变号的次数。因此，对于常规投资项目，正实数根的数目≤1，即内部收益率有唯一解。

对于非常规投资项目，也就是项目寿命期内净现金流量的正负号不止变化一次，此时就可能出现多解。一般情况下，非常规投资项目是否出现多解，要看以内部收益率作为折现率回收投资，在项目寿命期结束之前一直存在未被回收的投资，即未被回收的投资的余额满足：

$$\begin{aligned} F_t(\mathrm{IRR})&=\sum_{j=0}^{t}\mathrm{NCF}_j(1+\mathrm{IRR})^{t-j}<0\quad(t=0,1,\cdots,n-1)\\ F_t(\mathrm{IRR})&=\sum_{j=0}^{t}\mathrm{NCF}_j(1+\mathrm{IRR})^{t-j}=0\quad(t=n)\end{aligned} \tag{5-19}$$

满足上述两式的非常规投资项目，可得到内部收益率的唯一解；否则，会出现内部收益率的多解，表示项目无内部收益率。

思政元素

（1）通过学习工程经济评价指标的基本知识，充分认识做好工程经济评价基础工作的重要性，这既是专业的要求，又是职业的使命。

（2）通过理解工程经济评价指标的内涵，建立全面、系统的看待问题的思维模式，树立爱岗敬业的职业精神和实事求是的科学精神。

复习思考题

1．知识点

建设项目经济评价指标分类，静态评价指标与动态评价指标的区别，各经济评价指标的概念、计算、判别准则、经济内涵，常规投资项目与非常规投资项目的区别，基准收益率的含义及确定依据

2．简答题

（1）为什么要用多个评价指标来评价项目方案？

（2）什么是投资回收期？静态投资回收期和动态投资回收期有什么区别？

（3）如何理解基准收益率？基准收益率的确定需要考虑哪些因素？

（4）如何用净现值进行项目评价？净现值与净现值率的经济含义有何区别？

（5）费用现值与费用年值的使用条件是什么？

（6）什么是内部收益率？其经济含义是什么？

（7）什么是常规投资项目和非常规投资项目？

3．计算题

（1）某工程项目投资方案的现金流量情况如表 5-8 所示，试应用 Excel 求解该方案的静态和动态投资回收期。（i_0=10%）

表 5-8　投资方案的现金流量情况　　单位：万元

项　目	年　份					
	0	1	2	3	4	5
净现金流量	–1 500	380	356	332	450	784
累计净现金流量	–1 500	–1 120	–764	–432	18	802

（2）某化工工程项目，第 1 年年初投资 1 000 万元，第 2 年年初投资 2 000 万元，第 3 年年初投资 1 500 万元，从第 3 年起连续 8 年每年可获净收入 1 450 万元。若期末残值忽略不计，最低期望收益率为 12%，试计算净现值和内部收益率，并判断该项目经济上是否可行。

（3）某投资方案初始投资 5 000 万元，第 1 年收入 2 000 万元，第 2 年净收入 4 000 万元，第 3 年年初追加投资 1 000 万元，第 4 年净收入 7 000 万元，设基准收益率为 10%，求该方案的净年值及净现值率。

（4）某厂可以 40 000 元购置一台旧机床，年费用估计为 32 000 元，当该机床在第 4 年更新时残值为 7 000 元。该厂也可以 60 000 元购置一台新机床，其年运行费用为 26 000 元，当它在第 4 年更新时残值为 9 000 元。若基准收益率为 10%，求应选择哪个方案。

4．练一练

梳理本章内容，绘制思维导图。

第 6 章

建设项目投资方案比选

本章知识导航

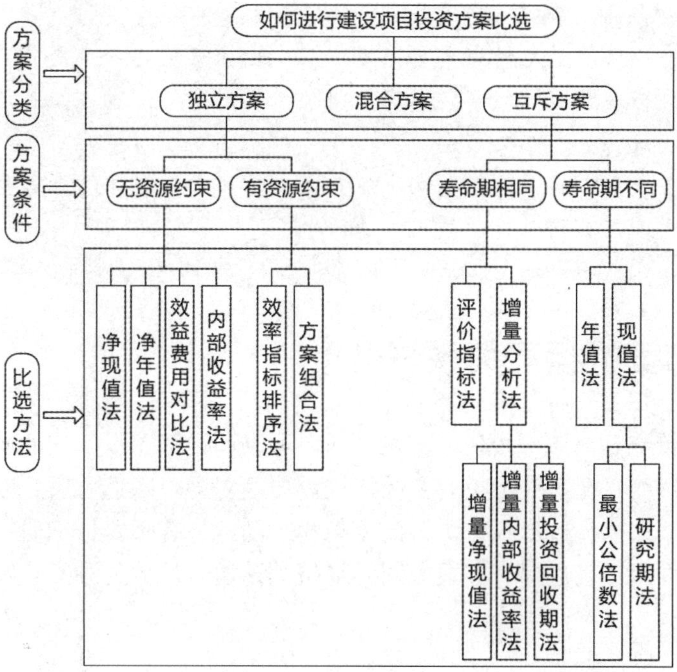

本章学习目标

☑ 知识目标：理解方案之间的相互关系；理解不同关系类型技术方案的特征；掌握寿命期相同或不同的互斥方案的比选；掌握有无资源约束的独立方案的比选；了解混合方案的评价方法。

☑ 能力目标：培养学生方案比选与优化的能力。

☑ 素质目标：建立方案评价决策工作中的系统思维观和可持续发展理念，培养严谨的工作作风、精益求精的品质精神和追求卓越的进取精神。

✪ 引导案例

国外某大型零售业连锁企业欲进军我国零售业市场，拟在我国的北京、上海、天津、重庆、广州五大城市设立超市，其在每个城市又可在三个不同的区位选址，则该企业将有几个不同的备选方案（见表 6-1）。

表 6-1 该企业超市选址方案一览表

选　址	北京 A	上海 B	天津 C	重庆 D	广州 E
选址 1	A1	B1	C1	D1	E1
选址 2	A2	B2	C2	D2	E2
选址 3	A3	B3	C3	D3	E3

【案例分析与讨论】

（1）若该企业有充足的资金可保证全部所有备选方案的投资，那么这些方案之间是什么关系？该企业应如何进行决策？

（2）若该企业有较充足的资金可保证在五个城市各创建一个超市，也就是说，只要项目的经济性合理就能够投资，不存在排他性，则这些方案之间是什么关系？该企业应如何进行决策？

（3）若该企业资金有限只能在两个城市各创建一个超市，那么这些方案之间又是什么关系？该企业应如何进行决策？

6.1 投资方案的相互关系与分类

如果投资决策都是对单一投资方案的评价，可以利用第 5 章所述的经济评价指标来决定项目的取舍。然而，在实践中投资主体往往需要面对多个备选方案，方案之间存在各种各样的经济关系，这样就造成投资决策的复杂性。因此，有必要仔细研究不同方案之间的相互关系，以便做出正确选择。方案之间的经济关系通常可分为独立、互斥和混合三种类型，如图 6-1 所示。

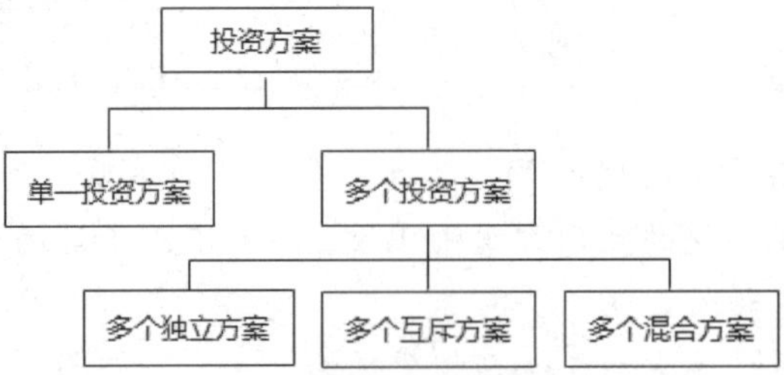

图 6-1 投资方案分类

1. 独立方案

各方案间不具有排他性。在一组备选的投资方案中，采纳某一方案并不影响其他方案的采纳，即采纳某一方案并不要求放弃其他方案。独立方案的特点是具有“可加性”。

2. 互斥方案

各方案间是相互排斥的，采纳某一方案就不能再采纳其他方案，即多个方案中只能选择其一，其余方案必须放弃。例如，要投资建设一个废旧电器回收厂，现有甲、乙、丙三个选址方案，选择其中一个方案，就不能接纳另两个方案，这三个方案则为互斥方案。

3. 混合方案

在一组备选方案中，若采纳或放弃某一方案会影响其他方案的现金流量；或者采纳或放弃某一方案会影响其他方案的采纳或放弃；或者采纳某一方案必须以先采纳其他方案为前提等，即大方案群中各个方案之间相互独立和相互排斥的关系交织在一起。例如，为实现环境保护目标，某公司须对所属甲、乙、丙三个工厂的废物进行处理（三个独立方案），而各厂又有焚烧、回收、填埋三种互斥的措施，这样就组合成九个不同的方案。这种类型的方案就称为混合方案。

6.2 互斥方案的比选

在对互斥方案比选时，由于每个方案都具有同等可选择的机会，为使资金发挥最大的效益，我们总是希望选出备选方案中最具经济性的方案。在进行方案比选时，首先要找到经济上合理的项目，其次要找到最优经济性的项目，这样才能保证所选方案不但可行而且最优。因此，在对互斥方案进行评价时，先以绝对经济效果方法筛选方案，然后再以相对经济效果方法优选方案。经济效果评价通常包含两部分内容：一是要进行绝对效果检验，考察各个方案本身的经济性并进行筛选，即用经济效果评价标准（如 $NPV \geqslant 0$，$NAV \geqslant 0$，$IRR \geqslant i_0$）检验方案的经济性。凡是通过绝对效果检验的方案，就认为它在经济效果上是可以接受的，否则应予以拒绝。二是要进行相对效果检验，即对通过筛选的方案按特定指标进行排序，从而优胜劣汰，选取最优方案。

互斥方案经济效果评价的特点是要进行多方案比选，故应遵循方案间的可比性。其必须具备的可比条件为：被比较方案的费用及效益计算口径一致；被比较方案具有相同的计算期；被比较方案现金流量具有相同的时间单位。如果以上条件不满足，那么各个方案之间不能进行直接比较，必须经过一定转化后方能进行比较。

在互斥方案比选决策中需要说明两个因素，一是“无项目”方案；二是分析期。

1. 互斥方案的“无项目”方案

当考虑一项投资的备选方案时，通常面临两种情况：一是原系统还能满足经营目标，可选择维持原状，即不投资，选择“无项目”方案；二是原系统不能满足经营目标，则需评价更新方案的经济性，从备选方案中选择最优方案。本章仅考虑第二种情况，即如无特殊说明，“无项目”方案不作为备选方案，而将投资更新方案作为备选方案，且其成本和收益可以看作“无项目”方案基础上的增量。

2．互斥方案的分析期

分析期是评价方案经济效果的时间跨度，其长度可能根据企业的经营方针预先确定，也可能包含在企业确定的经营目标中。如果没有明确方案所要支持的服务期，通常选择项目或方案的寿命期作为分析期。

在现实中，互斥方案的寿命期也有多种情况，为了遵循可比性原则，现分别按方案寿命期相同、寿命期不同和无限寿命三种情况讨论互斥方案的经济效果评价。本节主要介绍前两者。

6.2.1 寿命期相同方案的比选

对于寿命期相同的互斥方案，分析期通常设定为其寿命期，这样能满足在时间上的可比性。

1．评价指标法

如果各备选方案各年的净现金流量可以估算，则可以采用净现值、净年值、费用现值、费用年值等评价指标进行比选。其比选过程通常遵循如下两个步骤：

（1）检验各方案的绝对经济效果，将不能通过评价指标的方案淘汰。

（2）检验各方案的相对经济效果，根据净现值（净年值）最大准则或费用现值（费用年值）最小准则，对方案进行选优。

【例 6-1】某工程有 A、B、C 三个方案可供选择，有关资料如表 6-2 所示。若基准折现率为 10%，则应如何选择一个最有利的方案？

表 6-2 互斥方案 A、B、C 的基本资料　　单位：万元

方　案	初始投资	收　益	残　值	寿命期（年）
A	10 000	3 000	0	5
B	15 000	5 000	0	5
C	40 000	9 000	10 000	5

【解】解法一　净现值法比选方案：

NPV_A=−10 000+3 000（P/A,10%,5）=1 372.4（万元）

NPV_B =−15 000+5 000（P/A,10%,5）=3 954（万元）

NPV_C =−40 000+9 000（P/A,10%,5）+10 000（P/F,10%,5）=326.2（万元）

因为三个方案的 NPV 均大于 0，所以三个方案均可行，且 $NPV_B > NPV_A > NPV_C$。

根据净现值最大准则，应选择净现值最大的方案 B。

解法二 净年值法比选方案：

NAV_A=−10 000（A/P,10%,5）+3 000 =362（万元）

NAV_B =−15 000（A/P,10%,5）+5 000 =1 043（万元）

NAV_C =［−40 000+9 000（P/A,10%,5）+10 000（P/F,10%,5）］（A/P,10%,5）=86.05（万

元）

因为三个方案的 NAV 均大于 0，所以三个方案均可行，且 $NAV_B > NAV_A > NAV_C$。

根据净年值最大准则，应选择净年值最大的方案 B。

【例 6-2】 方案 A、B 是关于环保投资的两个互斥方案，有关资料如表 6-3 所示。若基准收益率为 10%，试对方案进行评价选择。

表 6-3　互斥方案 A、B 的基本资料　　单位：万元

方　案	初始投资	年运营费	残　值	寿命期（年）
A	20	2	3	5
B	30	1	5	5

【解】 解法一　费用现值法比选方案：

$PC_A=20+2(P/A,10\%,5)-3(P/F,10\%,5)=25.72$（万元）

$PC_B=30+1(P/A,10\%,5)-5(P/F,10\%,5)=30.69$（万元）

由于 $PC_A < PC_B$，故应选方案 A。

解法二　费用年值法比选方案：

$AC_A=[20+2(P/A,10\%,5)-3(P/F,10\%,5)](A/P,10\%,5)=6.78$（万元）

$AC_B=[30+1(P/A,10\%,5)-5(P/F,10\%,5)](A/P,10\%,5)=8.10$（万元）

由于 $AC_A < AC_B$，故应选方案 A。

2．增量分析法

增量分析法是通过增量净现金流量评价增量投资经济效果的一种方法，它是互斥方案比选的基本方法。因此，净现值、净年值、投资回收期、内部收益率等评价指标都可用于增量分析。

增量分析法一般采取方案两两比较的环比方式，例如，n 个互斥方案需进行 $\frac{n!}{2(n-2)!}$ 次比较。当方案数目较多时，这种比较就过于烦琐了。这时，可采取如图 6-2 所示的步骤减少比较次数。

增量分析法的一般步骤为：

（1）将方案按投资额由小到大排序。

（2）进行各方案绝对效果评价。计算各方案的 IRR（或 NPV、NAV、T_p 等）指标考察经济合理性，淘汰 $IRR< i_0$（或 $NPV<0$ 或 $NAV<0$ 或 $T_p>T_b$）的方案，保留通过绝对效果检验的方案，选取投资额最小的合理方案为临时最优方案。

（3）进行各方案相对效果评价。依次计算其余方案相对于前一步骤中的最优方案的 ΔIRR（或 ΔNPV、ΔNAV、ΔT_p 等）。若 $\Delta IRR > i_0$（或 $\Delta NPV>0$ 或 $\Delta NAV>0$ 或 $\Delta T_p<T_b$），则保留投资额大的方案；反之，则保留投资额小的方案，最后一个被保留的方案即最优方案。

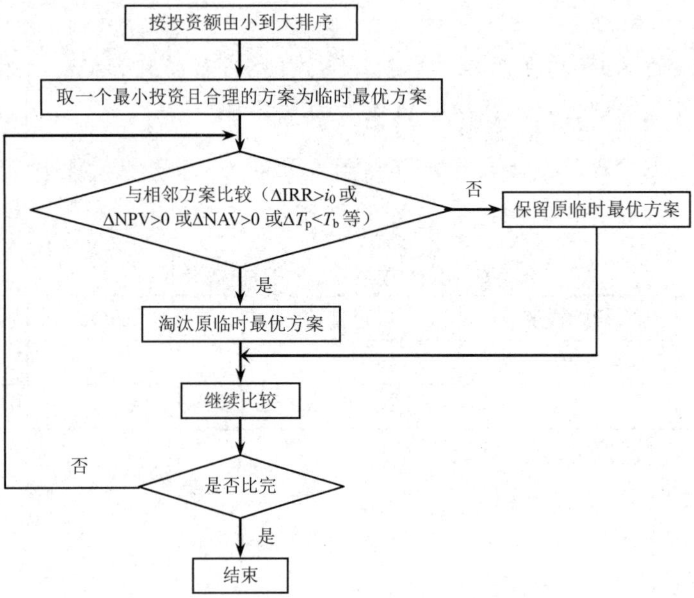

图 6-2　增量分析法的一般步骤

1）增量净现值法

对于互斥方案，利用不同方案的增量现金流量来计算净现值进行方案选择的方法，称为增量净现值法。

设 A、B 为投资额不等的互斥方案，方案 A 比方案 B 的投资额大，两方案的增量净现值计算为：

$$
\begin{aligned}
\Delta NPV &= \sum_{t=0}^{n}[(CI_A - CO_A)_t - (CI_B - CO_B)_t](1+i_0)^{-t} \\
&= \sum_{t=0}^{n}(CI_A - CO_A)_t\ (1+i_0)^{-t} - \sum_{t=0}^{n}(CI_B - CO_B)_t\ (1+i_0)^{-t} \\
&= NPV_A - NPV_B
\end{aligned} \tag{6-1}
$$

增量净现值法就是利用不同方案的净现值进行比选的方法。

利用增量净现值法比选方案的判别准则是：若$\Delta NPV \geqslant 0$，表明增加的投资在经济上是合理的，投资大的方案优于投资小的方案；反之，表明投资小的方案是更经济的。

必须注意的是，增量净现值法只能用来检验增量投资的效果，或者相对效果。增量净现值大于零只表明增加的投资是合理的，并不表明全部投资是合理的。因此，在采用增量净现值法对方案进行比较时，首先必须保证比选的方案都是可行方案。

【例 6-3】 有 A、B、C 三个互斥的投资方案，寿命期均为 10 年，各方案的初始投资和年净收益如表 6-4 所示。试在基准收益率为 10%的条件下选择最佳方案。

表 6-4　互斥方案 A、B、C 的相关资料　　单位：万元

方　案	初始投资	年净收益
A	170	44
B	260	59
C	300	68

【解】投资方案按投资额从小到大排列，顺序是 A、B、C，首先检验方案 A 的绝对效果，再通过增量分析法进行相对效果评价。

NPV_A=–170+44（P/A,10%,10）=100.36（万元）

由 NPV_A＞0，说明方案 A 可行。

ΔNPV_{B-A}=–（260–170）+（59–44）（P/A,10%,10）=2.17（万元）

由ΔNPV_{B-A}＞0，说明方案 B 优于方案 A，淘汰方案 A。

ΔNPV_{C-B}=–（300–260）+（68–59）（P/A,10%,10）=15.30（万元）

由ΔNPV_{C-B}＞0，说明方案 C 优于方案 B，淘汰方案 B。故最优方案为方案 C。

同样，可以利用净现值最大准则直接进行比选，计算各方案的净现值，通过直接比较净现值大小，得到相同的结论。

NPV_A=–170+44（P/A,10%,10）=100.36（万元）

NPV_B=–260+59（P/A,10%,10）=102.53（万元）

NPV_C=–300+68（P/A,10%,10）=117.83（万元）

由于 NPV_C >NPV_B >NPV_A>0，故选择方案 C。

实际工作中应根据具体情况选择合适且简便的比选方法。当有多个互斥方案时，直接用净现值最大准则选择最优方案比两两比较的增量分析法更为简便。分别计算各备选方案的净现值，根据净现值最大准则选择最优方案，可以将方案的绝对经济效果检验和相对经济效果检验结合起来，判别准则可表述为：净现值最大且非负的方案为最优可行方案。

对于仅有费用现金流量的互斥方案比选也可采用增量净现值法，这时无非是将增额投资所导致的费用节约看成增额收益。

【例 6-4】某废弃物管理公司为满足某合同要求需要采购垃圾处理器。目前满足要求的设备有 A、B 两种型号，A 型机器购置费用为 150 000 美元，B 型机器购置费用为 200 000 美元，设备使用期间的运行成本及设备残值等如表 6-5 所示。若合同期限为 2 年，设备的使用寿命也恰好为 2 年，则选择哪个型号的设备？

表 6-5　A 型机器和 B 型机器的相关费用　　单位：美元

相关费用	购置费用	运行成本	残　值
A 型	150 000	40 000	30 000
B 型	200 000	20 500	50 000

【解】由于 B 型机器比 A 型机器购置时多投入 50 000 美元，每年运行成本少 19 500

美元，残值多 20 000 美元，则

ΔNPV_{B-A}=−50 000+19 500（P/A,10%,2）+20 000（P/F,10%,2）=370.25（美元）

由ΔNPV_{B-A}>0，说明 B 型机器优于 A 型机器，故选择 B 型机器。

2）增量内部收益率法

增量内部收益率是指相比较的两个方案各年净现金流量差额的现值之和等于 0 时的折现率，其计算公式为：

$$\sum_{t=0}^{n}(\Delta CI-\Delta CO)_t(1+\Delta IRR)^{-t}=0 \tag{6-2}$$

式中，ΔCI 表示互斥方案 A、B 的增量现金流入，$\Delta CI=CI_B-CI_A$；ΔCO 表示互斥方案 A、B 的增量现金流出，$\Delta CO= CO_B-CO_A$；ΔIRR 表示互斥方案 A、B 的增量内部收益率。

因为$\Delta CI=CI_B-CI_A$，$\Delta CO=CO_B-CO_A$，则式（6-2）又可以写成：

$$\begin{gathered}\sum_{t=0}^{n}(CI_B-CO_B)_t(1+\Delta IRR)^{-t}-\sum_{t=0}^{n}(CI_A-CO_A)_t(1+\Delta IRR)^{-t}=0\\ NPV_B(\Delta IRR)-NPV_A(\Delta IRR)=0\\ NPV_B(\Delta IRR)=NPV_A(\Delta IRR)\end{gathered} \tag{6-3}$$

因此，增量内部收益率又可表述为两互斥方案净现值（或净年值）相等时的折现率。

用增量内部收益率法比选方案的判别准则是：若$\Delta IRR > i_0$，则投资大的方案为优；若$\Delta IRR < i_0$，则投资小的方案为优。可以用图 6-3 的净现值函数曲线来说明其方案比选原理。

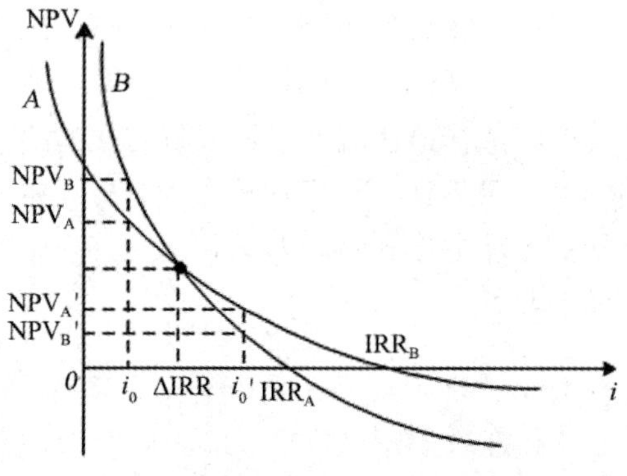

图 6-3　方案 A、B 的净现值函数曲线

在图 6-3 中，曲线 A、B 分别为方案 A、B 的净现值函数曲线，方案 B 投资大于方案 A 投资。在 A、B 两方案净现值曲线的交点处，两方案净现值相等，该点所对应的折现率即两方案的增量内部收益率ΔIRR。当基准收益率为 i_0 时，$\Delta IRR > i_0$，$NPV_B>NPV_A$，则投资大的方案 B 为优；当基准收益率为 i_0' 时，$\Delta IRR < i_0'$，$NPV_B'<NPV_A'$，则投资小的方案 A 为优。由此可见，采用增量内部收益率法和净现值法比选的方案，结论是一致的。

【例 6-5】某大学生大学期间想通过自主创业贴补其求学费用。现有 A、B 两个投资方案，其投入及收益的有关资料如表 6-6 所示，两个投资方案都期望维持经营 3 年直至大学毕业。若基准收益率 i_0 为 15%。试用增量内部收益率法比较和选择最优投资方案。

表 6-6　方案 A、B 的有关资料　　单位：元

方　　案	初始投资	年 收 入	年 支 出	净 残 值
A	5 000	3 200	400	0
B	6 000	3 700	500	300

【解】第一步，计算方案 A 的内部收益率，判别方案 A 的可行性。

$NPV_A = -5\,000 + (3\,200-400)(P/A, IRR_A, 3) = 0$

通过试算求得 IRR_A=31.21%。因 $IRR_A > i_0$，方案 A 可行，保留方案 A 为临时最优方案。

第二步，计算方案 B−A 的增量投资内部收益率，比较和选择最优方案。

首先计算两方案的增量 B−A 的现金流量，如表 6-7 所示，然后应用线性插值法计算增量内部收益率。

表 6-7　增量 B−A 的现金流量　　单位：元

方　　案	初始投资	年净收入	净残值
B−A	1 000	400	300

$\Delta NPV_{B-A} = -1\,000 + 400(P/A, i, 3) + 300(P/F, i, 3)$

设 i_1=20%，则

$\Delta NPV_{B-A}(i_1) = -1\,000 + 400(P/A, 20\%, 3) + 300(P/F, 20\%, 3) = 16.21$（万元）

设 i_2=22%，则

$\Delta NPV_{B-A}(i_2) = -1\,000 + 400(P/A, 22\%, 3) + 300(P/F, 22\%, 3) = -17.89$（万元）

用线性插值法计算，求得增量投资内部收益率为：

$$\Delta IRR = i_1 + \frac{\Delta NPV(i_1)}{\Delta NPV(i_1) + |\Delta NPV(i_2)|}(i_2 - i_1)$$

$$= 20\% + \frac{16.21}{16.21 + |-17.89|}(22\% - 20\%)$$

$$= 20.95\%$$

由于 $\Delta IRR = 20.95\% > i_0$，故投资大的方案 B 优于方案 A，选择方案 B。

图 6-4 为应用 Excel 计算例 6-5 中 A、B 两方案增量内部收益率的过程。

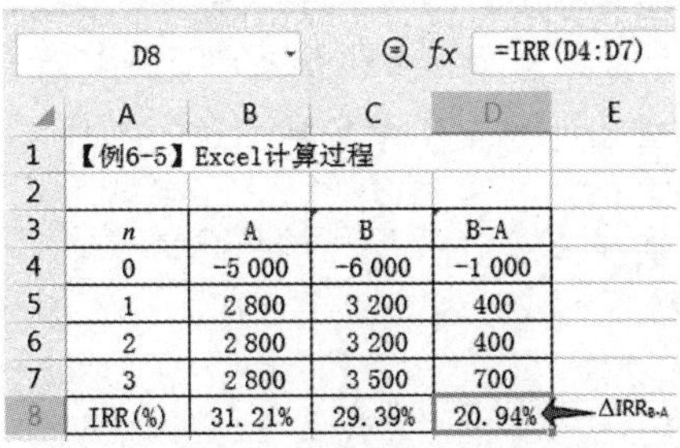
D8　fx =IRR(D4:D7)

	A	B	C	D
1	【例6-5】Excel计算过程			
2				
3	n	A	B	B-A
4	0	-5 000	-6 000	-1 000
5	1	2 800	3 200	400
6	2	2 800	3 200	400
7	3	2 800	3 500	700
8	IRR(%)	31.21%	29.39%	20.94%

图 6-4　例 6-5 Excel 计算过程

【例 6-6】某仪器生产企业正在评估 MES、FAS 两套智能组装系统，以确定 6 年内选择哪种系统进行设备主体组装。两套系统平均年产量相同，初始投资、经营成本及残值等情况如表 6-8 所示。若企业的基准收益率为 15%，试应用增量内部收益率法判别哪个方案更优。

表 6-8　MES 和 FAS 财务数据汇总表　　单位：万元

项　　目	MES	FAS
劳动力成本/年	1 169 600	707 200
原材料成本/年	832 300	598 400
管理费用/年	3 150 100	1 950 220
工具成本/年	470 000	300 000
库存成本/年	141 000	31 500
总成本/年	5 763 000	3 587 320
投资	4 500 000	12 500 000
净残值	400 000	9 000 000

【解】分析期内两套系统的产量相同，即收益相同，只需比较两套系统的成本。因收益未知，无法计算各自的内部收益率，但可通过计算增量内部收益率来做方案优选。因 FAS 初始投资高于 MES，所以增量现金流量为（FAS−MES）。应用 Excel 计算 ΔIRR 的过程如图 6-5 所示。

D10　=IRR(D3:D9)

	A	B	C	D
1	【例6-6】增量现金流量（FAS-MES）			
2	n	MES方案	FAS方案	增量（FAS-MES）
3	0	-4 500 000	-12 500 000	-8 000 000
4	1	-5 763 000	-3 587 320	2 175 680
5	2	-5 763 000	-3 587 320	2 175 680
6	3	-5 763 000	-3 587 320	2 175 680
7	4	-5 763 000	-3 587 320	2 175 680
8	5	-5 763 000	-3 587 320	2 175 680
9	6	-5 363 000	-2 687 320	2 675 680
10	$\Delta IRR_{(FAS-MES)}$			17.02%

图 6-5　例 6-6 Excel 计算过程

由于 $\Delta IRR=17.02\%> i_0=15\%$，故 FAS 系统经济效果更好。

值得注意的是，在互斥方案比选中，内部收益率最大的方案不一定是最优方案，因此，不能直接用增量内部收益率法来进行互斥方案的比选。

【例 6-7】方案 A、B 是互斥方案，其各年的现金流量如表 6-9 所示，设基准收益率为 10%，试对方案进行评价选择。

表 6-9　互斥方案 A、B 的现金流量　　　　单位：万元

方　案	0	第 1～10 年	净现值	内部收益率（%）
A	2 300	650	1 693.97	25.34
B	1 500	500	1 572.28	31.11
A–B	800	150	121.69	13.43

【解】由表 6-9 可知，NPV_A=1 693.97 万元，NPV_B=1 572.28 万元，IRR_A=25.34%，IRR_B=31.11%。

两个互斥方案的净现值均大于零，内部收益率均大于基准收益率，方案 A 和方案 B 都能通过绝对经济效果检验，且使用净现值法和使用内部收益率法进行绝对经济效果检验结论是一致的。

由于 $NPV_A>NPV_B>0$，则方案 A 优于方案 B。又 $IRR_B>IRR_A$，若以内部收益率最大为比选准则，则方案 B 优于方案 A，这与按净现值最大准则比选的结论相矛盾。投资额不等的互斥方案比选的实质是判断增量投资的经济合理性，即投资大的方案相对于投资小的方案多投入的资金能否带来满意的增量收益。显然，若增量投资能够带来满意的增量收益，则投资大的方案优于投资小的方案，若增量投资不能带来满意的增量收益，则投资小的方案优于投资大的方案。因此，互斥方案的比选不能直接用内部收益率进行。

3）增量投资回收期法

增量投资回收期是指在不计利息的条件下，一个方案比另一个方案多支出的投资，用年经营成本的节约额逐年回收所需的时间。

（1）当所比较的两方案年净收益相同时，增量投资回收期的计算公式为：

$$\Delta T_P=\frac{\Delta K}{\Delta C}=\frac{K_2-K_1}{C_1-C_2} \tag{6-4}$$

式中，ΔT_p 为增量投资回收期；ΔK 为投资差额（$K_1<K_2$）；ΔC 为年经营成本差额（$C_1>C_2$）。

在实际工作中，往往是投资大的方案经营成本较低，投资小的经营成本较高。此时，计算增量投资回收期ΔT_p，当ΔT_p 小于基准投资回收期 T_b 时，说明追加的投资经济效益是好的，应选择投资大的方案；当ΔT_p 大于基准投资回收期 T_b 时，说明追加的投资不经济，应选择投资小的方案。

（2）当所比较的两方案年产量不同、年净收益不同时，即 $Q_1\neq Q_2$，则通过单位产量投资额之差与单位产量经营成本之差的比值计算增量投资回收期。若 $K_2/Q_2>K_1/Q_1$，$C_1/Q_1>C_2/Q_2$，则增量投资回收期为：

$$\Delta T_p=\frac{\dfrac{K_2}{Q_2}-\dfrac{K_1}{Q_1}}{\dfrac{C_1}{Q_1}-\dfrac{C_2}{Q_2}} \tag{6-5}$$

当$\Delta T_p<T_b$时，投资大的方案为优，反之，投资小的方案为优。

【例6-8】已知有两个建厂方案，方案A投资为1 500万元，年经营成本为400万元，年产量为1 000件；方案B投资为1 000万元，年经营成本为360万元，年产量为800件，基准投资回收期 T_b 为6年，求如何进行方案选优。

【解】第一步，计算各方案单位产量费用。

$$\frac{K_A}{Q_A}=\frac{1500}{1000}=1.5\text{（万元/件）}$$

$$\frac{K_B}{Q_B}=\frac{1000}{800}=1.25\text{（万元/件）}$$

$$\frac{C_A}{Q_A}=\frac{400}{1000}=0.40\text{（万元/件）}$$

$$\frac{C_B}{Q_B}=\frac{360}{800}=0.45\text{（万元/件）}$$

第二步，计算增量投资回收期。

$$\Delta T_p=\frac{1.5-1.25}{0.45-0.4}=5\text{（年）}$$

第三步，评价。

由于 $\Delta T_p < T_b$，故方案A较优。

6.2.2 寿命期不同方案的比选

对寿命期不同的互斥方案进行比选，首先要使方案具有可比性。满足这一要求需要解决两个方面的问题：一是设定一个合理的共同分析期；二是给寿命期不等于分析期的方案选择合理的方案连续假定或者残值回收假定。

1. 年值法

年值法是指投资方案在计算期的收入及支出，按一定的折现率换算为等额年值，用以评价或选择方案的一种方法。在对寿命期不同的互斥方案进行比选时，特别是参加比选的方案数目众多时，年值法是最为简便的方法。年值法使用的指标有净年值和费用年值。

用年值法进行寿命不同的互斥方案比选，实际上隐含着这样一种假定：各备选方案在其寿命期结束时均可按原方案重复实施无限次。因为一个方案无论重复实施多少次，其年值是不变的。在这一假定前提下，年值法以“年”为时间单位比较各方案的经济效果，从而使寿命期不同的互斥方案具有可比性。

当仅需计算费用时，以费用年值最小所对应的方案为最优方案；当计算净年值时，以 $NAV_i \geqslant 0$ 且 max（NAV_i）所对应的方案为最优方案。

【例6-9】A、B两互斥方案各年的现金流量如表6-10所示，若基准收益率为10%，试选择较优方案。

表 6-10　方案 A、B 的现金流量　　单位：万元

方　案	投　资	年净现金流量	残　值	寿命期（年）
A	10	3	1.5	6
B	15	4	2.0	9

【解】 NAV_A= −10（A/P,10%,6）+3+1.5（A/F,10%,6）=0.90（万元）

NAV_B= −15（A/P,10%,9）+4+2（A/F,10%,9）=1.54（万元）

由于 $NAV_B > NAV_A > 0$，故方案 B 优于方案 A。

【例 6-10】 互斥方案 A、B 具有相同的产出，方案 A 寿命期为 15 年，方案 B 寿命期为 10 年。两方案的费用现金流量如表 6-11 所示，若基准收益率为 10%，试选择较优方案。

表 6-11　方案 A、B 的费用现金流量　　单位：万元

方　案	投　资		经营费用	
	第 0 年	第 1 年	第 2～10 年	第 11～15 年
A	100	100	60	200
B	100	140	40	0

【解】 AC_A=［100+100（P/F,10%,1）+60（P/A,10%,9）（P/F,10%,1）+200（P/A,10%,5）（P/F,10%, 10）］（A/P,10%,15）=104.85（万元）

AC_B =［100+140（P/F,10%,1）+40（P/A,10%,9）（P/F,10%,1）］（A/P,10%,10）=71.05（万元）

由于 $AC_B < AC_A$，故方案 B 优于方案 A。

2．现值法

当互斥方案寿命期不同时，一般情况下，各方案的现金流在各自寿命期内的现值不具有可比性。若采用现值法（净现值或费用现值），则需对各备选方案的寿命期做统一处理（设定一个共同的分析期），使方案满足可比性的要求。处理的方法通常有以下两种。

（1）最小公倍数法。取各备选方案寿命期的最小公倍数作为方案比选时共同的分析期，即将寿命期短于最小公倍数的方案按原方案重复实施，直到其寿命期等于最小公倍数为止。这种方法是以不同备选方案寿命期的最小公倍数作为研究周期，在此期间各方案分别考虑以同样规模重复投资多次，据此算出各方案的净现值，然后进行比较选优。最小公倍数法假设原方案可重复实施，忽略了方案重复实施中评价参数的变动，分析期越长，不确定性越大，因此，该方法不适用于分析期比较长的互斥方案比选。

【例 6-11】 某企业技术改造有 A、B 两个方案可供选择，各方案的有关数据如表 6-12 所示。试在基准收益率为 12%的条件下选择最优方案。

表 6-12　A、B 两个方案的数据　　单位：万元

方　　案	投　　资	年净现金流量	寿命期（年）
A	800	360	3
B	1 200	480	6

【解】A、B 两个方案寿命期的最小公倍数为 6 年，恰好为方案 B 的寿命期，意味着方案 A 重复 2 次，方案 B 无须重复。两个方案重复后的现金流量图如图 6-6 所示。

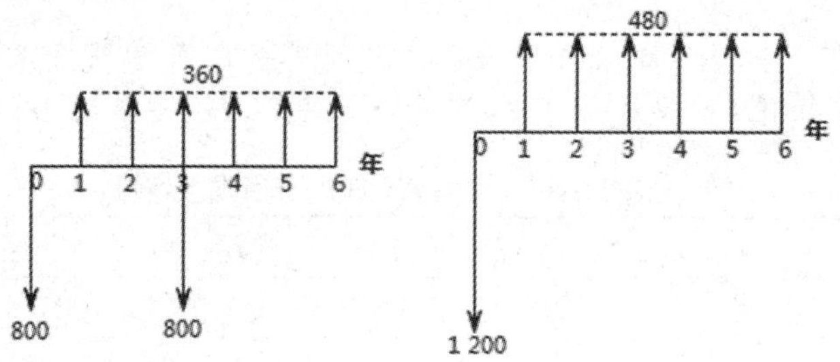

（a）方案 A　　（b）方案 B

图 6-6　方案 A、B 现金流量图（单位：万元）

NPV_A=–800–800（P/F,12%,3）+360（P/A,12%,6）=110.66（万元）

NPV_B=–1 200+480（P/A,12%,6）=773.47（万元）

由于 NPV_B >NPV_A>0，故方案 B 优于方案 A。

（2）研究期法。对于某些不可再生资源开发型项目（如石油开采），在进行寿命期不同的互斥方案比选时，方案可重复实施的假设不成立。在这种情况下，不能采用含有方案重复假设的年值法和最小公倍数法，可采用研究期法进行方案比选。

一般情况下，选取备选方案中最短的寿命期作为共同分析期。因此，需要对寿命期长于共同分析期的方案进行处理，估算该方案在共同分析期末回收的资产余值，该项余值估算的合理性及准确性，对方案比选结论有重要影响。

通常，可以在考虑资金时间价值的基础上，将投资方案研究期末的未使用价值作为研究期末终端价值，即用投资方案在研究期末固定资产的净值作为研究期末终端价值。

用上述方法计算出的净现值用于寿命期不同互斥方案评价的判别准则是：净现值最大且非负的方案是最优可行方案。对于仅有或仅需计算费用现金流的互斥方案，可比照上述方法计算费用现值进行比选，判别准则是：费用现值最小的方案为最优可行方案。

【例 6-12】根据例 6-11 的数据，用研究期法进行比选方案。

【解】取最短的寿命期 3 年作为共同分析期，用研究期法求各方案的净现值。

NPV_A=–800+360（P/A,12%,3）=64.65（万元）

将方案 B 的未使用价值作为研究期末终端价值，则其第 3 年年末的终端价值为：

F_3（B）=1 200（A/P,12%,6）（P/A,12%,3）=700.94（万元）

NPV_B=–1 200+480（P/A,12%,3）+700.94（P/F,12%,3）=451.79（万元）

由于 $NPV_B>NPV_A>0$，故方案 B 优于方案 A。

6.3　独立方案的比选

独立方案的采用与否，只取决于方案自身的经济性，不影响其他方案的采用与否。在进行独立方案的选择时，可能会遇到两种情况：一是无资源约束条件下的独立方案选择；二是有资源约束条件下的独立方案选择。对于无资源约束条件下的独立方案的选择评价与单一方案的评价方法相同，只要资金充裕，凡是能通过自身效果检验（绝对效果检验）的方案都可采纳。

6.3.1　无资源约束的独立方案的选择

无资源约束的独立方案的特点是只要认为各方案在经济效果上是可以接受的，方案即可入选，且各入选方案可以并存。

1．净现值法和净年值法

用净现值法和净年值法选择独立方案时，只需按净现值与净年值评判准则评价方案即可，即方案的净现值或净年值大于等于 0，说明该方案取得了超过基准收益率水平以上的收益，方案可取。

【例 6-13】某工程项目有 A、B、C、D 四个独立方案，有关资料如表 6-13 所示。当基准收益率为 20%时，试做选择。

表 6-13　各独立方案相关资料　　单位：万元

方　　案	投　　资	年净收益	残　　值	寿命期（年）
A	20 000	6 000	4 000	5
B	150 000	40 000	0	10
C	30 000	10 000	0	8
D	160 000	40 000	10 000	10

【解】用净现值法选择方案得：

$NPV_A=-20\,000+6\,000(P/A,20\%,5)+4\,000(P/F,20\%,5)=-448.80$（万元）

同理得：

$NPV_B=17\,700$（万元），$NPV_C=8\,372$（万元），$NPV_D=9\,315$（万元）

由于 $NPV_A<0$，$NPV_B>0$，$NPV_C>0$，$NPV_D>0$，故方案 A 不可行，予以拒绝，其他方案均可入选。

用净年值法选择方案得：

$NAV_A=-20\,000(A/P,20\%,5)+6\,000+4\,000(A/F,20\%,5)=-150.4$（万元）

同理得：

$NAV_B=4\,221.45$（万元），$NAV_C=2\,181.74$（万元），$NAV_D=2\,221.63$（万元）

由上面计算结果可以看出，用净现值法和净年值法计算得出的结论是相同的。

2．效益费用对比法

效益费用（B/C）之比是一种效率型指标，其计算公式为：

$$B/C=\frac{\text{净效益（现值或年值）}}{\text{净费用（现值或年值）}} \tag{6-6}$$

式中，净效益包括投资方案所带来的全部收益，并减去方案实施所带来的损失；净费用包括投资方案的所有费用支出，并扣除方案实施对投资者带来的所有节约。若方案的净效益大于净费用，即 B/C 大于 1，则认为这个方案在经济上是可以接受的，反之方案是不可取的。因此，用效益费用对比法选取方案的判别准则是：$B/C>1$。

【例 6-14】问题及数据同例 6-13。

【解】根据效益费用对比法的计算公式得：

$$C_A=20\,000(A/P,20\%,5)-4\,000(A/F,20\%,5)=6\,150.4\text{（万元）}$$

$$B_A=6\,000$$

$$(B/C)_A=6\,000/6\,150.4=0.98$$

同理得：

$$(B/C)_B=1.12,\ (B/C)_C=1.28,\ (B/C)_D=1.06$$

根据效益费用对比法的判别准则可知，应选择 B/C 值大于 1 的方案，即方案 B、C、D。

3．内部收益率法

用内部收益率法选择各备选方案，其判别准则与单方案的判别准则相同。

【例 6-15】问题及数据同例 6-13。

【解】计算得到四个方案各自的内部收益率分别为 $IRR_A=19.05\%$，$IRR_B=23.41\%$，$IRR_C=28.98\%$，$IRR_D=21.68\%$，由于方案 B、C、D 的内部收益率均大于基准收益率（$i_0=20\%$），所以这三个方案均为入选方案。

6.3.2 有资源约束的独立方案的选择

独立方案虽然在选择时互不影响，但当资源有限时，即使所有的备选方案都是可供选择的有利方案，也不可能全部被采纳。这时选择方案的原则是：在资源限额内使所有资源能最有效地发挥作用，取得最大的总效益。

1．效率指标排序法

效率指标排序法是通过选取能反映投资效率的指标，用这些指标把投资方案按投资效率的高低顺序排列，在资金约束的条件下，选择最佳方案组合，使有限资金能获得最大效益。该方法的方案选择步骤为：

（1）计算各方案的“效率”（如内部收益率、净现值率等，用内部收益率排序的目标是使总投资效益最大化，用净现值率排序的目标是使总投资净现值最大化）。

（2）将各方案按“效率”由大到小的顺序，在直角坐标系上画成直方图进行排列。横坐标表示资源数量，纵坐标表示效率。

（3）将各方案的基准收益率（可能接受的资源代价）排列在同一坐标图上。

（4）根据各方案的直方图、基准收益率线以及资源限额的界限等进行分析，界限以内、基准收益率线以上的方案则为入选方案。

【例 6-16】 某公司投资预算资金为 500 万元，有 A、B、C、D、E、F 六个独立方案可供选择，寿命期均为 8 年。各方案的现金流量如表 6-14 所示，基准收益率为 12%。试判断各方案的经济性，并用净现值率选择方案。

表 6-14　各方案现金流量　　单位：万元

年　份	A	B	C	D	E	F
第 0 年（投资）	100	140	80	150	180	170
第 1～8 年（年净收益）	34	45	30	34	47	30

【解】 计算出各方案的净现值率（见表 6-15），淘汰净现值率小于 0 的 F 方案。

表 6-15　各方案的相关指标　　单位：万元

项　目	A	B	C	D	E	F
净现值	68.90	83.54	69.03	18.90	53.48	−20.97
净现值率	0.689 0	0.596 7	0.862 9	0.126 0	0.297 1	−0.123 4
按净现值率排序	2	3	1	5	4	6（舍去）

按净现值率由大到小顺序排列方案，满足限制条件的组合方案为 C、A、B、E，如图 6-7 所示，所用资金总额刚好为 500 万元，所选方案的总净现值为 274.95 万元。

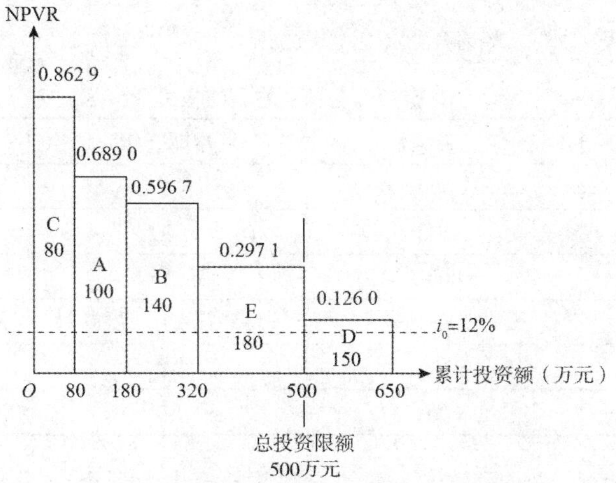

图 6-7　各方案净现值率指标排序及方案选择

以上分析也可应用 Excel 的图表功能来实现。首先在 Excel 中构建数据表 6-16，然后插入图表中的“组合图”，通过设置图表类型及坐标轴，生成如图 6-8 所示的分析图。图中柱状图形为各方案的净现值率，折线为各方案累计投资额，当资金限额为 500 万元时，恰好选择 C+A+B+E 方案。

表 6-16　各方案净现值率和投资额累计数据表

方　案	净现值率	累计投资额（万元）
C	0.862 9	80
A	0.689 0	180
B	0.596 7	320
E	0.297 1	500
D	0.126 0	650

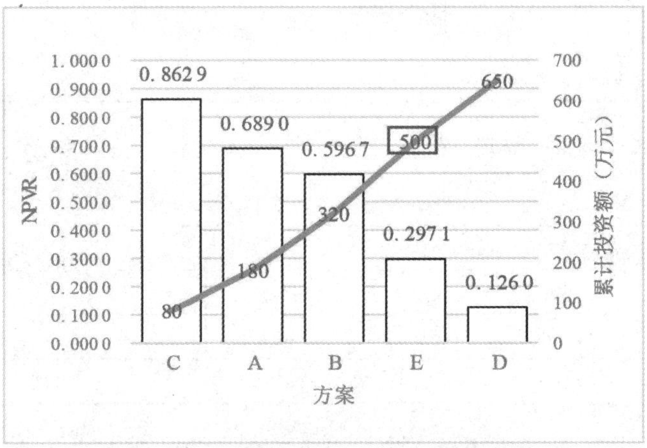

图 6-8　各方案净现值率指标排列图

【例 6-17】某工程投资预算为 3 500 万元，现有 A、B、C、D、E、F 六个独立方案，如表 6-17 所示。若基准收益率为 15%，试做选择。

表 6-17　各独立方案的相关资料　　单位：万元

方　案	投 资 额	寿命期（年）	年净收益
A	1 000	6	287
B	1 500	9	293
C	800	5	268
D	2 100	3	950
E	1 300	10	260
F	600	4	254

【解】计算各方案的内部收益率，并按内部收益率由大到小顺序排列，得出表 6-18。其中排除了内部收益率小于基准收益率的方案 B（IRR_B=13.06%）。

表 6-18 各方案的内部收益率计算指标 单位：万元

方案	IRR（%）	投资额	累计投资额
F	24.99	600	600
C	20.08	800	1 400
A	18.15	1 000	2 400
D	16.97	2 100	4 500
E	15.10	1 300	5 800

根据表 6-18 的计算结果可知，应选 F、C 和 A 三个方案。但这一选择尚有 1 100 万元资金剩余，若将此资金投向基准收益率为 15%的基准方案，则这些方案的总收益率为：TRR=（$0.249\,9\times600+0.200\,8\times800+0.181\,5\times1\,000+0.15\times1\,100$）$\div 3\,500=18.77\%$。

由于有剩余资金，因此，如果重新选择合适的组合方案 F、C 和 D，不仅能使剩余资金得到充分利用，还可以使组合方案的总收益率增至 19.06%。根据总收益率最大原则，应选择方案 F、C、D。

2．方案组合法

方案组合法是把受资金限制的独立方案组合成相互排斥的方案，其中每个组合方案代表一个相互排斥的组合，这样就可以利用前述互斥方案的比选方法来选择最优的组合方案（最终的选择只可能是一种组合方案）。

方案组合法的一般步骤如下：

（1）建立所有互斥方案组合（m 个独立方案有 2^m 个组合方案）；其中包括 0 方案，即投资为 0，收益也为 0 的“无项目”方案。

（2）每个组合方案的现金流量为被组合的各独立方案的现金流量的叠加。

（3）排除总投资额超过投资资金限额的组合方案。

（4）计算所剩各互斥组合方案的效益指标，如内部收益率和净现值等指标。

（5）进行各互斥方案组合的比选。

【例 6-18】某企业欲投资 A、B、C 三个项目，三个项目之间具有独立关系，寿命期均为 8 年，相关资料如表 6-19 所示。如果基本收益率为 12%，投资总额最多不得超过 450 万元，试确定最优项目组合。

表 6-19 各项目相关资料 单位：万元

项目	A	B	C
初始投资	150	230	200
年净收益	35	52	46
净现值	23.87	28.31	28.51

【解】第一步，建立所有的互斥方案组合，并计算各组合的净现值，如表 6-20 所示，各方案组合的净现值均大于 0，均可行。

表 6-20　A、B、C 的互斥组合方案　单位：万元

序　号	方案组合	投资总额	年净收益	净 现 值
1	0	0	0	0
2	A	150	35	23.87
3	B	230	52	28.31
4	C	200	46	28.51
5	AB	380	87	52.18
6	AC	350	81	52.38
7	BC	430	98	56.82
8	ABC	580	133	超过资金限额

第二步，进行方案比选。根据表 6-20，前 7 个方案组合满足资金约束条件，其中第 7 个方案组合（BC）的净现值最大，故 BC 方案组合为最优方案组合。

6.4　混合方案的比选

当备选方案组合中既包含互斥方案又包含独立方案时，就构成了混合方案。混合方案比选步骤如下：

（1）形成方案组，组间方案相互独立，组内方案相互排斥。

（2）以互斥方案比选原则筛选组内方案。

（3）在总投资限额下，以独立方案比选原则选择最优的方案组合。

【例 6-19】某公司有 X、Y、Z 三个部门，且部门之间是相互独立的，但每个部门内的投资方案之间是互斥的，寿命期均为 10 年，基准收益率为 10%。相关资料如表 6-21 所示。

表 6-21　X、Y、Z 三部门投资方案现金流量　单位：万元

部　门	方　案	投　资	年净收益（第 1～10 年）
X	X_1	100	27.2
	X_2	200	51.1
Y	Y_1	100	12.0
	Y_2	200	42.1
	Y_3	300	55.6
Z	Z_1	100	50.9
	Z_2	200	63.9
	Z_3	300	96.1

试回答下列问题：

（1）公司总投资额限制在 500 万元之内，如何选择投资方案？

（2）公司总投资额限制在 500 万元之内，且 Y 部门的投资方案是与安全有关的设备更

新，不管效益如何，Y 部门必须优先投资。此时投资方案如何选择？

【解】

（1）形成方案组。形成 X、Y、Z 三个方案组，组间独立。X 组内 X_1 和 X_2 方案互斥；Y 组内 Y_1、Y_2、Y_3 方案互斥；Z 组内 Z_1、Z_2、Z_3 方案互斥。

（2）以互斥方案比选原则筛选组内方案。应用增量内部收益率法进行组内方案比选，如表 6-22 所示。

表 6-22　X、Y、Z 三部门内部互斥方案比选　　单位：万元

部　门	方　案	增量投资	增量收益（第 1～10 年）	增量内部收益率
X	X_1-0	100	27.2	24.05%
	X_2-X_1	100	23.9	20.06%
Y	Y_1-0	100	12.0	3.46%（舍）
	Y_2	200	42.1	16.47%
	Y_3-Y_2	100	15.5	5.86%
Z	Z_1-0	100	50.9	50.02%
	Z_2-Z_1	100	13	5.08%
	Z_3-Z_1	200	45.2	18.44%

按增量内部收益率大小将各部门方案进行排序，如图 6-9 所示。

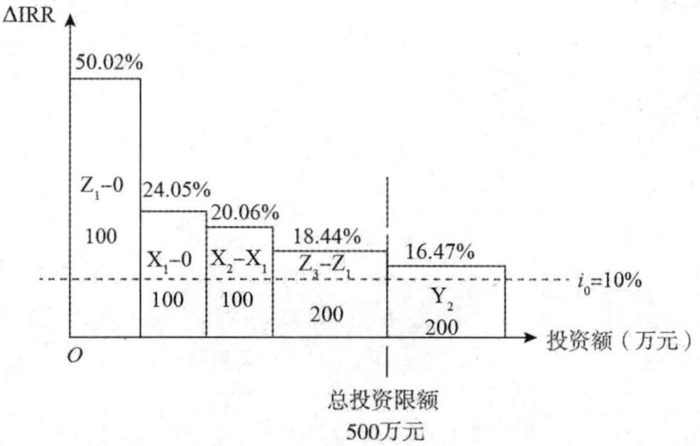

图 6-9　各方案增量内部收益率指标排序

由图 6-9 可知，投资限额为 500 万元时，所选方案为 X_2 和 Z_3，即 X 部门投资 200 万元，Z 部门投资 300 万元。

当 Y 部门必须优先投资时，图 6-9 转变为图 6-10。

由图 6-10 可知，当 Y 部门必须优先投资且总投资限额为 500 万元时，所选方案为 Y_2、Z_1 和 X_2，即 Y 部门投资 200 万元，Z 部门投资 100 万元，X 部门投资 200 万元。

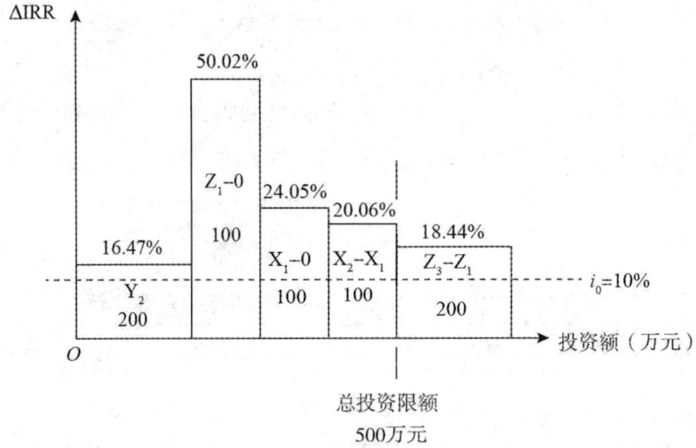

图 6-10　Y 部门优先投资后各方案增量内部收益率指标排序

思政元素

（1）通过“有资源约束的独立方案比选”元素点的学习，帮助学生树立钻研奋进的钉子精神、精益求精的品质精神、追求卓越的工匠精神。

（2）通过项目投资方案比选的学习，使学生树立资源节约与优化利用意识，认识到投资决策中系统观、可持续发展观的重要性，感受其社会责任之重大，树立严谨、负责、客观、公正、科学的求实精神。

复习思考题

1．知识点

投资方案的相互关系、寿命期相同的互斥方案比选（评价指标法、增量分析法）、寿命期不同的互斥方案比选（年值法、现值法）、独立方案比选（无资源约束、有资源约束）、混合方案比选

2．简答题

（1）什么是独立方案？什么是互斥方案？

（2）寿命期不同的互斥方案比选方法有哪些？各方法的适用条件是什么？

（3）有资源约束的独立方案的比选方法有哪些？

（4）互斥方案增量分析法有哪些？各有什么特点？

（5）为什么内部收益率法不能作为互斥方案的比选方法？

（6）怎样用内部收益率法进行多方案项目的比选？

3．计算题

（1）已知 A、B 方案为互斥方案，相关资料如表 6-23 所示，在基准收益率为 15%时，哪个方案较优？

表 6-23　两互斥方案的相关资料　　单位：万元

方　案	初始投入	年 收 入	年 支 出	寿命期（年）
A	3 000	1 800	800	5
B	3 650	2 200	1 000	10

（2）某工程有 A、B、C 三个投资方案，相关资料如表 6-24 所示，基准收益率为 10%，试用增量内部收益率法选择最优方案。

表 6-24　三个投资方案的相关资料　　单位：万元

方　案	投　资	年净收益	寿命期（年）
A	2 000	580	10
B	3 000	780	10
C	4 000	920	10

（3）某项目有 A、B、C 三个采暖方案，均能满足同样的需要。其费用数据如表 6-25 所示，在基准收益率为 10%的情况下，试确定最优方案。

表 6-25　三个采暖方案的相关资料　　单位：万元

方　案	总 投 资	年运营费用（第 1～10 年年末）
A	200	60
B	240	50
C	300	35

（4）资金限额为 90 万元，有 A～H 共八个投资方案且互相独立，有关数据如表 6-26 所示。在资金限额内，求如何选择投资方案。

表 6-26　八个投资方案的相关资料　　单位：万元

方　案	A	B	C	D	E	F	G	H
投资	20	15	50	16	22	8	14	4
净现值	18	12	34	8	15	2	10	1.2
净现值率	0.9	0.8	0.68	0.5	0.682	0.25	0.7	0.3

4．练一练

梳理本章内容，绘制思维导图。

第 7 章

建设项目不确定性分析

本章知识导航

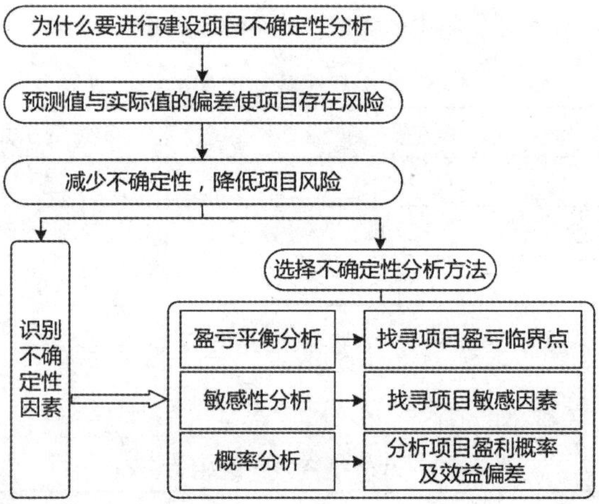

本章学习目标

☑ 知识目标：了解不确定性与风险的含义；理解建设项目不确定性分析的概念、目的与原因；理解盈亏平衡分析的目的、原理；掌握线性盈亏平衡分析的指标与计算方法；掌握敏感性分析的目的；掌握单因素敏感性分析的方法；了解概率分析方法。

☑ 能力目标：提高风险认知能力，具备综合的不确定性分析评价能力。

☑ 素质目标：多角度、全方位看待问题，树立风险意识，科学决策；面对困难，勇于挑战。

✪ 引导案例

建设项目建设周期长、资金占比大，其建设实施可能会受到项目内外部因素影响而导致项目不能实现预期目标。对于建设周期更长、资金占用更大、涉及范围更广、技术难题更多的超高层复杂项目来说，这种影响更为严重。由高银地产投资兴建的天津“117 大厦”坐落于天津市滨海高新区，是一座以甲级写字楼为主，集六星级豪华酒店、观景台、特式酒吧、精品商业及其他设施为一体的大型超高层建筑，建成后将是高新区乃至天津市极具代表性的标志性建筑。大厦地下 3 层，地上 117 层，建筑高度 596.5 米，总占地面积 83 万平方米，规划建筑面积 183 万平方米，预计投资 270 多亿元人民币。项目 2008 年动工，计划建设 6 年实现 32 层以下营业，8 年全部施工完毕并投入使用。然而，项目动工后在实际建设过程中遇到很多复杂因素，无论从技术实现、施工工艺、项目管理，还是资金投入、商务管控上都面临空前挑战，加之受经济、社会环境变化的影响，项目难以实现预定目标，该大厦从设计的“中国第一高度”变成了“最高的烂尾楼”。

【案例分析与讨论】

（1）作为一个典型的复杂的工程，该建设项目存在着怎样的不确定性？

（2）在项目投资决策阶段应该考虑未来可能产生哪些风险？导致这些风险发生的影响因素有哪些？

7.1　建设项目不确定性分析概述

在建设项目投资决策阶段，建设项目分析和评价所采用的数据是根据历史和现实资料预测和估算取得的，投资决策结论依赖于这些预测和估算的基础数据。然而，在实际工作中，由于建设项目的建设周期较长，项目内部条件和外部环境不断变化，某些基础数据会随之变化，具有一定的不确定性，而这些数据的变化将会使项目的预测效益与项目实施后的实际效益产生偏差，当实际效益小于预测效益时就会使项目产生一定风险。因此，有必要对建设项目进行不确定性分析，努力规避投资风险。

建设项目不确定性分析的目的是为了识别不确定性因素，并减少其对项目经济效果的影响，通过预测项目可能存在的风险，以确定项目在财务上、经济上的可靠性。建设项目不确定性分析有助于企业提前采取措施以避免项目建成后不能实现预期目标而造成损失，有助于加强项目的风险管理和控制，进行科学决策。

7.1.1 建设项目不确定性分析的概念及产生原因

1．建设项目不确定性分析的概念

1）不确定性

不确定性是与确定性相对的概念，主要表现为三种情形：事前不知道所有可能后果；能够预估到可能后果但无法测定每种后果发生的概率；能够预估到可能后果同时也可以测定其发生的概率。通常人们把最后一种不确定性表现称为风险。引起上述三种不确定性状况出现的因素，统称为不确定性因素。其中，导致前两种情形的因素是不可测定的不确定性因素，引起最后一种情形即风险产生的因素称为风险因素，也称为可测定的不确定性因素，可以通过概率分布研究其对项目经济效果的影响。

2）风险

一般意义上的风险是指某一事件发生的概率及其后果的组合，事件的结果可能是不利的，将给项目带来威胁；也可能是有利的，将给项目带来机会。从这个意义上来说，风险是一种不确定性。现实中，由于决策者更关注意外事件带来的与目标相悖的潜在损失，因此风险分析主要侧重于分析、评价风险带来的不利影响，这也是对建设项目开展不确定性分析的主要目的。

风险可分为系统风险和非系统风险。系统风险是引起所有建设项目的收益都产生变动的风险，常见的有市场供求风险、通货膨胀风险、资金变现风险、政策变化风险、金融政策变化风险和技术风险等。非系统风险是仅引起某单个建设项目的收益产生变动的风险。建设项目评价中的风险包含以上两类，需要对所有风险因素进行识别、分析、评估，从而采取应对措施，以降低或规避这些因素对项目经济效果的不利影响，保证项目的稳定、可靠。

3）建设项目不确定性分析

建设项目不确定性分析是指为了提高建设项目经济评价的可靠性，计算、分析各种不确定性因素的变化对项目经济效益的影响程度，以及方案本身对不确定性的承受能力。不确定性分析既包括对风险的分析，也包括其他不确定性对项目经济效果影响的分析。

不确定性分析通常是在对投资方案进行财务评价和国民经济评价的基础上进行的，从而完善投资方案评价结论，提高投资决策的可靠性和科学性。

2．建设项目不确定性产生的原因

不确定性是所有拟建项目固有的内在特性，由于影响项目经济效果的各种因素具有不确定性，因此项目经济效果的评价结论也具有不确定性，只是不确定程度因拟建项目不同而不同。一般情况下，除了在分析决策时信息掌握不完全、不充分以及认知有限性等主观因素，产生不确定性的原因还有：

（1）建设项目未来状态的不确定性。例如，技术进步、资源开发，以及社会的未来发展、项目的社会经济环境等都影响着项目的建设经营。这些未来发生的事件几乎无法准确地加以预测。

（2）拟建项目数据的统计存在偏差。原始统计上的误差、统计样本量的不足、公式或模型套用不合理等原因造成的偏差。例如，项目固定资产投资和流动资金数额在实际中往往会因某些原因被高估或低估，从而影响项目评价的结果。

（3）通货膨胀。通货膨胀会产生物价的浮动，从而影响项目评价中所用的价格，进而导致诸如年销售收入、年经营成本等指标与实际值发生偏差。

（4）技术进步和工艺变化。当今，技术和工艺变革很快，原来拟订的生产工艺和技术路线，有可能在项目建设和实施过程中发生变化。技术进步会引起新老产品和工艺的替代，使得根据原有技术条件和生产水平估计出的年销售收入等指标与实际值发生偏差。

（5）市场供求结构的变化。这种变化会影响产品的市场供求状况，进而对产量、成本等指标产生影响。例如，新产品或替代品的出现会导致产品价格和市场需求的意外变化。

（6）其他外部影响因素。例如，政府政策的变化，新的法律、法规的颁布，国际政治经济形势的变化等，均会对项目的经济效果产生难以预料的影响。又如，项目评价论证阶段国家可能对项目所处行业持扶持态度，在财务税收方面予以减免、低息贷款等优惠政策。但在项目实施时，国家可能对该行业持限制态度，取消原有优惠政策，甚至提高税收和贷款利率，致使项目的经济效益由好变坏。

（7）资金筹措方式与来源。建设项目的投资由业主负责筹措，筹措的方式与来源多种多样，相应的资金筹措风险也多种多样。

（8）物资采购与供货时间。物资采购环节中存在许多风险因素，如质量、价格、运输等，而供货时间的推迟也会导致工期的拖延。

此外，还有一些造成建设项目经济效果不稳定的原因：行业竞争结构变化，如有力竞争者的出现或消失；家庭消费结构的变化等。

7.1.2　建设项目不确定性分析的方法和步骤

1．建设项目不确定性分析的方法

常用的不确定性分析方法有盈亏平衡分析、敏感性分析、概率分析。通过盈亏平衡分析，可以掌握不确定性因素对项目盈亏的影响程度，在保证项目不发生亏损（或可行）的情况下，界定各种不确定性因素的最大变动范围，为决策者提供一个数量界限。通过敏感性分析，可以判别哪些不确定性因素是影响项目效益变化的敏感性因素，为决策者风险防范提供依据。在了解哪些因素可能变化、估计各种因素发生变化可能概率的基础上，通过概率分析，可以估算出项目取得一定经济效益的概率与面临的风险大小，为决策者提供科学决策的依据。

在具体应用不确定性分析方法时，要在综合考虑项目的类型、特点、决策者的要求、投入的人力和财力，以及项目对国民经济的影响程度等条件的基础上加以选择。一般来讲，盈亏平衡分析只适用于项目的财务评价，敏感性分析与概率分析可用于财务评价，也可用于国民经济评价。

2．建设项目不确定性分析的步骤

（1）鉴别不确定性因素。尽管项目运行中涉及的所有因素都具有不确定性，但它们在不同条件下的不确定性程度不同。在进行不确定性分析时，没有必要对所有不确定性因素

进行分析，而应找出不确定性程度较大的主要因素作为分析重点。建设项目主要的不确定性因素有预期收益的变化、投资额的变化、建设工期的变化、项目产出达不到正常的生产能力或设计标准、项目经营成本的变化、年利率的变化等。

（2）界定不确定性性质。对不可测定的不确定性因素，应界定其变化的幅度、变化的范围，确定其边界值；对可测定的不确定性因素，应确定其概率分布状况。

（3）选择不确定性分析方法。根据不确定性分析需求，选择适用的不确定性分析方法。一般情况下，盈亏平衡分析与敏感性分析适用于不可测定的不确定性分析；概率分析适用于可测定的不确定性分析。

（4）确定分析结果。根据分析的需要，不确定性分析结果可以是平衡点确定、不同方案的比选、敏感度与敏感因素的界定、风险预测等。

7.2 盈亏平衡分析

不确定性因素的变化影响投资方案的经济效果，当这些因素的变化达到某一临界值时，可能致使原来盈利的项目变为亏损项目，并导致项目比选的结果发生质的变化。盈亏平衡分析的目的就是要找出建设项目的盈亏平衡点，以判断不确定性因素对方案经济效果的影响程度，说明方案实施的风险大小及投资项目承担风险的能力，为投资决策提供科学依据。

盈亏平衡分析，也称本量利分析，是在一定市场、生产能力及经营管理条件下，通过对产品成本、产量、利润相互关系的分析，判断项目或企业对市场需求变化适应能力的一种不确定性分析方法。盈亏平衡分析的核心问题是确定盈亏平衡点，进而分析并找出能够减少亏损、增加盈利的有效途径和措施，以达到提高项目经济效益的目的。

盈亏平衡状态是项目的销售收入等于总成本，即项目既不盈利也不亏损时所处的一种临界状态。根据销售收入及总成本，与产量（假定产量等于销量）之间是否呈线性关系，盈亏平衡分析可分为线性盈亏平衡分析和非线性盈亏平衡分析。本书仅讨论线性盈亏平衡分析。

7.2.1 独立方案的线性盈亏平衡分析

当项目的销售收入、总成本与产量呈线性关系时，盈亏平衡分析称为线性盈亏平衡分析。所使用的基本关系模型为：利润=销售收入–总成本，从分析成本、产量（销量）、利润三者之间的相互制约关系与状态值。

1．独立方案的线性盈亏平衡分析基本原理

1）线性盈亏平衡分析的前提条件

独立方案的线性盈亏平衡分析是通过对项目成本、产量（销量）、利润之间的经济数量关系，分析市场及项目生产经营等内外情况变化对方案实施效果的影响，并据此进行项目经济效果可靠性评价。线性盈亏平衡分析的前提条件：

（1）产量等于销量；

（2）产量变化，单位可变成本不变，从而使总成本成为产量的线性函数；

（3）产量变化，单位产品价格不变，从而使销售收入成为销量的线性函数；

（4）只生产单一产品，或者生产多种产品，但可以换算为单一产品计算。

2）线性盈亏平衡分析的基本函数

销售收入等于单位产品价格与销量的乘积。在没有竞争的市场条件下，销售收入与销量呈线性关系，即单位产品价格是一个常数，不随产品销量的变化而变化。此时的销售收入为：

$$TR=PQ \tag{7-1}$$

式中，TR 表示销售收入；P 表示单位产品价格；Q 表示产品销量。

总成本是项目投产后，生产和销售产品的全部成本，包括固定成本和可变成本两部分。固定成本是指在一定条件下不随产量增减而变化的成本，如固定资产折旧费、大修理费、管理费等；可变成本是指在一定技术水平和生产规模限度内随产量增减而变动的成本，如直接人工费、直接材料费、原材料费等。

总成本与产量的关系可表示为：

$$TC=C_F+C_VQ \tag{7-2}$$

式中，TC 表示总成本；C_F 表示固定成本；C_V 表示单位可变成本；Q 表示产量。

若要使投资项目盈利，则销售收入必须大于总成本。由利润=销售收入−总成本，得到：

$$B=TR-TC=(P-C_V)Q-C_F \tag{7-3}$$

式中，B 表示利润。

3）线性盈亏平衡分析图

图 7-1 中纵坐标表示销售收入与成本，横坐标表示产品的产量或销量。销售收入线与总成本线的交点 E 称为盈亏平衡点（BEP）。在盈亏平衡点的左侧，总成本大于销售收入，为亏损区；在盈亏平衡点的右侧，销售收入大于总成本，为盈利区；在盈亏平衡点上，企业不盈不亏。

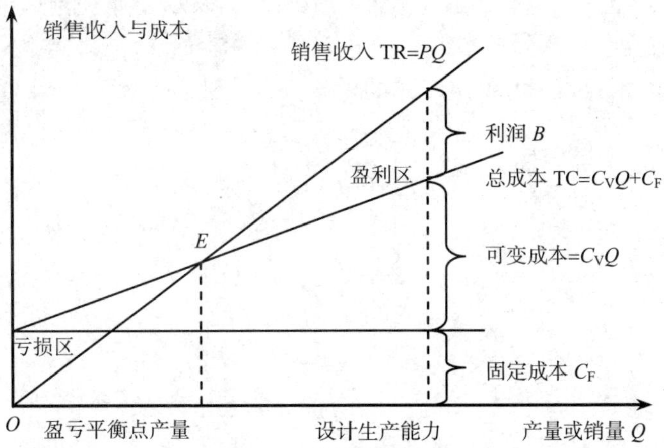

图 7-1　盈亏平衡分析图

4）盈亏平衡点的确定

令 B=0，解出的 Q 即为盈亏平衡点产量（或销量），记为 BEP（Q）。

$$\text{BEP}(Q)=\frac{C_\text{F}}{P-C_\text{V}} \tag{7-4}$$

如果项目设计生产能力为 Q_0，则项目盈亏平衡生产能力利用率 BEP（f）为：

$$\text{BEP}(f)=\frac{\text{BEP}(Q)}{Q_0}\times 100\% \tag{7-5}$$

如果按设计生产能力 Q_0 进行生产和销售，则盈亏平衡价格为：

$$P^*=\frac{\text{TR}}{Q_0}=\frac{\text{TC}}{Q_0}=C_\text{V}+\frac{C_\text{F}}{Q_0} \tag{7-6}$$

同理，如果按设计生产能力 Q_0 进行生产和销售，且销售价格 P 已定，则盈亏平衡时单位可变成本为：

$$C_\text{V}^*=P-\frac{C_\text{F}}{Q_0} \tag{7-7}$$

5）盈亏平衡分析与经营风险的衡量

盈亏平衡分析给出了项目的盈亏区域界限，只有在盈利区内项目才可行。但是，项目在实施过程中可能会受到不确定性因素影响而超出盈亏分界线，进入亏损区。为了说明经营风险的大小，引入经营安全率指标 BEP（S）：

$$\text{BEP}(S)=1-\text{BEP}(f) \tag{7-8}$$

从式（7-8）中可以看到，BEP（S）越大，实际生产经营状况越远离盈亏平衡点，项目经营的安全性越大，抗风险能力越强。通常，当 BEP（S）>30%时，表示企业经营较安全，即盈亏平衡时的产量（或销量）BEP（Q）小于等于正常年份产量或销量的 70%，才可认为风险性较小，经营安全。当 BEP（S）<10%时，表示企业经营相当危险。

6）考虑税金的盈亏平衡分析

如果考虑税金因素，设 t 为单位产品的税金，则上述各平衡点的计算公式分别为：

$$\text{BEP}(Q)=\frac{C_\text{F}}{P-t-C_\text{V}} \tag{7-9}$$

$$\text{BEP}(f)=\frac{C_\text{F}}{(P-t-C_\text{V})Q_0}\times 100\% \tag{7-10}$$

$$P^*=t+C_\text{V}+\frac{C_\text{F}}{Q_0} \tag{7-11}$$

$$C_V^* = P - t - \frac{C_F}{Q_0} \tag{7-12}$$

从上述盈亏平衡点的计算公式可知，盈亏平衡点的产量越高，盈亏平衡点的销售收入越高，盈亏平衡生产能力利用率越高，盈亏平衡点价格越高和单位可变成本越低，项目的风险越大，安全度越低；反之，项目安全度越高，项目盈利能力越强，项目抗风险的能力也就越强。

【例 7-1】 某企业欲投资一条新产品生产线，其年设计生产能力为 40 000 台，该产品售价为 500 元，固定成本为 800 万元，可变成本为 1 000 万元。试确定盈亏平衡点，并判断项目的经营状况。

【解】 单位可变成本：

$$C_V = \frac{10\,000\,000}{40\,000} = 250\text{（元/台）}$$

盈亏平衡点产量：

$$\text{BEP}(Q) = \frac{C_F}{P - C_V} = \frac{8\,000\,000}{(500-250)} = 32\,000\text{（台）}$$

项目盈亏平衡生产能力利用率：

$$\text{BEP}(f) = \frac{\text{BEP}(Q)}{Q_0} \times 100\% = \frac{32\,000}{40\,000} \times 100\% = 80\%$$

项目盈亏平衡价格：

$$P^* = \frac{\text{TR}}{Q_0} = \frac{\text{TC}}{Q_0} = C_V + \frac{C_F}{Q_0} = 250 + \frac{8\,000\,000}{40\,000} = 450\text{（元/台）}$$

经营安全率：

$$\text{BEP}(S) = 1 - \text{BEP}(f) = 20\%$$

通过计算可知，若未来产品销售价格及生产成本与预期值相同，项目不发生亏损的条件是年销量不低于 32 000 台。若生产成本与预期值相同，按设计生产能力进行生产，不亏损的销售价格最少为 450 元/台。经营安全率低于 30%，项目经营不安全。

2. Excel 在独立方案盈亏平衡分析中的应用

可利用 Excel 对例 7-1 进行盈亏平衡分析，详细步骤如下。

（1）在 Excel 中建立如图 7-2 所示的工作表，在单元格 B4 中输入“=B1/B2”。

（2）根据各盈亏平衡点的计算方法，在单元格 B7、B8、B9、B10 中分别输入“=B3/（B5–B4）”“=（B7/B2）*100%”“=B4+B3/B2”“=1–B8”，结果如图 7-3 所示。

B4 | =B1/B2

	A	B
1	总变动成本	10 000 000
2	年设计生产能力	40 000
3	固定成本	8 000 000
4	单位可变成本	250
5	单位产品价格	500
6		
7	盈亏平衡点的产量	
8	盈亏平衡生产能力利用率	
9	盈亏平衡下的销售价格	
10	经营安全率	

图 7-2　Excel 线性盈亏平衡分析示例计算步骤（1）

B10 | =1-B8

	A	B
1	总变动成本	10 000 000
2	年设计生产能力	40 000
3	固定成本	8 000 000
4	单位可变成本	250
5	单位产品价格	500
6		
7	盈亏平衡点的产量	32 000
8	盈亏平衡生产能力利用率	80%
9	盈亏平衡下的销售价格	450
10	经营安全率	20%

图 7-3　Excel 线性盈亏平衡分析示例计算步骤（2）

（3）利用 Excel 绘制盈亏平衡分析图。

①建立 Excel 工作表，界定销量（产量）的开始值和终止值。本例中，开始值为 0，盈亏平衡下的产量为 32 000，终止值为年设计产量 40 000，将这三个值依次输入单元格 B5、C5 和 D5 中。然后在单元格 B6、B7 和 B8 中分别输入“=B3*B5”“=B1+B2*B5”“=B6–B7”，利用单元格自动填充功能得到图 7-4 所示的工作表。

D8 | =D6-D7

	A	B	C	D
1	固定成本	8 000 000	8 000 000	8 000 000
2	单位可变成本	250	250	250
3	单位产品价格	500	500	500
4				
5	产量	0	32 000	40 000
6	收入	0	16 000 000	20 000 000
7	成本	8 000 000	16 000 000	18 000 000
8	利润	−8 000 000	0	2 000 000

图 7-4　Excel 线性盈亏平衡分析示例绘图步骤（1）

②主菜单栏上单击“插入”→“图表”，选择“带平滑线的散点图”，对数据区域及相应系列属性进行添加、编辑等设置，生成线性盈亏平衡分析图，如图 7-5 所示。

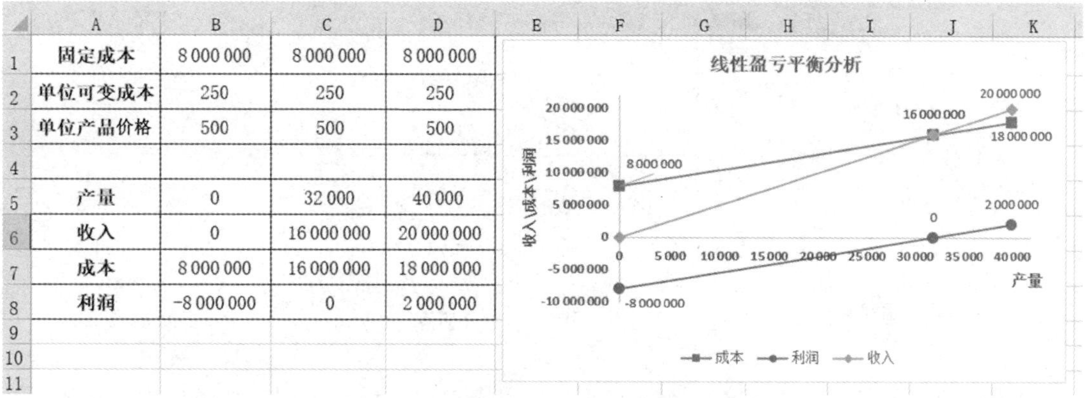

	A	B	C	D
1	固定成本	8 000 000	8 000 000	8 000 000
2	单位可变成本	250	250	250
3	单位产品价格	500	500	500
4				
5	产量	0	32 000	40 000
6	收入	0	16 000 000	20 000 000
7	成本	8 000 000	16 000 000	18 000 000
8	利润	-8 000 000	0	2 000 000

图 7-5　Excel 线性盈亏平衡分析示例绘图步骤（2）

7.2.2　互斥方案的线性盈亏平衡分析

盈亏平衡分析还可以运用在对互斥方案的比选上。若一个共有的不确定性因素影响互斥方案的取舍，则先求出两方案的盈亏平衡点，再根据盈亏平衡点进行取舍。

设两个方案的经济效果（E_1、E_2）受同一个共同的不确定性因素 x 的影响，且可表示成 x 的函数，即

$$E_1=f_1(x)$$
$$E_2=f_2(x)$$

当两个方案的经济效果相同即 $E_1=E_2$ 时，使其成立的 x 值即两个方案的优劣平衡点，结合对不确定性因素 x 未来取值范围的预测，就可以做出相应的决策。

【例 7-2】 某建设项目有 A、B 两个生产方案，方案 A 初始投资为 60 万元，预期年净收益为 15 万元；方案 B 初始投资为 160 万元，预期年净收益为 35 万元。该项目产品的市场寿命期具有较大的不确定性，如果给定基准收益率为 15%，不考虑期末资产残值，试就项目寿命期分析两个方案在各种生产规模下的优劣。

【解】 设项目寿命期为 n，则

$$\text{NPV}_A=-60+15(P/A,15\%,n)$$
$$\text{NPV}_B=-160+35(P/A,15\%,n)$$

当 $\text{NPV}_A=\text{NPV}_B$ 时，有

$$-60+15(P/A,15\%,n)=-160+35(P/A,15\%,n)$$
$$(P/A,15\%,n)=5$$

查复利系数表得 $n\approx10$ 年。

寿命期 10 年是方案 A 与方案 B 的盈亏平衡点。由于方案 B 的年净收益较高，项目寿命期延长对方案 B 有利，故可知：如果根据市场预测项目寿命期小于 10 年，且 NPV 均大于 0 的情况下，应采用方案 A；若寿命期在 10 年以上，则应采用方案 B，如图 7-6 所示。

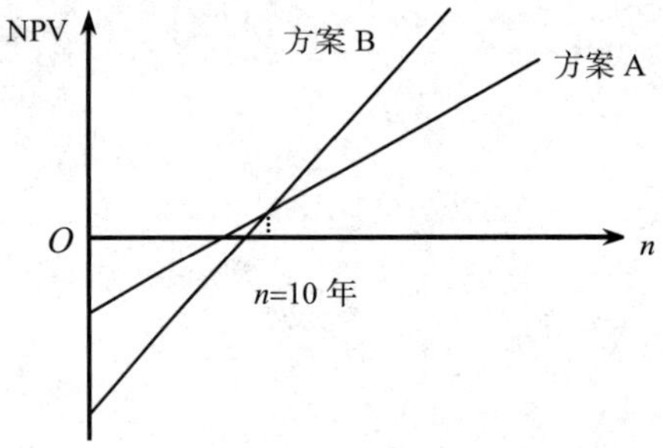

图 7-6　盈亏平衡分析图

【例 7-3】某企业投资兴建一生产线项目，有自动化、机械化、半机械化三种方案，自动化方案固定成本为 600 万元，单位可变成本为 10 万元；机械化方案固定成本为 400 万元，单位可变成本为 12 万元；半机械化方案固定成本为 200 万元，单位可变成本为 16 万元。试分析各方案在各种生产规模下的优劣。

【解】设 Q（万件）为产量，则各方案总成本为：

$$TC_1=C_{F_1}+C_{V_1}Q=600+10Q$$
$$TC_2=C_{F_2}+C_{V_2}Q=400+12Q$$
$$TC_3=C_{F_3}+C_{V_3}Q=200+16Q$$

各方案总成本曲线如图 7-7 所示。

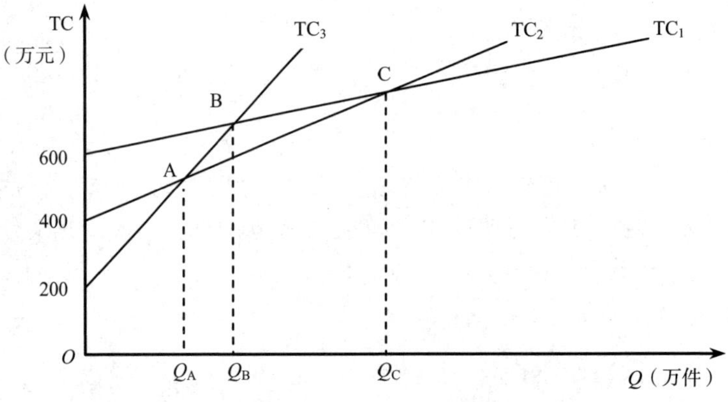

图 7-7　各方案总成本曲线

从图 7-7 可知，三条曲线两两相交于 A、B、C 三个点。

当 $Q<Q_A$ 时，$\min\{TC_1,TC_2,TC_3\}=TC_3$，选择半机械化方案；

当 $Q_A<Q<Q_C$ 时，$\min\{TC_1,TC_2,TC_3\}=TC_2$，选择机械化方案；

当 $Q>Q_C$ 时，$\min\{TC_1,TC_2,TC_3\}=TC_1$，选择自动化方案。

令 $TC_3=TC_2$，求得 $Q_A=50$ 万件；

令 $TC_1=TC_2$，求得 $Q_C=100$ 万件。

故当生产规模小于 50 万件时，选择半机械化方案；当生产规模介于 50 万～100 万件之间时，选择机械化方案；当生产规模大于 100 万件时，选择自动化方案。

【例 7-4】 某企业加工一种产品需用某种设备，现有 A、B 两种设备可供选择。A 设备初始投资为 20 万元，预期年运行费为 15 万元；B 设备初始投资为 40 万元，预期年运行费为 10 万元，使用年限均为 8 年。求基准收益率为多少时选 A 设备有利。

【解】 设基准收益率为 i_0，两种设备费用的现值分别为：

$$PC_A=20+15（P/A,i_0,8）$$
$$PC_B=40+10（P/A,i_0,8）$$

令 $PC_A=PC_B$，有 $20+15（P/A,i_0,8）=40+10（P/A,i_0,8）$

解得 $i_0=18.6\%$

当基准收益率为 18.6%时，两设备的费用现值相等。当基准收益率小于 18.6%时，B 设备的费用现值较低，应选用 B 设备；当基准收益率大于 18.6%时，A 设备的费用现值较低，应选用 A 设备。

在盈亏平衡分析中，通过确定项目盈亏平衡点及其状态，可初步判断项目的抗风险能力。这种分析方法简便实用，但也存在一定的局限性：

（1）产量等于销量的假设条件过于理想化，在实践中难以实现。

（2）可变成本的分析过于简单化，因为根据边际报酬递减规律，可变成本是以产量为自变量的开口向上的一元二次非线性函数。

（3）计算盈亏平衡点所采用的数据是所谓“正常年份”的数据，而现实经济环境是千变万化的。

（4）盈亏平衡分析法是一种短期的、静态的分析方法，没有考虑货币的时间价值和长期情形。

鉴于上述原因，盈亏平衡分析法的计算结果和结论是粗略的。

7.3　敏感性分析

敏感性分析，也称灵敏度分析，是一种常用于评价建设项目经济效果的不确定性分析方法。通过计算由一个或多个不确定性因素的变化所导致的经济评价指标的变化幅度，分析各个因素的变化对现实预期目标的影响程度，发现敏感因素，为项目决策提供重要依据。

7.3.1　敏感性分析的基本原理

1．敏感性分析的概念

敏感性分析是在确定性分析的基础上，通过进一步分析、预测项目主要不确定性因素（如投资、成本、销售、生产能力、价格、利率、寿命期等）的数值变化对项目评价指标（如内部收益率、净现值等）的影响，从中找出敏感因素，确定评价指标对该因素的敏感程度和项目对其变化的承受能力。

敏感性分析分为单因素敏感性分析和多因素敏感性分析两种。单因素敏感性分析是敏感性分析的基本方法，它是对单一不确定性因素变化的影响进行分析，即假设各不确定性因素之间相互独立，每次只考察一个因素，其他因素保持不变，以分析这个可变因素对经济评价指标的影响程度和敏感程度。多因素敏感性分析是当两个或两个以上互相独立的不确定性因素同时变化时，分析这些变化的因素对经济评价指标的影响程度和敏感程度。通常，对一般项目只要求进行单因素敏感性分析，故本书仅介绍单因素敏感性分析。

2．敏感性分析的步骤

对建设项目进行敏感性分析的基本步骤如下：

（1）确定敏感性分析指标。由于敏感性分析是在确定性经济效果评价的基础上进行的，故敏感性分析的指标与项目方案的经济效益评价指标相一致。建设项目经济效益指标包括净现值、净年值、内部收益率、投资回收期等，敏感性分析可根据经济评价的深度和项目特点选择相应指标。

（2）选定不确定性因素，设定其变化范围。通常，影响建设项目经济效益的不确定性因素包括项目总投资、项目寿命期、固定资产残值、可变成本、产品价格、销量、建设工期和基准收益率等。实际操作中，不需要对所有不确定性因素逐一进行敏感性分析，只需对最有可能对经济效益产生影响的因素进行分析。不确定性因素选择可依据两个原则：预计在可能的变动范围内，某因素的变动会较强烈地影响方案的经济效益指标；在评价中，对某因素的数据准确程度把握不大。

（3）计算不确定性因素变动对分析指标的影响结果。设定不确定性因素的变动范围和变动幅度（如±20%、±15%、±10%、±5%），计算由各不确定性因素不同幅度的变动所导致的经济效果评价指标的变动结果。

（4）确定敏感因素。判别敏感因素可用相对测定法和绝对测定法两种方法。

①相对测定法。相对测定法是假设拟分析的不确定性因素从基本数值开始变动，比较在同一变动率下各因素的变动对经济效益指标影响的大小。其影响程度可用敏感度系数表示，敏感度系数是指项目评价指标变动率与不确定性因素变动率之比。其计算公式为：

$$\beta = \frac{\dfrac{\Delta A}{A}}{\dfrac{\Delta F}{F}} \tag{7-13}$$

式中，β为评价指标 A 对于不确定性因素 F 的敏感度系数；$\Delta A/A$ 为不确定性因素 F 发生ΔF 变化时，评价指标 A 的相应变动率（%）；$\Delta F/F$ 为不确定性因素 F 的变动率（%）。

依据敏感度系数大小确定影响程度，找出最敏感的因素。敏感度系数绝对值越大的因素对分析指标的影响越强，也是越敏感的因素。

②绝对测定法。绝对测定法是假设各因素均向对项目不利的方向变动，并分别取其可能出现的“最坏值”，据此计算项目的经济效益指标。这一“最坏值”是项目允许不确定性因素向不利方向变化的极限值，称为临界点，即超过极限值后，项目将变为不可接受。

实践中可将确定敏感因素的两种方法结合起来使用。首先，设定有关经济评价指标为其临界值，如令净现值等于零、内部收益率等于基准收益率；其次，计算因素临界值及临界值对应的变动幅度，与其可能出现的最大变动幅度相比较。若某因素最大变动幅度超过临界值变动幅度，则表明该因素是方案的敏感因素。另外，可以根据敏感度系数进行敏感因素排序，以表明这些因素对评价方案影响的重要程度。

7.3.2　单因素敏感性分析

1．单因素敏感性分析的意义

（1）可以选择出风险小的技术方案。在选择方案时，通过各方案敏感程度大小的对比，可以选择敏感程度小即风险小的投资方案。

（2）可以对风险大但效益好的投资方案进行完善。对于经济效果好而敏感程度大的方案，可以吸取其他方案的长处，或设法对其进行调整，以减小敏感程度，完善方案。

（3）可以减少或避免风险。分析主要因素变化引起项目经济效果评价指标的变动，使决策者全面了解项目建设投产后可能出现的经济效果变动情况，积极采取措施，控制或减少不利因素的影响，从而减少或避免风险。

2．单因素敏感性分析的应用

单因素敏感性分析就是研究单一不确定性因素的变动对方案经济效益指标影响的敏感程度。

【例 7-5】某一建设项目投资方案的现金流量如表 7-1 所示，其中的数据均为预测估算值。估计产品产量、产品价格和固定资产投资这三个因素可能在−20%～20%的范围内变化，试对上述三个不确定性因素分别进行敏感性分析。（设基准收益率为 15%。）

表 7-1　现金流量　　单位：万元

项　目	年　份		
	第 1 年	第 2～9 年	第 10 年
1 现金流入	0	1 000	1 232
1.1 产品销售收入		1 000	1 000
1.2 回收固定资产余值			32
1.3 回收流动资金			200
2 现金流出	1 000	710	710
2.1 固定资产投资	800		
2.2 流动资金	200		
2.3 经营成本		600	600
其中：固定成本		130	130
可变成本		470	470
2.4 销售税金		110	110
3 净现金流量	−1 000	290	522

【解】设产品价格变动的百分比为 X，产量变动的百分比为 Y，固定资产投资变动的百

分比为 Z，则

$$NPV=-[800(1+Z)+200](P/F,i,1)+[(1\,000-110)(1+X)(1+Y)-130-470(1+Y)](P/A,i,9)(P/F,i,1)+232(P/F,i,10)$$

假设其他不确定性因素保持不变，仅使某一不确定性因素在一定范围内（如−20%~20%之间）变动，分别计算这一不确定性因素在不同变动率下的净现值，得到表 7-2 和图 7-8。

表 7-2　不确定性因素变动及对应的净现值　　单位：万元

不确定性因素	变动率								
	−20%	−15%	−10%	−5%	0	5%	10%	15%	20%
产品价格	−347.5	−162.9	21.8	206.4	391.1	575.7	760.3	945.0	1 129.6
产品产量	42.5	129.7	216.8	303.9	391.1	478.2	565.3	652.5	739.6
固定资产投资	530.2	495.4	460.6	425.8	391.1	356.3	321.5	286.7	251.9

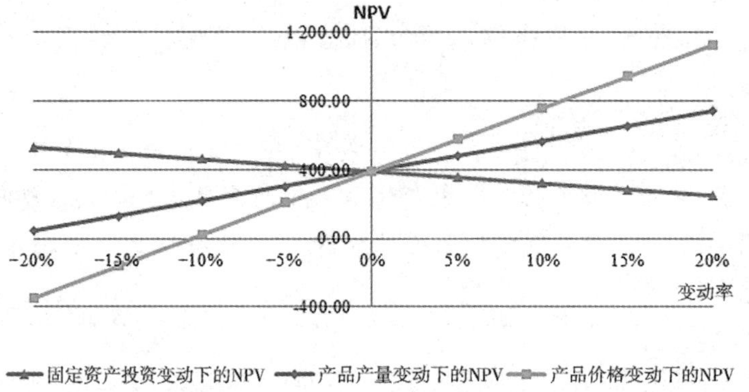

图 7-8　净现值敏感性分析曲线

从图 7-8 可知，其中每条斜线的斜率反映经济评价指标对该不确定性因素的敏感程度，斜率越大，敏感程度越高。每条斜线与横轴的交点所对应的不确定性因素变动率即该因素的临界点。本例中价格是最敏感的因素，且如果价格降低 10%以上，净现值就出现负值，则方案变得不可行。

3．Excel 在单因素敏感性分析中的应用

应用 Excel 对例 7-5 进行单因素敏感性分析，具体步骤如下：

（1）建立数据工作表，在单元格 C14 中计算基础数据下的 NPV，如图 7-9 所示。

（2）应用图 7-9 的数据计算不确定性因素在各变动率下的 NPV 取值，如图 7-10 所示。

（3）绘制敏感性分析图。建立如图 7-11 所示的工作表，将变动率、产品价格变动下的 NPV、产品产量变动下的 NPV、固定资产投资变动下的 NPV 数据导入。插入“带平滑线的散点图”，对数据区域及相应系列属性进行添加、编辑等设置，完成绘图，如图 7-11 所示。

C14　=NPV(15%,C13:L13)

序号	项目	1	2	3	4	5	6	7	8	9	10
1	现金流入		1 000	1 000	1 000	1 000	1 000	1 000	1 000	1 000	1 232
1.1	产品销售收入		1 000	1 000	1 000	1 000	1 000	1 000	1 000	1 000	1 000
1.2	回收固定资产余值										32
1.3	回收流动资金										200
2	现金流出	1 000	710	710	710	710	710	710	710	710	710
2.1	固定资产投资	800									
2.2	流动资金	200									
2.3	经营成本		600	600	600	600	600	600	600	600	600
	其中:固定成本		130	130	130	130	130	130	130	130	130
	可变成本		470	470	470	470	470	470	470	470	470
2.4	销售税金		110	110	110	110	110	110	110	110	110
3	净现金流量	-1 000	290	290	290	290	290	290	290	290	522
	NPV	**391.1**									

图 7-9　Excel 单因素敏感性分析示例步骤（1）

A4　固定资产投资变动下的NPV

变动率	-20%	-15%	-10%	-5%	0%	5%	10%	15%	20%
产品价格变动下的NPV	-347.5	-162.9	21.8	206.4	391.1	575.7	760.3	945.0	1129.6
产品产量变动下的NPV	42.5	129.7	216.8	303.9	391.1	478.2	565.3	652.5	739.6
固定资产投资变动下的NPV	530.2	495.4	460.6	425.8	391.1	356.3	321.5	286.7	251.9

图 7-10　Excel 单因素敏感性分析示例步骤（2）

变动率	产品价格变动下的NPV	产品产量变动下的NPV	固定资产投资变动下的NPV
-20%	-347.5	42.5	530.2
-15%	-162.9	129.7	495.4
-10%	21.8	216.8	460.6
-5%	206.4	303.9	425.8
0%	391.1	391.1	391.1
5%	575.7	478.2	356.3
10%	760.3	565.3	321.5
15%	945.0	652.5	286.7
20%	1 129.6	739.6	251.9

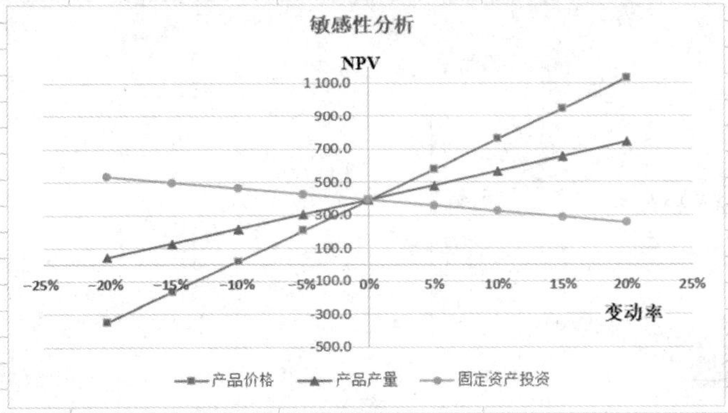

图 7-11　Excel 单因素敏感性分析示例步骤（3）

【例 7-6】设某项目基本方案的基本数据估算值如表 7-3 所示，试就年销售收入、年经营成本和建设投资对内部收益率进行单因素敏感性分析。（基准收益率为 8%。）

表 7-3　基本数据估算值　　单位：万元

因　素	第 1 年年末建设投资	年销售收入	年经营成本	期末残值	寿命期（年）
估算值	1 500	600	250	200	6

【解】（1）计算基本方案的内部收益率。

$$-I(1+\mathrm{IRR})^{-1}+(B-C)\sum_{t=2}^{5}(1+\mathrm{IRR})^{-t}+(B+L-C)\quad(1+\mathrm{IRR})^{-6}=0$$

$$-1\,500(1+\mathrm{IRR})^{-1}+350\sum_{t=2}^{5}(1+\mathrm{IRR})^{-t}+550(1+\mathrm{IRR})^{-6}=0$$

采用试算法得：

$$\mathrm{NPV}(i=8\%)=31.08\text{（万元）}>0,\ \mathrm{NPV}(i=9\%)=-7.92\text{（万元）}<0$$

采用线性内插法可求得：

$$\mathrm{IRR}=8\%+\frac{31.08}{31.08+7.92}(9\%-8\%)=8.79\%$$

（2）计算年销售收入、年经营成本和建设投资变动对内部收益率的影响，如表 7-4 所示，绘制敏感性分析图，如图 7-12 所示。

表 7-4　不确定性因素的变化对内部收益率的影响

不确定性因素	变动率				
	−10%	−5%	基本方案	+5%	+10%
年销售收入	3.01	5.94	8.79	11.58	14.30
年经营成本	11.12	9.96	8.79	7.61	6.42
建设投资	12.70	10.67	8.79	7.06	5.45

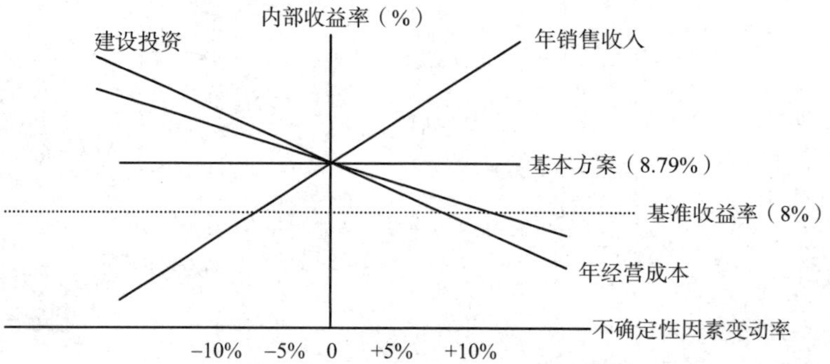

图 7-12　基本方案单因素敏感性分析图

（3）计算方案对各因素的敏感度系数。

$$年销售收入敏感度系数=\frac{\frac{11.58-8.79}{8.79}}{5\%}=6.348$$

$$年经营成本敏感度系数=\frac{\frac{|7.61-8.79|}{8.79}}{5\%}=2.685$$

$$建设投资敏感度系数=\frac{\frac{|7.06-8.79|}{8.79}}{5\%}=3.936$$

根据敏感度系数计算结果可知，按内部收益率对各个因素的敏感程度排序，依次是年销售收入、建设投资、年经营成本。这一结论也可从图 7-12 中观察得到。

敏感性分析在一定程度上就各种不确定性因素的变动对建设项目经济效益的影响进行定量描述，有助于投资者了解方案的风险情况，确定在决策过程及方案实施过程中需要重点研究与控制的因素。但是，敏感性分析没有考虑各种不确定性因素未来发生变动的概率，这可能会影响分析结论的实用性和准确性。实际上，各种不确定性因素在未来发生变动的概率往往不同。常常会出现这种情况，通过敏感性分析找出的某个敏感因素在未来发生不利变动的概率很小，实际引起的风险并不大；而另一不太敏感因素发生不利变动的概率却很大，实际所引发的风险反而比那个敏感因素更大。对这类问题的分析，敏感性分析将无法解决，应借助于概率分析。

7.4 概率分析

概率是指事件的发生所产生某种后果的可能性的大小。概率分析，也称风险分析，是指利用主观的或经验的概率表示建设项目投资和运营中不确定性因素发生某种变动的可能性，并在此基础上研究和预测不确定性因素对项目经济评价指标影响的一种定量分析方法。

7.4.1 概率分析的基本原理与步骤

1．概率分析的基本原理

概率分析的基本原理，是在对现金流量进行概率估计的基础上，通过投资效果指标的期望值、累计概率、标准差及差异系数来反映方案的风险程度。

2．概率分析的步骤

概率分析一般可以按以下步骤进行：

（1）选定一个或几个评价指标。通常将内部收益率、净现值等作为评价指标。

（2）选定需要进行概率分析的不确定性因素。通常选定产品价格、销量、主要原材料价格、投资额和外汇汇率等因素。针对项目的不同情况，也可通过敏感性分析，选择较为敏感的因素作为概率分析的不确定性因素。

（3）预测不确定性因素变动的取值范围及概率分布。单因素概率分析设定一个因素变动，其他因素均不变动，即只有一个自变量；多因素概率分析设定多个因素同时变动，对多个自变量进行概率分析。

（4）根据测定的风险因素的取值和概率分布，计算评价指标的相应取值和概率分布。

（5）计算评价指标的期望值和项目可接受的概率。

（6）分析计算结果，判断其可接受性，说明在该不确定性情况下建设项目的经济效益指标的期望值以及获取此效益的可能性。

7.4.2 概率分析方法

概率分析方法有很多，这些方法大多是以建设项目经济评价指标（主要是净现值）的期望值的计算过程和计算结果为基础的。本书仅介绍建设项目净现值的期望值法、标准差法、变异系数法和决策树法，通过计算项目净现值的期望值及净现值大于或等于零时的累计概率，来判断项目承担风险的能力。

1．期望值法

期望值是随机变量所有可能取值的加权平均数，权重为各种可能取值出现的概率（估计的或经验的）。

建设项目净现值的期望值是指在一定概率分布条件下，净现值所能达到的概率平均值。若以净现值作为经济效果描述指标，设各种现金流量情况下的净现值为 NPV_t（$t=0,1,2,\cdots,n$），则净现值的期望值为：

$$E(\mathrm{NPV})=\sum_{t=1}^{n}\mathrm{NPV}_t P_t \tag{7-14}$$

式中，E（NPV）为净现值的期望值；NPV_t 为各种现金流量情况下的净现值；P_t 为对应于各种现金流量情况的概率值，$\sum_{t=1}^{n}P_t=1$；n 为未来状态的个数。

2．标准差法

标准差反映了一个随机变量的实际值与其期望值偏离的程度。这种偏离程度在一定意义上反映了投资方案风险的大小。标准差的一般计算公式为：

$$\sigma=\sqrt{\sum_{i=1}^{n}P_i[x_i-E(x)]^2} \tag{7-15}$$

式中，σ 为变量 x 的标准差；E（x）为变量 x 的期望值；x_i 为变量 x 第 i 状态下的取值（$i=1,2,\cdots,n$）；P_i 为变量 x_i 出现的概率；n 为未来状态的个数。

若以净现值作为经济效果描述指标，设各种现金流量情况下的净现值为 NPV_t（$t=0,1,2,\cdots,n$），则净现值的标准差为：

$$\sigma(\text{NPV})=\sqrt{\sum_{i=1}^{n}P_i[\text{NPV}_{(i)}-E(\text{NPV})]^2} \tag{7-16}$$

标准差越小，说明实际发生的可能情况与期望值越接近，期望值的稳定性也越高，项目风险越小。一个好的项目，其经济效益指标（如净现值）应该具有较大的期望值和较小的标准差，但是仅用标准差来衡量项目的风险是有局限性的，因为标准差是一个绝对指标。只有在不同的投资项目具有相同的期望收益的情况下，标准差才具有可比性。因此，必须进一步引入变异系数（标准离差率）来估计方案的相对风险。

3．变异系数法

变异系数是标准差与期望值之比，即

$$V=\frac{\sigma}{E(\text{NPV})} \tag{7-17}$$

由于变异系数是一个相对数，不会受变量和期望值绝对值大小的影响，因此能更好地反映投资方案的风险程度。因此，变异系数是衡量相对风险的指标，它反映了单位收益承担的平均风险。一般来说，变异系数越小，项目的风险相对就越小；反之，风险就越大。

当对多个投资方案进行比较时，如果是效益指标，则认为期望值较大的方案较优；如果是费用指标，则认为期望值较小的方案较优。如果期望值相同，则标准差较小的方案风险更低；如果多个方案的期望值与标准差均不相同，则变异系数较小的方案风险更低。

【例 7-7】某公司要从 A、B、C 三个互斥方案中选择一个方案，各方案的净现值及其概率情况如表 7-5 所示，请从中选择最优方案。

表 7-5　各方案的净现值及其概率情况

市场销路	概　率	方案净现值（万元）		
		A	B	C
销路差	0.25	2 000	0	1 000
销路一般	0.50	2 500	2 500	2 800
销路好	0.25	3 000	5 000	3 700

【解】（1）计算各方案净现值的期望值和标准差。

$$E_{\text{A}}(\text{NPV})=2\,000\times0.25+2\,500\times0.50+3\,000\times0.25=2\,500\text{（万元）}$$

同理可得 $E_{\text{B}}(\text{NPV})=2\,500$（万元），$E_{\text{C}}(\text{NPV})=2\,575$（万元）。

$$\sigma_{\text{A}}=\sqrt{0.25\times(2\,000-2500)^2+0.5\times(2500-2500)^2+0.25\times(3000-2500)^2}$$
$$=353.55$$

同理可得 $\sigma_{\text{B}}=1\,767.77$，$\sigma_{\text{C}}=980.75$。

（2）根据方案净现值的期望值和标准差评价方案。因为方案 A 与方案 B 净现值的期望值相等，均为2 500万元，故需要通过比较它们的标准差来决定方案的优劣。

由前面计算结果可知，$\sigma_A<\sigma_B$，方案A风险较小，其经济效益优于方案B，所以舍去方案B。

对方案A和方案C进行比较选择。由于它们净现值的期望值不相等，方案C的净现值的期望值大于方案A，但是方案A净现值的标准差小于方案C，究竟哪个方案较为经济合理不是很明显，故可通过计算它们各自的变异系数，进一步确定这两个方案风险的大小和优劣。

（3）计算变异系数。

$$V_A=\sigma_A/E_A\text{（NPV）}=353.55/2\,500=0.141$$

$$V_C=\sigma_C/E_C\text{（NPV）}=980.75/2\,575=0.381$$

因为 $V_A<V_C$，所以方案A的风险比方案C小，且两方案净现值差别不大，故最终选择方案A为最优投资方案。

【例7-8】 某风险投资项目的产品年产量为150万件，设产品销售价格、销量与经营成本相互独立。产品投资、销售价格和经营成本可能发生的数值及概率如表7-6、表7-7所示。设基准收益率为10%，试确定项目的风险程度。

表7-6 第1、2年投资状况

年　份	第1年		第2年	
可能情况	I	II	I	II
投资（万元）	1 000	1 200	2 000	2 400
概　率	0.8	0.2	0.7	0.3

表7-7 第3～12年经营状况

年　份	第3～12年		
可能情况	I	II	III
销售价格（元/件）	5	6	7
经营成本（万元）	150	200	250
概　率	0.4	0.4	0.2

【解】 根据销售价格及经营成本计算第3～12年的各年收益：

年收益=销售价格×销量−经营成本

年产量为150万件，假设销量等于产量，计算出收益的可能情况如表7-8所示。

表7-8 第3～12年收益的可能情况

年　份	第3～12年		
可能情况	I	II	III
年收益（万元）	600	700	800
概　率	0.4	0.4	0.2

该项目共有 12 种不同投资及收益状态。计算每种状态下的净现值与概率。

例如，第 1 年投资 1 000 万元，第 2 年投资 2000 万元，第 3～12 年每年收益为 600 万元，此时方案的净现值与概率为：

$$NPV=-1\,000-2\,000（P/F,10\%,1）+600（P/A,10\%,10）（P/A,10\%,2）=228.54（万元）$$

$$P_i=0.8\times0.7\times0.4=0.224$$

同理，可计算其他状态下的净现值与概率，如表 7-9 所示。

表 7-9　方案所有组合状态下的净现值与概率　　单位：万元

第 1 年投资	1 000					
第 2 年投资	2 000			2 400		
第 3～12 年的年收益	600	700	800	600	700	800
净现值	228.54	736.33	1 244.12	−135.1	372.69	880.48
组合概率	0.224	0.224	0.112	0.096	0.096	0.048
第 1 年投资	1 200					
第 2 年投资	2 000			2 400		
第 3～12 年的年收益	600	700	800	600	700	800
净现值	28.54	536.33	1 044.12	−335.1	172.69	680.48
组合概率	0.056	0.056	0.028	0.024	0.024	0.012

根据式（7-13）（7-15）（7-16），可求出净现值的期望值、标准差、变异系数为：

$$E（NPV）=485.68（万元）$$

$$\sigma=422.57$$

$$V=\frac{\sigma}{E(NPV)}=\frac{422.57}{485.68}=0.87$$

从以上分析可以看出，变异系数为 0.87，实际值与期望值的偏离程度大，本项目的投资风险比较高，对该项目的投资要慎重。

在对投资方案进行不确定性分析时，除了计算项目净现值的期望值、标准差、变异系数，有时还需要评估方案经济效果指标发生在某一范围的可能性。例如，当净现值大于或等于零的累计概率越大，表明方案的风险越小；反之风险越大。

【例 7-9】某商品住宅小区开发项目现金流量的估计值如表 7-10 所示，根据经验推断，销售收入和开发成本为离散型随机变量，其值在估计值的基础上可能发生的变动及其概率如表 7-11 所示。试确定该项目净现值大于等于零的概率。（基准收益率为 12%。）

表 7-10　基本方案的参数估计　　单位：万元

年　份	第 1 年	第 2 年	第 3 年
销售收入	857	7 143	17 446

续表

年　份	第1年	第2年	第3年
开发成本	5 888	4 873	6 900
其他税费	56	464	1 196
净现金流量	−5 087	1 806	9 350

表 7-11　不确定性因素变动范围的概率

不确定性因素	变　幅		
	−20%	0	+20%
销售收入	0.2	0.6	0.2
开发成本	0.1	0.3	0.6

【解】

（1）项目净现金流量未来可能发生9种状态，如图7-13所示。

（2）分别计算项目净现金流量各种状态的概率 P_j（j=1,2,⋯,9）。

$$P_1=0.2\times0.1=0.02,\ P_2=0.2\times0.3=0.06,\ P_3=0.2\times0.6=0.12$$

其余类推。

（3）分别计算项目各状态下的净现值 $\mathrm{NPV}^{(j)}$（j=1,2,⋯,9）。

$$\mathrm{NPV}^{(1)}=\sum_{t=1}^{3}(\mathrm{CI}-\mathrm{CO})_t^{(1)}(1+12\%)^{-t}=2\,588.09\text{（万元）}$$

其余类推，计算结果如图7-13所示。

（4）计算项目净现值的期望值。

$$E(\mathrm{NPV})=0.02\times2\,588.09+0.06\times(-222.54)+0.12\times(-3\,033.17)+0.06\times6\,363.54+0.18\times3\,552.91+0.36\times742.28+0.02\times10\,138.99+0.06\times7\,328.36+0.12\times4\,517.73=2\,147.60\text{（万元）}$$

（5）计算净现值大于等于零的概率。

$$P(\mathrm{NPV}\geqslant0)=1-0.06-0.12=0.82$$

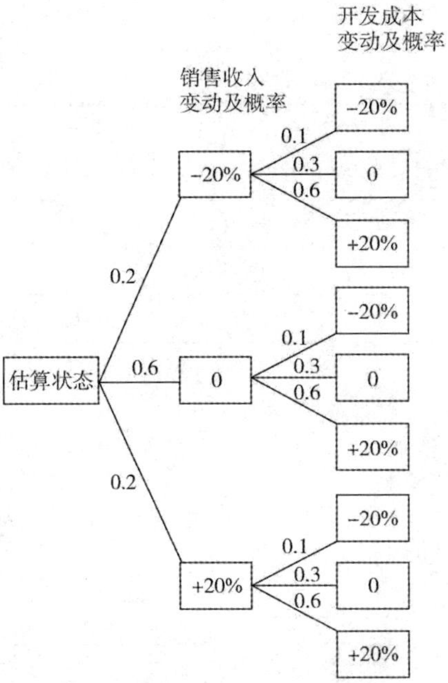

可能状态（j）	状态概率（P_j）	$NPV^{(j)}$	$P_j NPV^{(j)}$
1	0.02	2 588.09	51.76
2	0.06	−222.54	−13.35
3	0.12	−3 033.17	−363.98
4	0.06	6 363.54	381.81
5	0.18	3 552.91	639.52
6	0.36	742.28	267.22
7	0.02	10 138.99	202.78
8	0.06	7 328.36	439.70
9	0.12	4 517.73	542.13
合计	1.00		2147.60

图 7-13　项目净现金流量未来可能发生的 9 种状态

由计算结果可知，该项目净现值的期望值大于零，是可行的。净现值大于零的概率为 0.82，说明项目风险较低。

4．决策树法

决策树法是在已知各种情况发生概率的基础上，通过构造决策树来求取净现值的期望值大于等于零的概率，评价项目风险、判断其可行性的决策分析方法，是直观运用概率分析的一种图解方法。决策树法特别适用于多阶段决策分析。

决策树一般由决策点、机会点、方案枝、概率枝组成。为便于计算，对决策树中的“□”（决策点）和“○”（机会点）按照从左到右、从上到下的顺序进行编号。

通过绘制决策树，可以很容易地计算出各个方案的期望值并进行比选。

【例 7-10】某公司拟生产某种产品，根据技术预测与市场预测，该产品可行销 10 年，有三种可能的市场状态，如表 7-12 所示。

表 7-12　产品市场状态及其概率

产品市场状态	10 年内销路一直很好	10 年内销路一直不好	前 2 年销路好、后 8 年销路不好
对应状态的概率	P_1=0.6	P_2=0.3	P_3=0.1

公司目前需要做出的决策是建一个大厂还是建一个小厂。如果建大厂，需投资 18 000 万元；如果建小厂，需投资 6 800 万元，两年后可根据市场情况再决定是否扩建，如果扩建小厂，需再投资 13 000 万元。各种情况下的年净收益如表 7-13 所示。已知基准收益率

为 10%，试选择方案。

表 7-13　不同状态下的各年净收益　　单位：万元

方案		P_1=0.6		P_2=0.3		P_3=0.1	
		第 1～2 年	第 3～10 年	第 1～2 年	第 3～10 年	第 1～2 年	第 3～10 年
建大厂		4 500	4 500	2 300	2 300	4 500	2 400
建小厂	两年后扩建	1 400	4 200	—	—	1 400	2 300
	不扩建	1 400	1 400	800	800	1 400	800

【解】

1）画出决策树

根据以上数据可以绘制如图 7-14 所示的决策树。

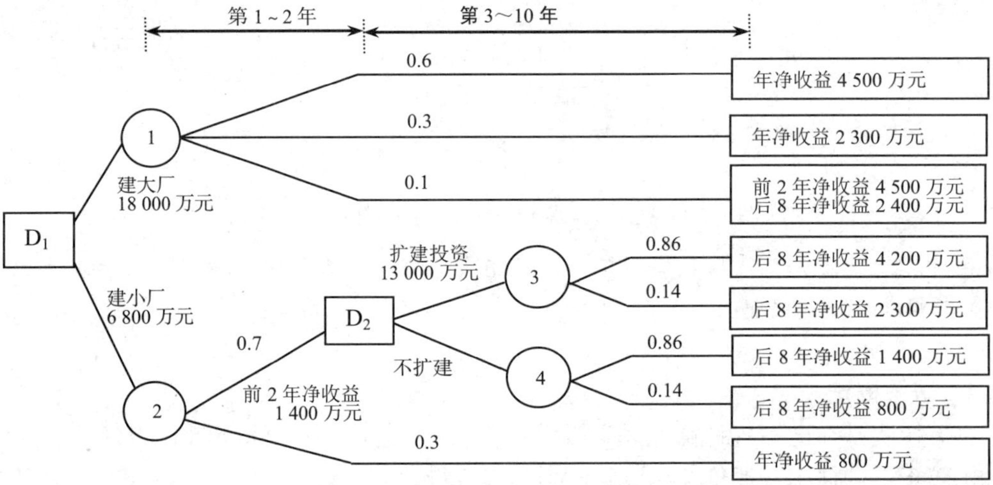

图 7-14　决策树结构图

在图 7-14 所示的决策树上有两个决策点：D_1 为一级决策点，表示目前所要做的决策，备选方案有两个，即建大厂和建小厂；D_2 为二级决策点，表示在目前建小厂的前提下两年后所要做的决策，备选方案也有两个，即扩建和不扩建。

2）确定各种状态的发生概率

本例中的三种市场状态可以看作四个独立事件的组合，这四个独立事件是：前 2 年销路好 b_1；后 8 年销路好 b_2；前 2 年销路不好 w_1；后 8 年销路不好 w_2。决策树上各种状态的发生概率分别为：

（1）建大厂。

10 年内销路一直很好的概率 $P(b_1b_2)=P_1=0.6$

10 年内销路一直不好的概率 $P(w_1w_2)=P_2=0.3$

前 2 年销路好、后 8 年销路不好的概率 $P(b_1w_2)=P_3=0.1$

（2）建小厂。

前 2 年销路好的概率 $P(b_1)=P(b_1b_2)+P(b_1w_2)=0.6+0.1=0.7$

前 2 年销路好、后 8 年销路好的概率 $P(b_2|b_1)=P(b_1b_2)/P(b_1)=0.6/0.7=0.86$

前 2 年销路好、后 8 年销路不好的概率 $P(w_2|b_1)=P(b_1w_2)/P(b_1)=0.1/0.7=0.14$

10 年内销路一直不好的概率 $P(w_1w_2)=P_2=0.3$

3）计算各备选方案的净现值

本例是一个两阶段风险决策问题，利用决策树进行多阶段风险分析要从最末一级决策点开始。

（1）二级决策点各备选方案净现值的期望值。

①扩建方案净现值的期望值（以第 2 年年末为基准年）为：

$$E(\text{NPV})_{扩}=4\,200(P/A,10\%,8)\times0.86+2\,300(P/A,10\%,8)\times0.14-13\,000=7\,987.60（万元）$$

②不扩建方案净现值的期望值（以第 2 年年末为基准年）为：

$$E(\text{NPV})_{不扩}=1\,400(P/A,10\%,8)0.86+800(P/A,10\%,8)\times0.14=7\,020.76（万元）$$

$E(\text{NPV})_{扩}>\text{E}(\text{NPV})_{不扩}>0$，根据期望值原则，在二级决策点 D_2 应选择扩建方案。

（2）一级决策点各备选方案净现值的期望值。用扩建方案净现值的期望值 $E(\text{NPV})_{扩}$代替二级决策点进行计算。

①建大厂方案净现值的期望值（以第 0 年年末为基准年）为：

$$E(\text{NPV})_{大}=4\,500(P/A,10\%,10)\times0.6+2\,300(P/A,10\%,10)\times0.3+[4\,500(P/A,10\%,2)+2\,400(P/A,10\%,8)(P/F,10\%,2)]\times0.1-18\,000=4\,669.24（万元）$$

②建小厂方案净现值的期望值（以第 0 年年末为基准年）为：

$$E(\text{NPV})_{小}=[7\,987.60(P/F,10\%,2)+1\,400(P/A,10\%,2)]\times0.7+800(P/A,10\%,10)\times0.3-6\,800=996.45（万元）$$

$E(\text{NPV})_{大}$与 $E(\text{NPV})_{小}$均大于零，由于 $E(\text{NPV})_{大}>E(\text{NPV})_{小}$，故应选择建大厂方案。

期望值表明在各种风险条件下期望可能得到的经济效益，而标准差反映了经济效益各种可能值与期望值之间的差距。它们之间的差距越大，说明随机变量的可变性越大，意味着各种可能情况与期望值的差别越大，风险就越大；它们之间的差距越小，说明经济效益指标可能取的值就越接近于期望值，这就意味着风险越小。所以可以将标准差的大小看作其所含风险大小的具体标志。因此，利用期望值和标准差可以对项目的经济效益风险情况进行分析和比较。一般来说，简单的概率分析可以只计算项目方案净现值的期望值以及净现值大于或等于零时的累计概率。

思政元素

（1）从“不确定性产生的原因”元素点，理解科学决策中开展不确定性分析的必要性。

（2）通过对风险概念的理解与认知，思考自己如何面对不确定性挑战，树立风险防范意识，培养不惧困难、勇于拼搏的精神与意志。

复习思考题

1. 知识点

不确定性与风险的概念、不确定性分析的概念与产生原因、常用的不确定性分析方法及其优缺点与适用性、盈亏平衡分析的概念与计算方法、敏感性分析的概念与步骤、敏感性因素判别方法、单因素敏感性分析方法、概率分析的概念与方法

2. 简答题

（1）为什么要进行不确定性分析？

（2）盈亏平衡分析的基本思路是什么？

（3）敏感性分析的目的是什么？如何进行敏感性分析？

（4）概率分析中期望值和变异系数的经济含义有何不同？

3. 计算题

（1）某企业拟建一化工车间，设计生产能力为 5 000 吨/年，产品价格为 1 100 元/吨，固定成本为 1 050 600 元/年，可变成本为 680 元/年，销售税金为 80 元/吨。求以产量、生产能力利用率、销售价格、单位可变成本表示的盈亏平衡点。

（2）已知生产某种产品有三种可行的方案：采用方案 1，年固定成本为 800 万元，单位可变成本为 10 元；采用方案 2，年固定成本为 500 万元，单位可变成本为 20 元；采用方案 3，年固定成本为 300 万元，单位可变成本为 30 元。试分析各种方案适用的生产规模。

（3）某项目有关数据如表 7-14 所示，基准收益率为 10%，估计产品产量、产品价格和固定资产投资三个因素在−10%～10%的范围内变动。试分别分析这三个因素变动对净现值的影响程度。

表 7-14　项目现金流量　　　　单位：万元

项　目	年　份		
	第 1 年	第 2～11 年	第 12 年
（1）产品销售收入		2 500	2 500
（2）回收固定资产余值			100
（3）回收流动资金			500
（1）固定资产投资	2 000		
（2）流动资金	500		
（3）经营成本		1 500	1 500
其中：可变成本		1 100	1 100
（4）销售税金		250	250

（4）某项目需投资 20 万元，建设期 1 年。根据预测，项目生产期的年收入（各年相

同）为 5 万元、10 万元和 12.5 万元的概率分别为 0.3、0.5 和 0.2，在每一收入水平下，生产期为 2 年、3 年、4 年和 5 年的概率分别为 0.2、0.2、0.5 和 0.1（基准收益率为 10%），计算期望净现值。

（5）某方案期初投资为 1 000 000 元，每年销售收入扣除经营成本后可余 200 000 元，残值随寿命期变动，其概率如表 7-15 所示。求净年值的期望值和净年值小于零的累计概率（基准收益率为 12%）。

表 7-15　方案基本资料

寿命期（年）	残值（元）	概　　率
5	30 000	0.20
6	25 000	0.20
7	20 000	0.15
8	15 000	0.15
9	10 000	0.15
10	5 000	0.15

4．练一练

梳理本章内容，绘制思维导图。

第 8 章

建设项目设备更新的经济分析

本章知识导航

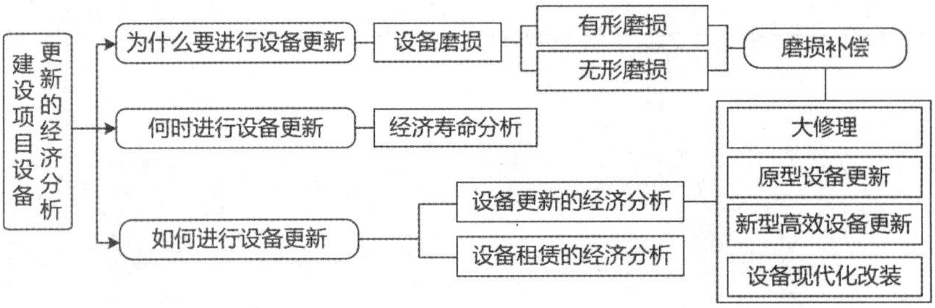

本章学习目标

☑ 知识目标：掌握设备磨损、设备磨损补偿的概念；掌握设备经济寿命的确定方法；熟悉设备大修理及其经济界限；熟悉无限服务期、有限服务期的设备更新分析方法；了解设备现代化改装；掌握设备租赁决策的经济分析方法。

☑ 能力目标：具有确定设备经济寿命的能力；能根据设备磨损的情况，以及行业技术发展的特点，提出不同的设备更新方案；能对更新方案展开经济分析，并做出最后决策。

☑ 素质目标：弘扬独立自主、自力更生的奋斗精神；充分发挥本国企业的生产和技术潜力，对于引进的技术，要做到由学到创，形成具有自主知识产权的核心技术。

✪ 引导案例

某城市市政公用部门研究该市燃气管网关键部件的更新问题，形成了两个方案。方案 1：由于原有控制阀门逐渐老化，可选择加装新型材料的控制阀门。投资约为 7 000 万元，年维护费用第 1 年为 100 万元，以后每年增加 20 万元。新型材料控制阀门能使用约 25 年。

方案 2：维持现有的管网，此管网还能持续 10 年，但是每年的检查、维修及更新成本越来越高，继续使用的第 1 年为 1 000 万元，以后每年增加 300 万元。

【案例分析与讨论】

（1）若基准收益率为 8%，试分析是否值得更换新型材料的控制阀门。

（2）如果更换，什么时间更换最合理？

8.1　设备更新概述

设备是企业资产的主要组成部分，设备和技术水平决定着企业产品质量的高低和生产能力的强弱。随着科学技术不断快速发展，市场竞争日趋激烈，设备更新已成为现代企业经营活动中的一项重要工作，设备更新决策合理与否甚至影响着企业的成败。选择适当的时间、合理的方式进行设备更新是设备更新经济分析的主要内容。

在建筑业，随着工程技术不断发展以及项目复杂程度越来越高，建筑设备所占比重越来越大，其需求量在不断加大，其功能要求在不断提高。建设项目业主和建筑施工企业都需要对设备整个运行期间的技术经济状况进行分析，正确确定设备的经济寿命，对设备更新时机、更新方式等问题做出科学决策。

8.1.1　设备磨损与补偿

设备补偿源于设备磨损。设备在使用或闲置过程中都会发生磨损，价值也在下降。从实物形态上看，设备补偿是用维修、改装或更新的方式保障设备的功能水平；从价值形态上看，设备更新是恢复、补偿设备损耗价值。因此，必须认真研究设备磨损规律，以便从实物形态和价值形态上找出设备补偿的最佳方式。

1. 设备磨损

按产生原因的不同，磨损可分为有形磨损和无形磨损。两种磨损都会使设备使用价值降低，但有形磨损严重的设备在大修理或更新前不能继续使用，而无形磨损严重的设备并不影响其继续使用，只影响其经济效果。

1）设备的有形磨损

机器设备在使用或闲置过程中发生的实体磨损或损耗，称为有形磨损，又称物理磨损。设备的有形磨损分为第一种有形磨损和第二种有形磨损。

（1）第一种有形磨损。在使用过程中，由于外力的作用零部件发生摩擦、振动和疲劳等现象，由此造成设备实体的磨损称为第一种有形磨损。它通常表现为：机器设备零部件的原始尺寸发生改变，甚至形状发生改变；公差配合性质发生改变，精度降低；零部件损坏。

第一种有形磨损一般分为三个阶段：第一阶段是新机器设备磨损较强的初期磨损阶段；第二阶段是磨损量较小的正常磨损阶段；第三阶段是磨损量增长较快的剧烈磨损阶段。

三个阶段的磨损规律曲线如图 8-1 所示。以机器中的齿轮为例，初期磨损是由磨合、安装不良、人员操作不熟练等原因造成的；正常磨损是机器处在正常工作状态下发生的，与机器开动的时间长短及负荷强度大小有关，也与机器设备的质量优劣有关；剧烈磨损则是由正常工作条件被破坏或使用时间过长等造成的。

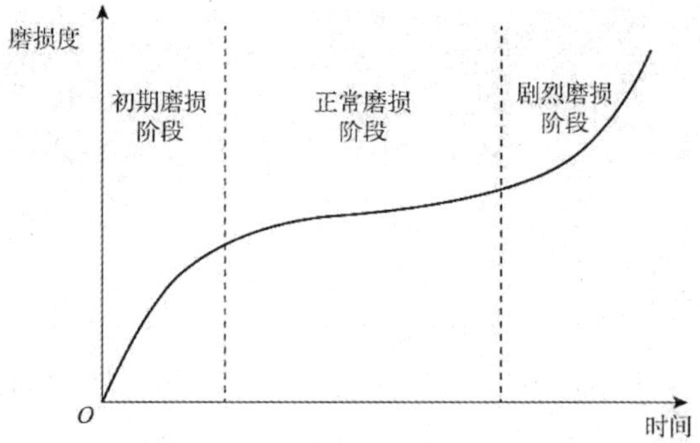

图 8-1　第一种有形磨损的规律曲线

在第一种有形磨损的作用下，设备的加工精度、表面粗糙度和劳动生产率都会劣化。磨损到一定程度，整个机器就会出现故障，功能下降，设备的使用费用剧增。有形磨损达到比较严重的程度时，设备便不能继续正常工作甚至发生事故。

（2）第二种有形磨损。设备在闲置过程中，由于自然力作用发生生锈、金属腐蚀、橡胶和塑料老化等现象，丧失了工作精度和能力，造成的设备实体的磨损称为第二种有形磨损。

当设备的有形磨损达到一定程度时，设备的使用价值降低，使用费用上升。要消除这种磨损，可通过修理来恢复。当磨损导致设备完全丧失工作能力，以致修理也无法达到原有功能状态时，则需要更新设备。

2）设备的无形磨损

设备的无形磨损是指由于科学技术进步而不断出现性能更加完善、生产效率更高的设备，使原设备的价值降低；或者同样设备的再生产价值不断降低，而使原设备贬值。无形磨损分为第一种无形磨损和第二种无形磨损。

（1）第一种无形磨损。第一种无形磨损是指由于设备制造工艺不断改进、成本不断降低、劳动生产率不断提高，市场上相同结构设备的再生产成本下降而使原设备价值降低。这类无形磨损使原设备部分贬值，但设备本身的技术性能并未受到影响，使用价值也未降低，故第一种无形磨损不会影响现有设备的使用。

（2）第二种无形磨损。第二种无形磨损是指不断出现技术上更加完善、经济上更加合理的设备，使原设备显得陈旧落后而产生的经济磨损。第二种无形磨损的出现，使原设备的使用价值受到严重的冲击。例如，新的设备性能更加完善、效率更高，或者彻底改变了原有生产工艺，采用新的加工方法，这都会使原设备价值降低。如果继续使用原设备，会降低经济效益，这就需要使用技术更先进的设备来代替原设备。是否更换，取决于是否有更新的设备及原设备贬值的程度。

3）设备的综合磨损

设备在使用过程中，往往既发生有形磨损，又要承受无形磨损。同时存在有形磨损和无形磨损的情况称为设备的综合磨损。

2．设备磨损的补偿

由于设备磨损的存在必然引起设备原始价值的降低和技术状态的低劣化，因此，为维持设备的正常工作所需的特性和功能，必须采取相应的措施对设备进行补偿。设备磨损的补偿有技术补偿和经济补偿两种方式。

1）设备磨损的技术补偿

设备磨损的形式和程度决定了技术补偿的形式。设备磨损和技术补偿方式如图 8-2 所示。

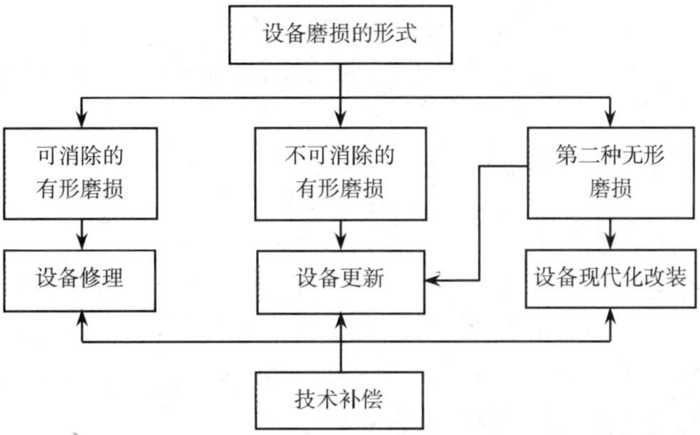

图 8–2　设备磨损和技术补偿方式

设备技术补偿的目的在于减轻设备的物质、技术劣化，保障设备良好的技术状态，防止设备故障、停机。根据设备磨损的形式和程度，有修理、更新和现代化改装三种技术补偿方式。对于可消除的有形磨损，可通过修理来恢复其功能；对于不可消除的有形磨损，可采用更新的方式进行补偿；对于第二种无形磨损，因为它是由科学技术进步产生了相同功能的新型设备所致的，要全部或部分补偿这种差距，需要对原设备进行技术改造，即现代化改装或更新。另外，还需要结合经济评价方法来决定采用何种补偿方式，其评价的实质是多方案比选。

（1）设备修理。设备修理是指为了消除设备经常性的有形磨损和排除机器运行中碰到的各种故障，保证设备在其寿命期内维持必要性能而进行的维修工作，可分为日常维护、小修理、中修理和大修理。日常维护是指与拆除和更换设备中被磨损的零部件无关的一些维修内容，如设备的清洁、润滑、定期检查和调整等；小修理是指在设备使用过程中为保证其工作能力而进行的调整、修复或更换个别零件的修理工作；中修理是指进行设备部分解体的计划修理，主要是更换或修复磨损零件，使修理的部分零件基本恢复到设备出厂时的功能水平；大修理是指在原有实物形态上进行局部更新，通过对设备全部解体，修理耐久部分，更换全部损坏零部件，全面消除缺陷，恢复设备的精度及整机功能。

（2）设备更新。即以新换旧，通常有两种形式：一种是用相同的原型设备去更换有形磨损严重、不能继续使用的旧设备；另一种是用技术更先进、效率更高的新型高效设备来更换旧设备。

（3）设备现代化改装。设备现代化改装是指利用现代科技成果来改装现有旧设备。通过改进旧设备的结构或给旧设备更换新部件来提高现有设备的技术水平和效率，使其赶上技术进步的步伐。由于现代化改装是在原有旧设备上进行的，所需费用一般会少于新购设备，故对于资金不足的企业来说，设备现代化改装是改变技术落后状况的重要途径。

这里需要注意的是，设备更新有狭义和广义两种释义。狭义的设备更新是指用新设备去更换旧设备，而广义的设备更新包含了上述修理、更新、现代化改装三种方式。

2）设备磨损的经济补偿

在使用过程中，设备由于受到有形和无形磨损的影响，价值逐渐降低，损耗的这部分价值被转移到产品中，构成产品的成本，通过产品销售收回这部分价值。通常把设备逐渐转移到产品成本中并相当于设备损耗的那部分价值称为折旧。对设备提取的折旧主要用于设备的更新，因此，设备磨损的经济补偿是通过对设备提取折旧来实现的。

8.1.2 设备更新的特点与程序

1. 设备更新的特点

（1）咨询者视角是设备更新分析的立场。从咨询者视角进行方案比较是设备更新分析的重要立场。咨询者并不拥有任何资产，因此不管是保留旧设备还是购置新设备，企业都要付出相当于设备当前市场价格的资金，才能取得设备的使用权。这个特点有利于企业从更客观的角度去对各类更新方案进行分析比选。

（2）关注未来现金流量是设备更新的决策依据。旧设备经过磨损，其实物资产的价值会有所降低。但旧设备经过折旧后所剩的账面价值，并不一定等于其当前的市场价值，即更新旧设备往往会产生一笔沉没成本，可用如下公式表示：

沉没成本=旧设备账面价值−当前市场价值（残值）　（8-1）

或

沉没成本=（旧设备原值−历年折旧费）−当前市场价值（残值）　（8-2）

设备更新分析中只考虑今后所发生的现金流量，而沉没成本与当前的更新决策无关，故无须再对其进行经济分析及计算。

（3）费用年值法是设备更新分析的主要方法。在比较设备更新方案时，如果假定备选设备产生的收益相同，则只需对它们的费用进行比较。因不同设备方案的服务寿命期不同，故通常采用费用年值法进行比较。新设备往往具有较高的购置费和较低的年运行费用，而旧设备往往具有较低的重置费和较高的年运行费用，采用费用年值法便于在同一基准上对新旧设备进行比较。

2. 设备更新的程序

设备更新决策对企业的劳动生产率乃至经济效益有着重要影响，过早进行设备更新会造成资产的浪费，增加投资负担；过迟进行设备更新会造成生产成本的迅速上升，可能使企业失去价格优势。因此，企业在做设备更新决策前必须进行经济性分析。设备更新经济性分析是多方案比较的过程，一般应遵循的程序如图 8-3 所示。

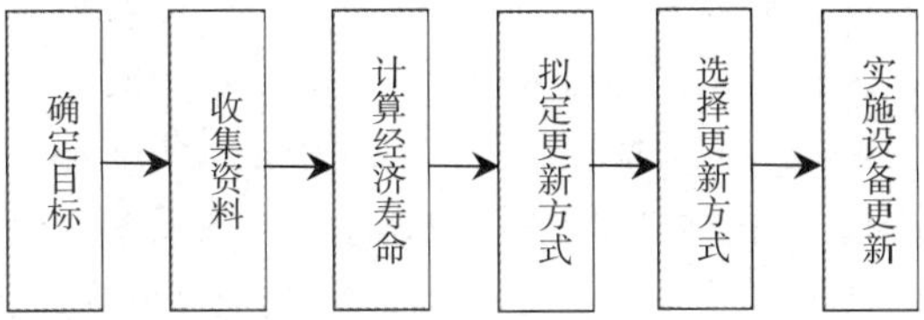

图 8-3　设备更新的程序

（1）确定目标。目标可以是一台设备、某个生产装置或一条生产线等。

（2）收集资料。收集设备折旧、费用、性能、技术进步、磨损程度等方面的资料。

（3）计算经济寿命，确定最佳更新时机。

（4）拟定更新方式。对设备大修理是否经济合理、设备使用多长时间最经济、何时为最佳更新时间、何种方式更新设备最经济合理、设备直接购置和租赁的经济合理性等问题进行分析。也就是说，设备更新决策实质上是一个对多个互斥方案进行分析比选的过程。

（5）选择更新方式。

（6）实施设备更新。

8.1.3　设备的寿命

设备的寿命一般分为自然寿命、技术寿命和经济寿命。

（1）设备的自然寿命。设备的自然寿命，也称物理寿命，是指设备从投入使用开始，直到因物理磨损而不能继续使用、报废为止所经历的时间。它主要是由设备的有形磨损所决定的。及时的设备维修和保养，可延长设备的自然寿命，但不能从根本上避免设备的磨损。任何一台设备磨损到一定程度时，都必须进行更新。

（2）设备的技术寿命。设备的技术寿命是指设备由开始使用到因技术落后而被淘汰所延续的时间，它是由设备的无形磨损（特别是第二种无形磨损）决定的。由于科学技术的迅速发展，不断出现比现有设备技术更先进、经济性更好的新型设备，从而使现有设备在自然寿命尚未结束前就被淘汰。因此，技术寿命的长短，主要取决于科学技术进步的速度。通过现代化改装，可以延长设备的技术寿命。

（3）设备的经济寿命。设备的经济寿命是指设备从投入使用开始，到由于继续使用不经济而被更新所经历的时间。因为磨损，每一台设备都要经历从全新状态到被淘汰或者报废的过程。设备更新主要从经济的角度来看设备最合理的使用期限。

8.2　设备经济寿命的确定方法

8.2.1　经济寿命确定的基本原则

设备的经济寿命是由有形磨损和无形磨损共同决定的。设备更新的经济分析中，若设备产生的收益是相同的，那么确定设备经济寿命的原则是使设备的年均总费用最小。

年均总费用由设备购置费的年分摊额和设备年运行费用两部分构成。设备年运行费用是在整个设备寿命期内为使设备正常运转而必须支出的与设备运行有关的费用，如操作人员的工资、能源消耗费、保养修理费、事故停产损失费等。随着设备使用年限的延长，设备购置费的年分摊额会逐渐减少，而设备年运行费用会逐渐增加。这样，设备购置费的年分摊额的减少与设备年运行费用的增加形成了此消彼长的关系，设备年均总费用往往呈现出先降后升的变化规律，如同一个“U”形曲线，如图 8-4 所示。年均总费用最小时所对应的使用时间 T_0 即设备的经济寿命。

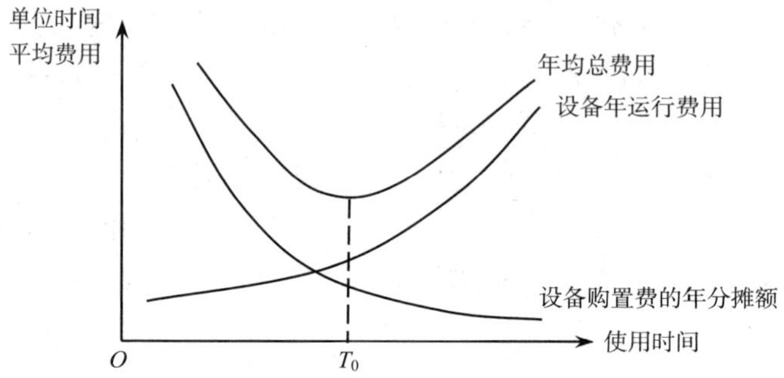

图 8-4　设备年均总费用构成

通常，按照是否考虑资金时间价值，设备经济寿命的确定有静态和动态两种计算方法。

8.2.2　经济寿命的静态计算方法

假设设备购置费为 P，第 j 年的运行费用为 C_j，第 n 年年末的残值为 L_n，设备使用年限为 n，则 n 年内设备的总费用为：

$$\mathrm{TC}_n = P - L_n + \sum_{j=1}^{n} C_j \tag{8-3}$$

n 年内设备的年均总费用为：

$$\mathrm{AC}_n = \frac{\mathrm{TC}_n}{n} = \frac{P - L_n}{n} + \frac{1}{n}\sum_{j=1}^{n} C_j \tag{8-4}$$

由式（8-4）可知，设备的年均总费用 AC_n 等于设备的年均资产恢复费用 $\dfrac{P-L_n}{n}$ 与设备的年均运行费用 $\dfrac{1}{n}\sum\limits_{j=1}^{n} C_j$ 之和。

因此，可通过计算不同使用年限的年均总费用 AC_n 来确定设备的经济寿命。若设备的经济寿命为 m 年，则应满足条件：$\mathrm{AC}_m<\mathrm{AC}_{m-1}$ 且 $\mathrm{AC}_m<\mathrm{AC}_{m+1}$。

【例 8-1】某型号设备购置费为 3 万元，在使用中有如表 8-1 所示的统计资料。如果不考虑资金时间价值，试计算其经济寿命。

表 8-1　某型号设备的统计资料　　单位：元

使用年限	1	2	3	4	5	6	7
年运行费用	5 000	6 000	7 000	9 000	11 500	14 000	17 000
年末残值	15 000	7 500	3 750	1 875	1 000	1 000	1 000

【解】某型号设备在不同使用期限的年均总费用 AC_n 如表 8-2 所示。

表 8-2　某型号设备年均总费用计算表　　单位：元

使用期限 n	资产恢复费用 $P-L_n$	年均资产恢复费用 $\frac{P-L_n}{n}$	年度运行费用 C_j	使用期限内运行费用累计 $\sum_{j=1}^{n}C_j$	年均运行费用 $\frac{1}{n}\sum_{j=1}^{n}C_j$	年均总费用 AC_n ⑦=③+⑥
①	②	③	④	⑤	⑥	⑦
1	15 000	15 000	5 000	5 000	5 000	20 000
2	22 500	11 250	6 000	11 000	5 500	16 750
3	26 250	8 750	7 000	18 000	6 000	14 750
4	28 125	7 031	9 000	27 000	6 750	13 781
5	29 000	5 800	11 500	38 500	7 700	13 500*
6	29 000	4 833	14 000	52 500	8 750	13 583
7	29 000	4 143	17 000	69 500	9 929	14 072

*表示年均总费用最低，本节此类表注释同此。

由结果来看，某型号设备使用 5 年时，其年均总费用最低（AC_5=13 500 元），使用期限大于或小于 5 年时，其年均总费用均大于 13 500 元，故该设备的经济寿命为 5 年。

设备的运行费用包括能源费、保养费、修理费、停工损失、废次品损失等。一般而言，随着设备使用期限的增加，运行费用每年以某种速度在递增，这种运行费用逐年递增的现象，称为设备的（低）劣化。如果每年设备的劣化增量是均等的，则每年劣化呈线性增长，现金流量图如图 8-5 所示。

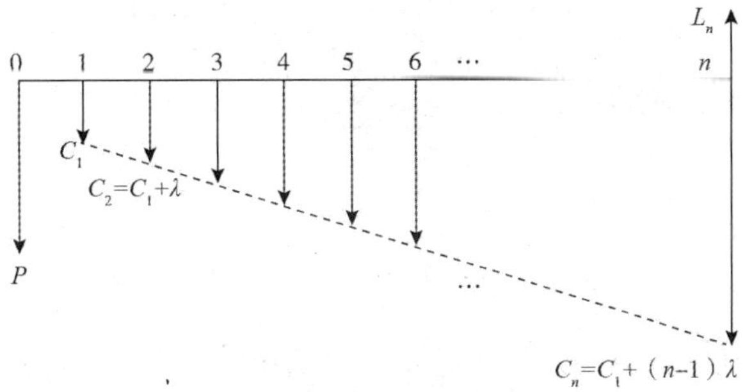

图 8-5　劣化增量均等的现金流量图

假定运行费用均发生在年末，设每年运行费用增加额为 λ，若设备使用期限为 n 年，

则第 n 年时的运行费用为：

$$C_n=C_1+(n-1)\lambda \tag{8-5}$$

式中，C_1 为运行费用的初始值，即第 1 年的运行费用；n 为设备使用年限；C_n 为第 n 年的运行费用。

n 年内设备运行费用的平均值为：

$$C_1+\frac{n-1}{2}\lambda$$

n 年内设备的年均总费用则为：

$$AC_n=\frac{P-L_n}{n}+C_1+\frac{n-1}{2}\lambda \tag{8-6}$$

通过求式（8-6）的极值，可得到设备的经济寿命。设 L_n 为一常数，令 $\frac{d(AC_n)}{dn}=0$，则经济寿命 m 为：

$$m=\sqrt{\frac{2(P-L_n)}{\lambda}} \tag{8-7}$$

【例 8-2】某设备购置费为 8 000 元，预计残值为 800 元，第 1 年的运行费用为 800 元，每年设备的劣化值相等，均为 300 元。求该设备的经济寿命。

【解】设备的经济寿命为：

$$m=\sqrt{\frac{2(8\,000-800)}{300}}\approx 7(\text{年})$$

8.2.3 经济寿命的动态计算方法

假设 i 为折现率，P 为设备购置费，C_j 为第 j 年的运行费用，L_n 为第 n 年年末的残值，n 为使用年限，在设备经济寿命计算中，n 是一个自变量，则 n 年内设备的总费用现值为：

$$TC_n=P-L_n(P/F,i,n)+\sum_{j=1}^{n}C_j(P/F,i,j) \tag{8-8}$$

n 年内设备的年均总费用为：

$$AC_n=TC_n(A/P,i,n) \tag{8-9}$$

若考虑设备低劣化，则 n 年内设备的年均总费用为：

$$\begin{aligned}AC_n&=P(A/P,i,n)-L_n(A/F,i,n)+C_1+\lambda(A/G,i,n)\\&=[(P-L_n)(A/P,i,n)+L_ni]+[C_1+\lambda(A/G,i,n)]\end{aligned} \tag{8-10}$$

因此，可通过计算不同使用年限的年均总费用 AC_n 来确定设备的经济寿命。若设备的经济寿命为 m 年，则应满足条件：$AC_m<AC_{m-1}$，$AC_m<AC_{m+1}$。

【例 8-3】某设备原始价值为 16 000 元，年利率为 10%，各年残值及运行费用如表 8-3 所示。试确定设备的经济寿命。

表 8-3　某设备的统计数据　　单位：元

使用年限	1	2	3	4	5	6	7
年运行费用	2 000	2 500	3 500	4 500	5 500	7 000	9 000
年末残值	10 000	6 000	4 500	3 500	2 500	1 500	1 000

【解】某设备在不同使用期限的年均总费用 AC_n 如表 8-4 所示。

表 8-4　某设备年均总费用计算表　　单位：元

n	P	L_n	$(P/F,i,n)$	$L_n(P/F,i,n)$	C_j	$C_j(P/F,i,n)$	Σ⑥	年总费用 TC_n	$(A/P,i,n)$	年均总费用 AC_n
	①	②	③	④=②×③	⑤	⑥=⑤×③	⑦=Σ⑥	⑧=①−④+⑦	⑨	⑩=⑧×⑨
1	16 000	10 000	0.909	9 090	2 000	1 818	1 818	8 728	1.100	9 601
2	16 000	6 000	0.826	4 956	2 500	2 065	3 883	14 927	0.576	8 598
3	16 000	4 500	0.751	3 380	3 500	2 629	6 512	19 132	0.402	7 691
4	16 000	3 500	0.683	2 391	4 500	3 074	9 586	23 195	0.315	7 306
5	16 000	2 500	0.621	1 553	5 500	3 416	13 002	27 449	0.264	7 247*
6	16 000	1 500	0.565	848	7 000	3 955	16 957	32 109	0.230	7 385
7	16 000	1 000	0.513	513	9 000	4 617	21 574	37 061	0.205	7 598

由结果来看，该型号设备使用 5 年时，其年均总费用最低（AC_5=7 247 元），使用期限大于或小于 5 年时，其年均总费用均大于 7 247 元，故该设备的经济寿命为 5 年。

【例 8-4】某设备购置费为 24 000 元，第 1 年的设备运行费用为 8 000 元，以后每年增加 5 600 元，设备逐年减少的残值如表 8-5 所示。若利率为 12%，求该设备的经济寿命。

表 8-5　某设备残值及年运行费用　　单位：元

使用年限	设备使用到第 n 年年末的残值	年运行费用
1	12 000	8 000
2	8 000	13 600
3	4 000	19 200
4	0	24 800

【解】设备在使用期限内的年均总费用计算如下：

n=1　AC_1=（24 000−12 000）（A/P,12%,1）+12 000×i+8 000+5 600（A/G,12%,1）

=12 000×1.120 0+12 000×0.12+8 000+5 600×0

=22 880（元）

n=2　AC_2=（24 000−8 000）（A/P,12%,2）+8 000×i+8 000+5 600（A/G,12%,2）

=16 000×0.591 7+8 000×0.12+8 000+5 600×0.471 7

=21 068（元）

n=3　AC_3=（24 000−4 000）（A/P,12%,3）+4 000×i+8 000+5 600（A/G,12%,3）

=20 000×0.4 163+4 000×0.12+8 000+5 600×0.924 6

=21 984（元）

n=4　AC_4=（24 000−0）（A/P,12%,4）+0×i+8 000+5 600（A/G,12%,4）

=24 000×0.329 2+0×0.12+8 000+5 600×1.358 9

=23 511（元）

计算结果如表 8-6 所示，根据计算结果可知，设备的经济寿命为 2 年。

表 8-6　某设备经济寿命动态计算表　　单位：元

使用年限	设备使用到第 n 年年末的残值	年运行费用	年均资产恢复费用	年均运行费用	年均总费用
1	12 000	8 000	14 880	8 000	22 880
2	8 000	13 600	10 427	10 641	21 068*
3	4 000	19 200	8 806	13 179	21 984
4	0	24 800	7 901	15 610	23 511

8.3　设备大修理的经济分析

8.3.1　设备大修理概述

1．设备大修理

设备大修理是指对设备进行全部解体，修理耐久部分，调整、修复或更换磨损的零部件，全面消除缺陷，恢复设备的精度，恢复零部件和整机功能，使设备基本上达到原有功能水平。

设备大修理能够利用保留下来的零部件，从而节约了大量的原材料和加工工时。在一般情况下，大修理比制造新设备快，因此它也是一种保持生产能力和延长设备使用期限的措施。但是，因大修理规模大，花费较多，做大修理决策时必须和设备的更新以及其他再生产方式相比较。

2．设备大修理与设备性能劣化

在做大修理决策时，要注意修理是有限度的，长期无休止的修理会导致设备性能劣化的加深，使其无法再恢复到原有的性能水平，严重阻碍技术进步。图 8-6 中 OA 表示设备的标准性能水平，设备在使用过程中性能沿 AB_1 下降，如不修理继续使用，则寿命大幅缩短，若在 B_1 点处进行修理，设备的性能又恢复到 B 点。如此多次直到 G 点，设备就不能再修理了，其自然寿命宣告结束。图中 A、B、C、D、E、F、G 各点相连，就形成了设备使用过程中的性能劣化曲线。由图 8-6 可以看出，大修理后的设备无论是从生产率、精确度、速度等方面，还是从使用中的技术故障频率、有效运行时间等方面，都比同类型的新设备逊色，其综合质量会有某种程度的降低。同时，大修理的间隔周期会随着设备使用时间的延长而越来越短。由此可见，设备大修理不能无止境地进行，随着大修理次数的增加，设备的残值越来越少，大修理的间隔周期越来越短，所需的大修费用会越来越高，最终失去经济上的合理性。

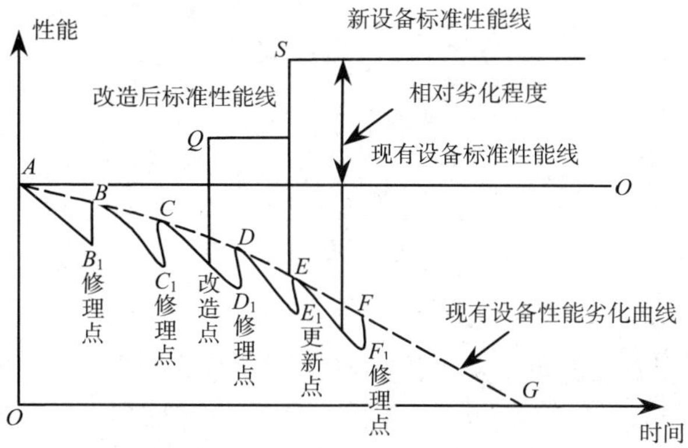

图 8-6　大修理与设备性能劣化关系图

8.3.2　设备大修理的经济界限

1．经济界限

从理论上讲，对设备进行大修理的经济界限可用下式进行判断：

$$R \leqslant K_j - L_j \tag{8-11}$$

式中，R 表示某次大修理的费用；K_j 表示设备第 j 次大修理时的再生产价值（购买相同设备的市场价格）；L_j 表示设备第 j 次大修理时的残值。

由式（8-11）可知，大修理的费用 R 必须小于或等于在同一时期该种新设备价值和原设备在该期的残值之差，否则企业可直接买入新设备，无须大修理。

除满足上述经济条件外，设备在下列情况下一般需要进行更新：设备役龄长，精度丧失，结构陈旧，技术老化，无修理或改造价值；设备先天不足，粗制滥造，生产效率低，不能满足产品工艺要求，并且很难修好；设备技术落后，工人劳动强度大，影响人身安全；设备有严重“四漏”（漏油、漏电、漏气、漏水）现象，能耗高，污染环境；经修理后很难恢复基本的精度和生产效率。

2．经济界限 II

设备大修理的经济界限如何，不能仅从大修理费用与设备价值之间的关系来判断，还必须与生产成本联系起来，即在大修理后使用该设备生产的单位产品的成本，应该不超过用相同的新设备生产的单位产品的成本，这样的大修理在经济上才是合理的。事实上，这是更为重要的设备大修理的经济界限。因此，合理的大修理的另外一个条件是：

$$C_n - C_j \geqslant 0 \tag{8-12}$$

式中，C_j 表示第 j 次大修理后设备加工单位产品的费用；C_n 表示新设备加工单位产品的费用。

C_j 与 C_n 的计算公式如下：

$$C_j = \frac{(R_j + \Delta V_{j+1})\quad(A/P, i_0, T_{j+1})}{Q_{j+1}} + C'_j \tag{8-13}$$

$$C_n = \frac{\Delta V_n\,(A/P, i_0, T_n)}{Q_n} + C'_n \tag{8-14}$$

式中，R_j 为原设备第 j 次大修理的费用；ΔV_{j+1} 为原设备第 j+1 个大修理周期内的价值损耗值现值；Q_{j+1} 为原设备在第 j+1 个大修理周期的年均产量；C'_j 为原设备在第 j 次大修理后生产的单位产品的经营成本；T_{j+1} 为原设备第 j 次大修理到第 j+1 次大修理的间隔年数；ΔV_n 为新设备第一个大修理周期内的价值损耗现值；Q_n 为新设备第一个大修理周期的年均产量；C'_n 为用新设备生产单位产品的经营成本；T_n 为新设备从投入使用到第一次大修理的间隔年数；i_0 为基准收益率。

【例 8-5】某企业 5 年前以 30 000 元购入生产 A 产品的设备一台，现进行设备大修理，费用为 5 000 元。设备经过大修理后，残值从 10 000 元上升到 12 000 元，可继续使用 4 年再进行大修理。4 年期间年产量由 20 万件下降为 19.8 万件，年经营成本由 30 000 元上升到 32 000 元，到期残值为 4 000 元。已知市场目前同种设备市价为 24 000 元，年经营成本为 30 000 元，使用 5 年后残值为 6 000 元，基准收益率为 10%。设备大修理在经济上是否合算？

【解】

（1）大修理经济界限 I 的判定。

由于设备大修理费用为 5 000 元，小于更换新设备价值和原设备在该期的残值之差，即：24 000 元−10 000 元=14 000 元，符合设备大修理的最低经济界限。

（2）大修理经济界限 II 的判定。

分别计算大修理设备和同种新设备生产单位产品的成本，分析判断如下。

大修理设备生产的单位产品的成本为：

$$C_j = \frac{[5\,000+12\,000-4\,000(P/F,10\%,4)]\,(A/P,10\%,4)+32\,000}{19.8} = 1\,843.5\text{（元/万件）}$$

同种新设备生产的单位产品的成本为：

$$C_n = \frac{[24\,000 - 6\,000(P/F,10\%,5)](A/P,10\%,5) + 30\,000}{20} = 1\,767.4（元/万件）$$

根据计算，虽然大修理的费用小于在同一时期该种新设备价值和原设备在该期的残值之差，但大修理设备生产的单位产品的成本高于同种新设备生产的单位产品的成本，因此进行设备大修理在经济上是不合算的。

8.4　设备更新的经济分析

8.4.1　设备更新的类型

一般设备更新可以分为以下几种情况：

（1）原型设备更新。原型设备更新是用同型号设备以新换旧。这种更新主要用来更换已损坏不能继续使用，或较为陈旧、继续使用在经济上不合理的设备，这样有利于减少所需维护的机型、减轻维修工作量，保证原有产品质量，减少使用旧设备的能源、维修费等支出，但不具有更新技术的性质，因此不产生技术进步。

（2）新型高效设备更新。新型高效设备更新，也称技术更新，是用结构更先进、技术更完善、性能更好、效率更高、能源和材料消耗更少的新型设备，更换技术上陈旧落后、遭到第二种无形磨损、在经济上不宜继续使用的设备。常见的设备更新主要是指这种方式，它是实现企业技术进步、提高经济效益的主要途径。

（3）设备现代化改装。设备现代化改装是应用新技术，特别是数控技术，对旧设备进行技术改造，除对有形磨损严重的关键零部件进行更换外，更重要的是，给设备更换新部件、新附件、新装置，改善旧设备的技术性能，增加设备的某些功能，提高劳动生产率及可靠性，使之达到新设备的技术水平。设备现代化改装最大的特点是对资源的充分运用，所需费用一般低于购置新设备的费用。

另外，设备更新时还需要考虑服务期的有限或无限。服务期或分析时采用的研究期，是指设备服务的期限，当服务期满时设备将停止使用。如果服务期内不对设备进行更新，则单一设备的运行期就是服务期。如果服务期内对设备进行了更新，则旧设备及更换的新设备的运行期之和应等于服务期。在进行设备更新分析决策时，经常遇到两类问题，一类是无限服务期问题，另一类是有限服务期或固定服务期问题。前者是指当服务期过长，或者无法确定服务期的终止时刻时，假定服务期无限；后者是指有明确的服务期限。

8.4.2　无限服务期的设备更新

1．原型设备更新

在无限服务期的条件下，原型设备更新的最佳时机取决于设备的经济寿命。当设备达到经济寿命时，就应采用同类型的设备去更换，以保证使用期内的每一年都以最低的年均费用使用设备。更新过程如图 8-7 所示，其中 m 代表设备的经济寿命，n 代表服务期，趋向于无穷大。

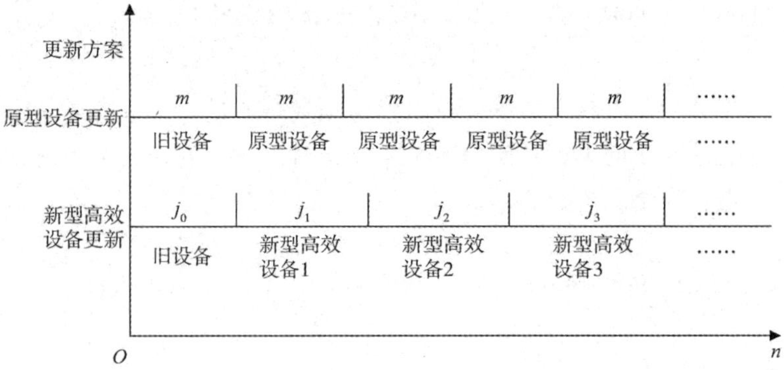

图 8-7　无限服务期的设备更新

2. 新型高效设备更新

在技术不断进步的条件下，尤其由于第二种无形磨损的作用，很可能在尚未到经济寿命前，就已出现工作效率更高和经济效果更好的设备。这时，就要对继续使用旧设备和购置新设备这两种方案进行比较，判断哪种方案在经济上更为有利。更新过程如图 8-7 所示，其中旧设备的使用期限为 j_0，更换后的新型高效设备 1 的使用期限为 j_1，新型高效设备 2 的使用期限为 j_2，以此类推，不断地进行分析，更换更加新型高效的设备。在有新型高效设备出现的情况下，常用的设备更新决策方法有年费用比较法和更新收益率法。这里只介绍年费用比较法。分析过程如下：

（1）分别计算旧设备与新设备的经济寿命 m_0 和 m_1，以及达到经济寿命时的年均总费用 $AC_{m,0}$ 和 $AC_{m,1}$。

（2）比较 $AC_{m,0}$ 和 $AC_{m,1}$。如果 $AC_{m,0}>AC_{m,1}$，那么使用新设备更加经济，应立即替换旧设备。反之，如果 $AC_{m,0}<AC_{m,1}$，那么继续使用旧设备更加经济，直到旧设备的经济寿命结束。

（3）当 $AC_{m,0}<AC_{m,1}$，且旧设备的经济寿命结束时，需要展开“边际分析”来确定更新时机。边际分析是指假设经济寿命结束后再使用旧设备一年，计算该年使用旧设备的总费用，将该总费用与新设备在其预计的经济寿命内的年均总费用 $AC_{m,1}$ 进行比较，决定是否应该更新设备。如果旧设备再使用一年的总费用大于 $AC_{m,1}$，那么在经济寿命结束时应更新设备。如果旧设备再使用一年的总费用小于 $AC_{m,1}$，那么可以再使用一年旧设备，然后重新进行“边际分析”，以此类推，直到旧设备变得不经济时进行替换。

将以上分析过程用流程图来表示，如图 8-8 所示。

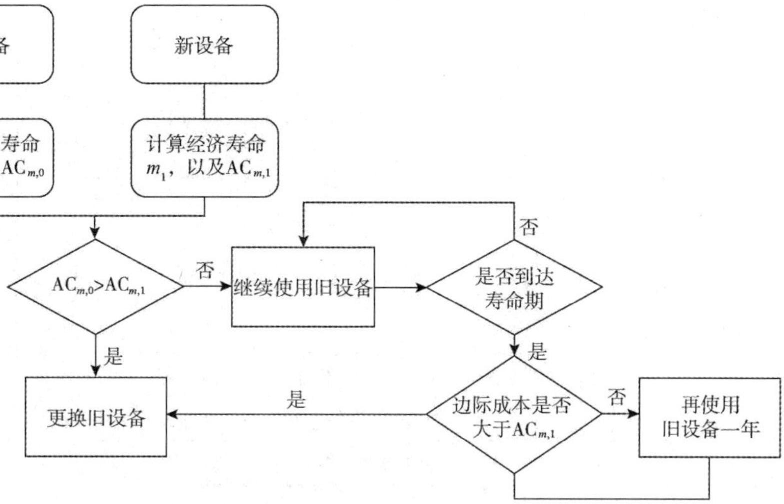

图 8-8　无限服务期的新型高效设备分析过程

【例 8-6】某公司考虑更换一台监测设备，现有两个方案。

方案 1：维修后继续使用旧设备。维修费用为 1 200 元，维修后还能继续使用 6 年。运行费用逐年递增，第 1 年为 2 000 元，之后每年增加 1 500 元。目前，该设备的市场价值为 5 000 元，之后每年按照 25%的比例递减。

方案 2：更换新设备。新设备价值为 10 000 元，第 1 年的运行费用为 2 200 元，之后按 20%的比例增加。使用一年后，预计残值为 6 000 元，之后每年按照 15%的比例递减。新设备的自然寿命为 8 年。

假定基准收益率为 15%，试确定更新时间。

【解】

（1）计算旧设备的经济寿命。

如果该公司继续使用旧设备，则产生 5 000 元的机会成本，以及 1 200 元的维修成本，这些都是继续使用旧设备的投资，共计 6 200 元。

在继续使用旧设备的第 1 年年末，按照每年递减 25%的比例，该设备的残值为 3 750 元［5 000（1−0.25）］，到第 6 年年末，残值为 890 元。

在继续使用旧设备的第 1 年，运行费用为 2 000 元，按照每年递增 1 500 元的速度，第 2 年运行费用为 3 500 元（2 000+1 500），到第 6 年，运行费用为 9 500 元。

该型号设备在不同使用期限的年均总费用 AC_n 的计算过程如表 8-7 所示。

表 8-7　旧设备年均总费用计算表　单位：元

n	P	L_n	$(P/F,i,n)$	$L_n(P/F,i,n)$	C_j	$C_j(P/F,i,n)$	∑⑥	年总费用 TC_n	$(A/P,i,n)$	年均总费用 AC_n
	①	②	③	④=②×③	⑤	⑥=⑤×③	⑦=∑⑥	⑧=①−④+⑦	⑨	⑩=⑧×⑨
1	6 200	3 750	0.870	3 262.50	2 000	1 740	1 740	4 677.50	1.150	5 379.13

续表

n	P ①	L_n ②	$(P/F,i,n)$ ③	$L_n(P/F,i,n)$ ④=②×③	C_j ⑤	$C_j(P/F,i,n)$ ⑥=⑤×③	Σ⑥ ⑦=Σ⑥	年总费用 TC_n ⑧=①−④+⑦	$(A/P,i,n)$ ⑨	年均总费用 AC_n ⑩=⑧×⑨
2	6 200	2 813	0.756	2 126.63	3 500	2 646	4 386	8 459.75	0.615	5 202.75*
3	6 200	2 109	0.658	1 387.72	5 000	3 290	7 676	12 488.03	0.438	5 469.76
4	6 200	1 582	0.572	904.90	6 500	3 718	11 394	16 689.08	0.350	5 841.18
5	6 200	1 187	0.497	589.93	8 000	3 976	15 370	20 980.30	0.298	6 252.13
6	6 200	890	0.432	384.48	9 500	4 104	19 474	25 289.57	0.264	6 676.45

根据表 8-7 中的计算结果，旧设备的经济寿命为 2 年，$AC_{m,0}$=5 202.75 元。

（2）计算新设备的经济寿命。

如果更新新设备，则购置成本为 10 000 元。

在第 1 年年末，该设备的残值为 6 000 元，之后按照每年递减 15%的比例，第 2 年年末残值为 5 100 元［6 000（1−0.15）］，第 8 年年末残值为 1 923.46 元。

在继续使用旧设备的第 1 年，运行费用为 2 200 元，按照每年增加 20%的比例，第 2 年为 2 640 元（2 200×1.2），以此类推，在第 8 年，运行费用为 7 883 元。

该型号设备在不同使用期限的年均总费用 AC_n 的计算过程如表 8-8 所示。

表 8-8　新设备年均总费用计算表　　单位：元

n	P ①	L_n ②	$(P/F,i,n)$ ③	$L_n(P/F,i,n)$ ④=②×③	C_j ⑤	$C_j(P/F,i,n)$ ⑥=⑤×③	Σ⑥ ⑦=Σ⑥	年总费用 TC_n ⑧=①−④+⑦	$(A/P,i,n)$ ⑨	年均总费用 AC_n ⑩=⑧×⑨
1	10 000	6 000.00	0.870	5 220.00	2 200.00	1 914.00	1 914.00	6 694.00	1.150	7 698.10
2	10 000	5 100.00	0.756	3 855.60	2 640.00	1 995.84	3 909.84	10 054.24	0.615	6 183.36
3	10 000	4 335.00	0.658	2 852.43	3 168.00	2 084.54	5 994.38	13 141.95	0.438	5 756.18
4	10 000	3 684.75	0.572	2 107.68	3 801.60	2 174.52	8 168.90	16 061.22	0.350	5 621.43*
5	10 000	3 132.04	0.497	1 556.62	4 561.92	2 267.27	10 436.17	18 879.55	0.298	5 626.11
6	10 000	2 662.23	0.432	1 150.08	5 474.30	2 364.90	12 801.07	21 650.99	0.264	5 715.86
7	10 000	2 262.90	0.376	850.85	6 569.16	2 470.00	15 271.08	24 420.23	0.240	5 860.85
8	10 000	1 923.46	0.327	628.97	7 883.00	2 577.74	17 848.82	27 219.84	0.223	6 070.03

根据表 8-8 中的计算结果，新设备的经济寿命为 4 年，$AC_{m,1}$=5 621.43 元。

由于 $AC_{m,0}<AC_{m,1}$，所以公司不需要立即更换设备，而是继续使用旧设备 2 年，即使

用旧设备到其经济寿命结束。至于 2 年后，是否继续使用旧设备，分析过程如下。

（3）旧设备更换时间。

假设公司在旧设备经济寿命结束后，再使用旧设备一年，计算当年的总费用。

由表 8-7 可知，在第 2 年年末，旧设备残值为 2 813 元，是继续使用旧设备的机会成本，将其看作继续使用需要的投资；第 3 年年末，旧设备残值为 2 109 元；第 3 年的运行费用为 5 000 元。则在 3 年年末，当年的总费用为 6 125.95 元［2813（F/P,15%,1）+5 000−2 109］。

由于 6 125.95＞$AC_{m,1}$，说明相比新设备，在第 3 年继续使用旧设备变得不经济。所以，公司应该在第 2 年年末更换旧设备。

8.4.3　有限服务期的设备更新

在企业的生产中，有时需要设备服务的期限是一定的，这个期限经常大于正在使用设备的剩余寿命，而又小于现有设备和更新设备的寿命之和。在这种情况下，新旧设备可以组成若干互斥方案，然后对各个方案进行比选，选择费用最低的方案。

【例 8-7】假定例 8-6 中的公司设定了 8 年设备服务期。8 年后，公司将设备卖出，不再持有任何设备。试确定最佳更新策略。

【解】在 8 年服务期下，新旧设备可组成多种更新组合，这里选取了 6 种方案做分析，如图 8-9 所示。

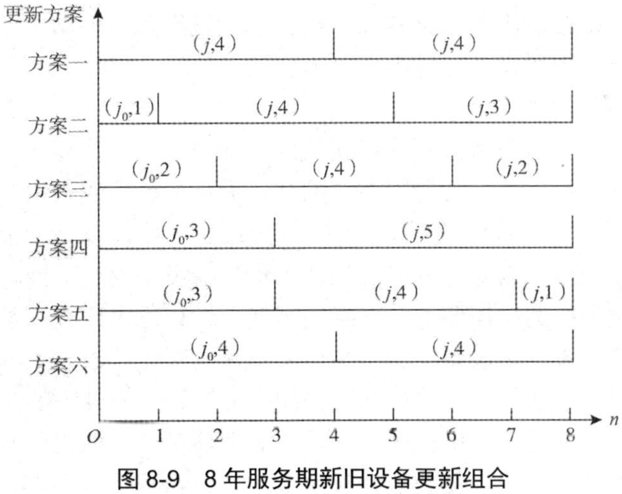

图 8-9　8 年服务期新旧设备更新组合

方案一：(j_0,0)，(j,4)，(j,4)。立即更换新设备，4 年后再次更换新设备，3 个设备的使用期限分别为 0 年、4 年和 4 年。

方案二：(j_0,1)，(j,4)，(j,3)。1 年后更换新设备，4 年后再次更换新设备，3 个设备的使用期限分别为 1 年、4 年和 3 年。

方案三：(j_0,2)，(j,4)，(j,2)。2 年后更换新设备，4 年后再次更换新设备，3 个设备的使用期限分别为 2 年、4 年和 2 年。

方案四：$(j_0,3)$，$(j,5)$。3 年后更换新设备，2 个设备的使用期限分别为 3 年、5 年。

方案五：$(j_0,3)$，$(j,4)$，$(j,1)$。3 年后更换新设备，4 年后再次更换新设备，3 个设备的使用期限分别为 3 年、4 年和 1 年。

方案六：$(j_0,4)$，$(j,4)$。4 年后更换新设备，2 个设备的使用期限分别为 4 年和 4 年。

利用例 8-6 已计算出的年均总费用（见表 8-7、表 8-8），分别计算各方案的费用现值：

PC_1=5 621.43（P/A,15%,8）=25 225.04（元）

PC_2=5 379.13（P/F,15%,1）+5 621.43（P/A,15%,4）（P/F,15%,1）+5 756.18（P/A,15%,3）（P/F,15%,5）=25 168.52（元）

PC_3=5 202.75（P/A,15%,2）+5 621.43（P/A,15%,4）（P/F,15%,2）+6 183.36（P/A,15%,2）（P/F,15%,6）=24 938.50（元）

PC_4= 5 469.76（P/A,15%,3）+5 626.11（P/A,15%,5）（P/F,15%,3）=24 888.90（元）

PC_5= 5 469.76（P/A,15%,3）+5 621.43（P/A,15%,4）（P/F,15%,3）+7 698.10（P/F,15%,8）=25 557.40（元）

PC_6=5 841.18（P/A,15%,4）+5 621.43（P/A,15%,4）（P/F,15%,4）=25 853.49（元）

由此可见，方案四的费用现值最低，在 6 种方案中优选方案四。对于其他的方案组合，均可采用类似方法展开分析，最终选取最佳更新策略。

8.4.4 设备现代化改装的经济分析

1. 设备现代化改装的概念

设备现代化改装是指应用现代化的技术成就和先进经验，根据生产的具体需要，改变旧设备的结构或增加新装置、新部件等，以改变旧设备的技术性能与使用指标，使它局部达到或全部达到新设备的水平。

采用先进的科学技术对设备进行现代化改装是加速企业现代化的一条捷径，在技术上能克服现有设备技术落后的状态，促进企业的技术进步，扩大设备生产能力，提高设备质量。现代化改装在经济上也具有一定优势，因为改装是在原设备基础上进行的，许多原设备零部件仍可以继续使用，因此所需投资往往比购置新设备要少；同时，具有针对性的现代化改装，更能适应生产的具体要求，在某些情况下，其适应性程度甚至超过新设备，某些技术性能达到或超过现代新设备的水平。由此可见，现代化改装具有重要的现实意义。

但是，如果出现一种新的工作原理和新的加工方法，对原设备的改装可能由于改造量太大而不经济，或者根本无法改造。同时，设备的役龄对设备现代化改装影响很大，对役龄大的特别是陈旧设备进行现代化改装，技术上困难，经济上也不合算。

2. 设备现代化改装的原则

（1）设备现代化改装必须适应生产技术发展的需要。针对设备对产品质量、数量、成本、生产安全、能源消耗和环境保护等方面的影响程度，在能够取得实际效益的前提下，有计划、有重点、有步骤地进行。

（2）设备现代化改装必须充分考虑技术上的可能性。即设备值得改装和利用，有改善功率、提高效率的可能。改装往往要经过大量试验，应严格执行企业审批手续。

（3）设备现代化改装必须充分考虑经济上的合理性。改装方案要由专业技术人员进行技术经济分析，并进行可行性研究和论证。

（4）设备现代化改装工作一般应与大修理结合进行。这样既能达到设备现代化改装的目的，又能节约改装费用。

3．设备现代化改装的经济分析法

对设备进行现代化改装，往往是因为对设备提出了新的生产要求，因此分析设备改装方案的经济性时，可采用增量分析法进行决策。

【例 8-8】企业为适应市场需求，扩大生产规模，调整产品结构，需要对原设备进行现代化改装，预计投资总金额为 8 000 万元。相比不进行改装，改装后第 10 年年末净残值将增加 200 万元；建成当年投入使用，可使企业收入增加 1 000 万元，以后每年可使收入增加 2 000 万元；经营成本的增加是收入增加的 20%。企业要求的最低收益率为 10%，设备的服务期为 10 年。求现代化改装是否合算。

【解】设备进行现代化改装，企业的收入与经营成本都有不同程度的增加，可采用增量分析法进行分析评价。

根据题意，现代化改装增加投资后的增量现金流量现值为：

$$\begin{aligned}\text{NPV}(10\%) &= -8\,000+(1\,000-1\,000\times20\%)(P/F,10\%,1)+(2\,000-2\,000\times20\%)\\&\quad(P/A,10\%,9)(P/F,10\%,1)+200(P/F,10\%,10)\\&=1\,181.19\text{（万元）}\end{aligned}$$

由计算可知，设备进行现代化改装的投资除了可以获得 10%的收益率，还可以得到 1 181.19 万元的净现值收益，可见，设备进行现代化改装在经济上是合算的。

8.5　设备租赁的经济分析

由于有些设备专业化程度较高、结构较为复杂、价格较为昂贵，如果企业自己购置、配备这些设备，就会占用大量资金。当企业的资金满足不了购置要求，或者购置后不能保证设备的充分利用造成资源浪费时，租赁就是一种可行的途径，企业可借助租赁的形式获得设备的使用权。

8.5.1　设备租赁的概念及种类

设备租赁是指一种合同，在这种合同中，一方获得另一方所拥有设备的使用权并付给其租金。拥有设备所有权的一方称为出租人，支付租金并获得设备使用权的一方称为承租人。常见的租赁方式有经营租赁和融资租赁两种。

1．经营租赁

经营租赁通常是一种短期租赁，它一般由设备所有者（出租人）负责设备的维修、保养与保险，租赁的期限通常远远短于设备的寿命期，出租人和承租人通过订立租约维系租赁业务关系。承租人不需要获得设备的所有权，而只是支付相应租金来取得设备在租赁期内的使用权。这样，承租人可以不承担设备无形磨损的风险，并可根据市场的变化灵活决定租赁设备的型号以及租赁期限。

2．融资租赁

融资租赁通常是一种长期租赁，它是指出租人按照签订的租赁协议或合同，购置承租人需要的资产，并将其租赁给承租人长期使用，承租人可在资产的大部分使用寿命期内获得资产的使用权。租约期满后，租赁设备的所有权无偿或低于其残值转让给承租人，租赁期间的设备维修、保养、保险等费用均由承租人负责。融资租赁的租费总额通常足够补偿全部设备购置成本，一般租约到期之前不得解除。

8.5.2 设备租赁或购置决策影响因素

1．影响设备租赁或购置的基本因素

企业在决定进行设备投资之前，必须详细地分析项目寿命期内各年的现金流量和不确定性因素，确定以何种方式投资才能获得最佳的经济效益。企业通常要从支付方式、筹资方式、使用方式等几个基本角度来考虑是租赁还是购置项目所需设备。

（1）支付方式。租赁设备需要付租金；借款需要按期付利息、到期还本；分期购买需要按期支付利息和部分本金。另外，还需要进一步考虑分几次支付、每期间隔时间、每次支付多少等。决策者主要分析哪种方式的费用较低。

（2）筹资方式。当企业需要融资取得设备时，需要考虑向金融机构借款，还是通过融资租赁取得资金，抑或是采取发行企业股票或债券来融资。贷款利率相对较低，但是审批手续烦琐，耗时长，而且数量有限；发行股票和债券的门槛更高，准备的周期更长。企业决策者主要考虑是愿意耗费时间得到低息贷款，还是希望以其他筹集资金的方式尽早获得设备，以便尽快地取得经济效益。

（3）使用方式。设备的使用方式是指企业是否需要长期占有设备。如果企业只是希望短期使用某种设备，那么可以采用经营租赁的方式获得设备的使用权，这样租赁期满后可以将设备还给租赁公司，不再续租，企业就可以避免设备陈旧所带来的风险损失。

2．影响设备租赁或购置的具体因素

企业或某个投资项目在决定其所需设备是通过租赁还是购置的方式获得时，需要综合考虑以下具体因素：项目的寿命期或设备的经济寿命；每期的设备支出费用；预付货款或定金的多少；付款期内的利率；获得该设备的资金规划；企业是否避免运用短期信用以保留其短期借款能力；企业的经营费用、折旧及利息间的变化关系；租赁的节税优惠。

当然，企业在决定是否租赁设备时的因素还有很多，关键在于能否为企业节约支出费用，实现更可观的现金流量，企业可通过经济指标评价比选后进行决策。

8.5.3 租赁决策的经济分析

在进行租赁决策分析时，通常是将租赁方式与其他购置方式放在一起进行比较和评价。设备的使用期限通常都比较长，在分析时应采用动态的分析方法，考虑资金时间价值。一般假定无论设备用何种方式获得，其投入运行以后使项目或企业获得的收入相同，决策分析的焦点变为租赁成本和购买成本的比较。如果设备寿命期相同，可以采用现值法；如果设备寿命期不同，可以采用年值法。

【例 8-9】某公司由于业务的扩展，需要引进一台设备增加生产能力。如果直接购买，该设备的价格为 4 万元，使用寿命为 20 年，预计该设备的净残值为 1 200 元；该设备每年的运行费用为 4 000 元，各种可能的维修费用平均每年大约 2 000 元。如果通过租赁的方式获得设备的使用权，则每年需要支付租金 3 600 元，运行费用、维修费用也由承租人承担；若公司的基准收益率为 10%，求租赁和购置哪种方式对企业有利。

【解】设选择购买方式，其费用现值为 PC_1，选择租赁方式，其费用现值为 PC_2，则

$$PC_1=40\,000+4\,000(P/A,10\%,20)+2\,000(P/A,10\%,20)-1\,200(P/F,10\%,20)$$
$$=40\,000+4\,000\times8.514+2\,000\times8.514-1\,200\times0.148\,6$$
$$=90\,905.68\text{（元）}$$
$$PC_2=3\,600(P/A,10\%,20)+4\,000(P/A,10\%,20)+2\,000(P/A,10\%,20)$$
$$=3\,600\times8.514+4\,000\times8.514+2\,000\times8.514$$
$$=81\,734.4\text{（元）}$$

因为 $PC_1>PC_2$，所以租赁设备对企业更有利。

思政元素

（1）从“设备更新方式”元素点，引申坚持独立自主、自力更生奋斗精神的重要性。

（2）企业引进新技术时，理解充分发挥本国企业的生产和技术潜力、形成具有自主知识产权的核心技术的重要性。

复习思考题

1．知识点

设备磨损的概念与类型及补偿方式、设备的自然寿命、设备的技术寿命、设备的经济寿命、设备经济寿命的静态及动态计算方法、设备大修理的概念及经济界限、无限服务期与有限服务期的设备更新决策分析方法、设备现代化改装的概念与原则、设备租赁的概念、设备租赁的分类及决策分析方法

2．简答题

（1）设备磨损主要有几种形式？设备磨损的补偿方式有哪些？

（2）简述设备的自然寿命、技术寿命、经济寿命的概念。它们之间有何区别和联系？

（3）什么是设备大修理？如何理解合理大修理的条件？

（4）设备更新有哪些形式？如何确定设备合理更新期？

（5）什么是设备现代化改装？设备现代化改装的原则是什么？

（6）设备租赁包含几种形式？设备租赁或购置决策的影响因素有哪些？

3．计算题

（1）某设备原值为 8 000 元，可用 5 年，其他数据如表 8-9 所示。试求：

①不考虑资金时间价值时设备的经济寿命。

②考虑资金时间价值（i=10%）时，其经济寿命如何变化。

表 8-9　设备年运行费用及低劣化值数据　　单位：元

设备使用年限	1	2	3	4	5
运行费用初始值	600	600	600	600	600
运行费用劣化值		200	400	600	800
年末残值	5 500	4 500	3 500	2 500	1 000

（2）某厂压缩机的购置价为 60 000 元，第 1 年的运行费用为 10 000 元，以后每年以 3 000 元的速度递增。压缩机使用一年后的余值为 36 000 元，以后每年以 4 000 元的速度递减，压缩机的最大使用年限为 8 年。若基准收益率为 15%，试用动态方法计算该压缩机的经济寿命。

（3）某企业购置使用一种价值 12 000 元的物流传输设备，企业决策层考虑将来用同型号的原型设备进行更新的恰当时间。假设基准收益率为 15%，各年的运行费用和维修费用及设备残值如表 8-10 所示。试确定更新时间。

表 8-10　某物流传输设备的费用及残值　　单位：元

设备使用年限	运行费用	维修费用	残　值
1	2 400	1 000	8 000
2	2 400	2 200	6 000
3	2 400	3 400	4 000
4	2 400	4 600	2 000
5	2 400	5 800	0

（4）某设备目前的净残值为 8 000 元，还能继续使用 4 年，保留使用情况如表 8-11 所示。

表 8-11　某设备保留使用数据表　　单位：元

设备保留使用年限	0	1	2	3	4
年末设备净残值	8 000	3 000	2 500	2 000	1 500
年运行费用		2 500	3 500	4 500	5 500

现有一新设备，购置费用为 35 000 元，经济寿命为 10 年，第 10 年年末的净残值为 4 000 元，平均年使用费为 500 元，基准收益率为 12%。旧设备是否需要更换？如需更换，何时更换为宜？

4．练一练

梳理本章内容，绘制思维导图。

第 9 章

建设项目评价

本章知识导航

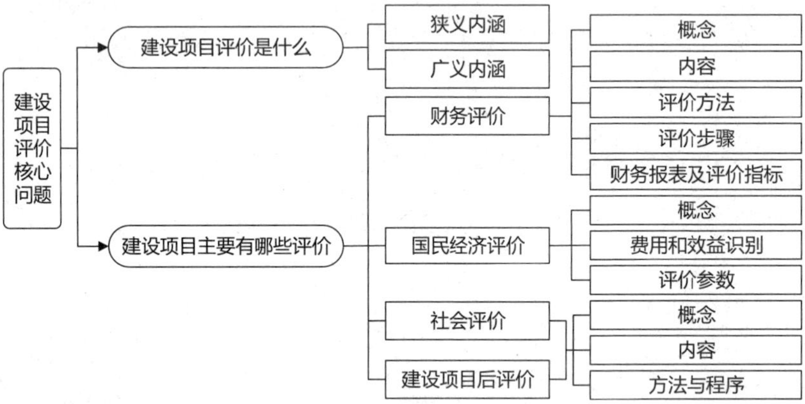

本章学习目标

☑ 知识目标：了解建设项目评价的内涵；掌握财务评价和国民经济评价的异同点；掌握项目财务评价指标的计算和分析；掌握基本财务报表的内容和编制方法；了解项目国民经济评价费用和效益的识别和计量；掌握影子价格的确定方法；了解社会评价的概念、主要内容、方法和程序；了解建设项目后评价的概念、主要内容、方法和程序。

☑ 能力目标：提高建设项目财务评价的基本能力，能够运用 Excel 工具编制财务分析报表并做出评价；提高国民经济评价、项目社会评价和后评价的认知能力。

☑ 素质目标：树立严谨、踏实的工作作风和科学、规范的研究态度。

✪ 引导案例

三峡工程是当今世界最大的水利枢纽工程，是治理、开发和保护长江的关键性骨干工程，也是一项对我国国计民生影响巨大的基本建设工程。1919 年孙中山在《建国方略》中最早提出建设三峡工程的设想，中华人民共和国成立后，经过长期、广泛论证，虽然决定开展三峡工程建设研究，但由于该工程建设规模远超我国当时国力，20 世纪五六十年代均未能启动项目。70 年代初，决定先建设葛洲坝工程，解决华中地区缺电问题的同时，也为三峡工程建设做实战准备。1983 年提出三峡工程的可行性报告，建设与否一直存在较大争议。1986 年 6 月，中共中央、国务院下发《关于长江三峡工程论证有关问题的通知》（中发〔1986〕15 号文），责成水电部负责组织三峡工程的进一步论证。历经三年，完成了地质与地震、枢纽建筑物、水文、防洪、泥沙、航运、电力系统、机电设备、移民、生态与环境、综合规划与水位、施工、投资估算、综合经济评价等 14 个专题论证报告，重新编制了可行性报告。1989 年 9 月由水利、能源两部联合上报国务院三峡工程审查委员会，1990 年 12 月至 1991 年 8 月，国务院三峡工程审查委员会审查通过，又报经中共中央、国务院批准。《关于兴建长江三峡工程决议》经 1992 年 4 月 3 日第七届全国人民代表大会第五次会议通过。三峡工程于 1994 年 12 月 14 日正式开工建设，2012 年 7 月最后一台机组并网发电，标志着三峡工程建设基本完成，顺利进入高效运行阶段。

截至 2020 年年底，三峡工程累计拦洪运用 61 次，拦洪总量超过 1 841 亿立方米，极大减轻了长江中下游地区防洪压力。2020 年，三峡电站年发电量超过 1 000 亿千瓦时。三峡河段年货运量超过 1 亿吨，比蓄水前提高 6 倍，运输成本下降近四成。长江三峡工程的建设，不但具有防洪、发电、航运等经济效益和社会效益，而且加快了长江中上游水电资源的开发和有效利用。但与此同时，三峡工程也存在一些环境问题。

2021 年 3 月，随着鄱阳湖水利枢纽工程用地进入项目用地预审批公示环节，以及江西省 2021 年年初推出的浙赣粤大运河建设工程构想、赣抚尾闾工程的“三通一平”工程启动等，社会各界出现了多轮争议，再次把三峡工程建成后的影响推到大众面前。中国生物多样性保护与绿色发展基金会研究室分别向生态环境部、水利部申请信息公开，希望公开三峡水利枢纽工程环保竣工验收及其批复文件、三峡水利枢纽工程环境影响后评估报告相关情况，通过搭建多学科平台让所有关注三峡工程建成后对长江中下游水文及生态影响的专家组进行研究交流，以探求既有益于民生建设、经济发展，又有利于环境保护的解决方案，为鄱阳湖、赣江等建坝建闸提供参考方案，实现生态保护与社会民生高质量和谐发展的新局面。

【案例分析与讨论】

（1）修建三峡工程这个巨型工程的结论是如何得来的？

（2）三峡工程项目后评价对鄱阳湖、赣江等建坝建闸论证有无借鉴价值？

9.1 建设项目评价概述

9.1.1 建设项目评价的狭义内涵

狭义的建设项目评价通常是指在项目可行性研究的基础上，分别从宏观、中观、微观的角度，对项目进行全面的技术经济的预测、论证和评价，从而确定项目的投资经济效果和未来发展前景。狭义的建设项目评价主要包括财务评价、国民经济评价、社会评价和环境影响评价等内容。

9.1.2 建设项目评价的广义内涵

每个建设项目都具有从项目提出、策划、论证、设计、施工、完建、运营、报废或被淘汰这样一个寿命期全过程，因此，从广义上看，建设项目评价同样应该从项目生命周期全过程的角度来考察。根据建设项目寿命期的不同阶段，按照评价时期的不同，可把建设项目评价分为建设项目前评价、建设项目中评价和建设项目后评价三方面内容。

（1）建设项目前评价。建设项目前评价是在项目的投资决策之前，对项目的必要性和项目备选方案的技术、经济、运行条件和社会与环境影响等方面进行全面论证与评估工作，包括财务评价、国民经济评价、环境影响评价、社会评价等方面内容。

财务评价是从企业角度进行的企业盈利分析，国民经济评价是从整个国民经济的角度进行的国家盈利分析，根据项目对企业和国家的贡献情况，确定项目的可行性。对涉及整个国民经济的重大项目和严重影响国计民生的项目，对稀缺资源开发和利用的项目，对涉及产品或原料、燃料进出口或代替进出口的项目，以及产品和原料价格明显不合理的项目等，除进行企业经济评价外，还必须进行详细的国民经济评价。当两者评价结论产生矛盾时，项目的取舍将取决于国民经济评价。环境影响评价是对拟建项目实施后可能对环境产生的影响（后果）进行的系统性识别、预测和评估。社会评价则是评价项目的社会可行性。

公共项目是一种特殊的建设项目，是政府为了满足社会、国家和公众需求而进行投资的非营利性项目，其产出不具排他性和竞争性。由于公共项目具有公共性、非竞争性、外部性和多目标性等特点，公共项目评价方法有别于财务评价和国民经济评价的方法，具有一定的独特性。

（2）建设项目中评价。建设项目中评价是指在项目立项后，在项目实施过程中，历经项目的发展、实施、竣工三个阶段，对项目状态和项目进展情况进行衡量与监测，对已完成的工作做出评价，主要为项目管理和决策提供所需的信息，指出以后项目管理的努力方向。建设项目中评价不是工程经济学研究的重点。

（3）建设项目后评价。建设项目后评价通常是竣工以后对项目投资经济效果的再评价，是指在项目已经完成并运行一段时间后，对项目的目的、执行过程、效益、作用和影响进行系统的、客观的分析和总结的一种技术经济活动。它是将项目评价向后进一步延伸，对已完项目进行评价和总结，作为将来项目投资决策的参考和借鉴，以提高今后类似建设项目的决策水平和建设管理水平。

项目后评价的内容包括项目验收评价、项目经济后评价和项目管理后评价。项目验收评价是对项目结束后所进行的一种验收及考核评估；项目经济后评价主要是对项目前评价而言的，是指竣工以后对项目投资经济效果的再评价；项目管理后评价是指当项目竣工以后，对前面（特别是实施阶段）的项目管理工作所进行的评价。

因此，建设项目评价应是在项目生命周期全过程中，应用科学的、适宜的评价理论和方法对不同类型的建设项目所进行的评价活动。它既包括项目的财务评价、国民经济评价、环境影响评价、社会评价，也包括公共项目的经济评价，以及建设项目后评价。本章将分别介绍财务评价、国民经济评价、社会评价及建设项目后评价的相关理论与方法，不涉及环境影响评价及公共项目评价的理论与方法。

9.2　建设项目财务评价

9.2.1　财务评价的概念及内容

1. 财务评价的概念

财务评价，也称财务分析，是根据国家现行财税制度、价格体系和项目评价的有关规定，从企业（或项目）角度，通过财务效益与费用估算，编制财务报表，计算财务评价指标，考察分析项目的盈利能力、清偿能力和外汇平衡能力，判断项目在财务上的可行性，为投资决策、融资决策以及银行审贷提供科学依据。

2. 财务评价的主要内容

财务评价的主要内容包括盈利能力分析、清偿能力分析和外汇平衡能力分析等。

1）盈利能力分析

盈利能力分析主要是考察项目投资的盈利水平，它直接关系到项目投产后能否生存和发展，是评价项目财务上是否可行的重要依据。盈利能力的大小是企业进行投资活动的原动力，也是企业进行投资决策应考虑的首要因素。盈利能力分析一般从以下两方面进行：

（1）项目达到设计生产能力的正常生产年份可能获得的盈利水平，即通过计算投资利润率、投资利税率、资本金利润率等静态指标，考察项目在正常生产年份年度投资的盈利能力以及判别项目是否达到行业的平均水平。

（2）项目整个寿命期内的盈利水平，即通过计算财务内部收益率、财务净现值、财务净现值率、投资回收期等动态和静态指标，考察项目在整个计算期内的盈利能力及投资回收能力，判别项目投资的可行性。

2）清偿能力分析

清偿能力分析主要是考察项目的财务状况和按期偿还债务的能力，它直接关系到企业面临的财务风险和企业的财务信用程度。清偿能力的大小是投资者进行投资决策的重要依据。清偿能力分析一般从以下两方面进行：

（1）考察项目偿还固定资产投资国内借款所需的时间，即通过计算借款偿还期，考察项目的还款能力，判别项目是否满足贷款机构的要求。

（2）考察项目资金的流动性水平，即通过计算流动比率、速动比率、资产负债率等各种财务比率指标，对项目投产后的资金流动情况进行比较分析，用以反映项目寿命期内各年的利润、盈亏、资产和负债、资金来源和运用、资金的流动和债务运用等财务状况及资产结构的合理性，考察项目的风险程度和偿还流动负债的能力与速度。

3）外汇平衡能力分析

对于产品出口创汇等涉及外汇收支的项目，通过计算财务外汇净现值、换汇成本和节汇成本，进行外汇平衡分析，以考察项目在计算期内各年的外汇余缺程度，从而衡量项目实施后对国家外汇状况可能产生的影响。

9.2.2 财务评价的方法及步骤

1. 财务评价的方法

财务评价主要采用现金流量分析、获利性分析以及财务报表分析等方法。

1）现金流量分析

现金流量分析是建设项目评价的基础和起点，是以项目作为一个独立系统，反映项目在建设期与生产经营期内各年流入和流出的现金活动，即工程项目寿命期内各年现金流入与现金流出的数量。故在评价前必须做好财务和经济效益预测工作，尽可能准确地预估各项现金流入和现金流出量。

2）获利性分析

获利性分析包括静态分析和动态分析。静态分析方法简单易用，其主要特点是：

（1）不考虑资金的时间价值，所采用的年度资金流是当年的数值，而不是折现值。

（2）计算现金流量时，只选择某一典型年份（通常为项目达到设计生产能力的正常生产年份）的净现金流量或取年平均值，而不反映项目整个寿命期的现金流量。

动态分析采用折现现金流量的分析方法，其主要特点是：

（1）考虑资金的时间价值，根据资金占用的时间长短，按照指定的利率计算资金的实际价值。

（2）计算项目整体寿命期内的总收益，能够如实反映资金实际运行情况和全面体现项目整体寿命期内的经济活动和经济效益，从而能够帮助企业正确做出符合实际的项目财务评价。

3）财务报表分析

财务报表分析是根据项目的具体财务条件及国家有关财税制度和规定，把建设项目在建设期内的全部投资和投产后的经营费用与收益，逐年进行计算和平衡，并通过报表格式反映出来。通过财务报表分析，企业可以预计项目寿命期内各年的利润和资金余缺情况，选择合适的资金筹措方案，制订贷款及偿还计划，做出项目偿债能力分析和获利能力预测。

2. 财务评价的基本步骤

（1）进行财务基础数据预测，编制财务评价的辅助报表。通过项目的市场调查预测分析和技术与投资方案分析，确定产品方案和合理的生产规模，选择生产工艺方案、设备选型、工程技术方案、建设地点和投资方案，拟订项目实施进度计划等，据此进行财务预测，获得项目投资、生产成本、销售收入和利润等一系列财务基础数据。在对以上数据分析、审查、鉴定和评估的基础上，完成财务评价辅助报表的编制工作。

（2）编制和评估财务评价的基本报表。将上述基础数据进行汇总，编制现金流量表、利润与利润分配表、资金来源与运用表、资产负债表及财务外汇平衡表等基本报表，并对这些报表进行分析评估。审查基本报表的格式是否符合规范要求和所填数据是否准确。

（3）计算财务评价的各项指标，分析项目的财务可行性。利用各种基本报表，计算反映项目盈利能力、清偿能力和外汇平衡能力等财务评价指标。将这些指标与国家有关部门规定的基准值和行业基准值进行对比分析，得出项目在财务上是否可行的结论。

9.2.3　财务评价报表及评价指标

财务评价前必须进行财务预测，通过数据收集、估计和测算等一系列工作，得到财务评价所需的基本数据。其预测结果主要体现在财务评价辅助报表中，通过对这些数据进行分析，再编制财务评价基本报表，并进行财务评价指标计算。

1. 财务评价的基本报表

根据《建设项目经济评价方法与参数》（第三版）的规定，财务评价基本报表包括现金流量表、利润与利润分配表、财务计划现金流量表、资产负债表、借款还本付息计划表等。

1）现金流量表

按其评价、分析的对象不同，分为项目投资现金流量表、项目资本金现金流量表和投资各方现金流量表。

（1）项目投资现金流量表（见表 9-1），是以项目作为一个独立系统，以全部投资作为计算基础，用以计算税前、税后的项目投资内部收益率、财务净现值、投资回收期等评价指标，反映项目在整个计算期内现金流入和现金流出，考察项目全部投资的盈利能力。

表 9-1　项目投资现金流量表　　人民币单位：万元

序号	项　目	合　计	计 算 期					
			1	2	3	4	…	n
1	现金流入							
1.1	营业收入							
1.2	增值税销项税额							
1.3	补贴收入							
1.4	回收固定资产余值							
1.5	回收流动资金							
2	现金流出							
2.1	建设投资							
2.2	流动资金							

续表

序号	项　目	合　计	计算期					
			1	2	3	4	…	n
2.3	经营成本							
2.4	增值税进项税额							
2.5	应纳增值税							
2.6	税金及附加							
2.7	维持运营投资							
3	所得税前净现金流量（1-2）							
4	累计所得税前净现金流量							
5	调整所得税							
6	所得税后净现金流量（3-5）							
7	累计所得税后净现金流量							

注：①本表中建设投资应不含建设期利息。

②本表中调整所得税为以息税前利润为基数计算的所得税，有别于“利润与利润分配表”、“项目资本金现金流量表”和“财务计划现金流量表”中的所得税。

（2）项目资本金现金流量表（见表9-2），是在拟定的融资方案下，从项目资本金出资者角度出发，确定其现金流入和现金流出，用以计算资本金财务内部收益率、财务净现值等评价指标，考察项目资本金可获得的收益水平。

表9-2　项目资本金现金流量表　　人民币单位：万元

序号	项　目	合　计	计算期					
			1	2	3	4	…	n
1	现金流入							
1.1	营业收入							
1.2	增值税销项税额							
1.3	补贴收入							
1.4	回收固定资产余值							
1.5	回收流动资金							
2	现金流出							
2.1	项目资本金							
2.2	借款本金偿还							
2.3	借款利息支付							
2.4	经营成本							
2.5	增值税进项税额							
2.6	应纳增值税							
2.7	税金及附加							

续表

序号	项　目	合　计	计算期					
			1	2	3	4	…	n
2.8	维持运营投资							
2.9	所得税							
3	净现金流量（1-2）							

注：①本表中项目资本金包括用于建设投资、建设期利息和流动资金的资金。

②本表中回收固定资产余值应为将建设期利息纳入固定资产原值后计取的固定资产余值。

③对外商投资项目，现金流出中应增加职工奖励与福利基金科目。

（3）投资各方现金流量表（见表 9-3），是从投资各方实际收入和支出的角度，确定现金流入和现金流出，分别编制各方的财务现金流量表，计算投资各方的内部收益率，考察投资各方可能获得的收益水平。

表 9-3　投资各方现金流量表　　人民币单位：万元

序号	项　目	合　计	计算期					
			1	2	3	4	…	n
1	现金流入							
1.1	实分利润							
1.2	资产处置收益分配							
1.3	租赁费收入							
1.4	技术转让或适用收入							
1.5	其他现金流入							
2	现金流出							
2.1	实缴资本							
2.2	租赁资产支出							
2.3	其他现金流出							
3	净现金流量（1-2）							

注：本表可按不同投资方分别编制。

投资各方现金流量表中现金流入是指出资方因该项目的实施将实际获得的各种收入；现金流出是指出资方因该项目的实施将实际投入的各种支出。表中科目应根据项目具体情况调整。其中，实分利润是指投资者由项目获取的利润；资产处置收益分配是指对有明确的合营期限或合资期限的项目，在期满时对资产余值按股比或约定比例的分配；租赁费收入是指出资方将自己的资产租赁给项目使用所获得的收入，此时应将资产价值作为现金流出，列为租赁资产支出科目；技术转让或适用收入是指出资方将专利或专有技术转让或允许该项目使用所获得的收入。

2）利润与利润分配表

利润与利润分配表（见表 9-4）反映项目计算期内各年的利润总额、企业所得税及企业税后利润的分配情况，用以计算投资利润率、投资利税率、资本金利润率等指标。

表9-4　利润与利润分配表　　人民币单位：万元

序号	项　目	合　计	计算期					
			1	2	3	4	…	n
1	营业收入							
2	营业税金及附加							
3	总成本费用							
4	补贴收入							
5	利润总额（1−2−3+4）							
6	弥补以前年度亏损							
7	应纳税所得额（5−6）							
8	所得税							
9	净利润（5−8）							
10	期初未分配利润							
11	可供分配的利润（9+10）							
12	提取法定盈余公积金							
13	可供投资者分配的利润（11−12）							
14	应付优先股股利							
15	提取任意盈余公积金							
16	应付普通股股利（13−14−15）							
17	各投资方利润分配							
	其中：××方							
	××方							
18	未分配利润（13−14−15−16−17）							
19	息税前利润（利润总额+利息支出）							
20	息税折旧摊前利润 （息税前利润+折旧+摊销）							

注：①对外商出资项目，第11项减去储备基金、职工奖励与福利基金和企业发展基金，得可供投资者分配的利润。

②第14～16项根据企业性质和具体情况选择填列。

③法定盈余公积金按净利润计提。

3）财务计划现金流量表

财务计划现金流量表（见表9-5），反映项目计算期各年的投资、融资及经营活动的现金流入和流出，用于计算累计盈余资金，分析项目的财务生存能力。

表 9-5　财务计划现金流量表　　　　人民币单位：万元

序号	项　目	合　计	计算期					
			1	2	3	4	…	n
1	经营活动净现金流量（1.1−1.2）							
1.1	现金流入							
1.1.1	营业收入							
1.1.2	增值税销项税额							
1.1.3	补贴收入							
1.1.4	其他流入							
1.2	现金流出							
1.2.1	经营成本							
1.2.2	增值税进项税额							
1.2.3	税金及附加							
1.2.4	应纳增值税							
1.2.5	所得税							
1.2.6	其他流出							
2	投资活动净现金流量（2.1−2.2）							
2.1	现金流入							
2.2	现金流出							
2.2.1	建设投资							
2.2.2	维持运营投资							
2.2.3	流动资金							
2.2.4	其他流出							
3	筹资活动净现金流量（3.1−3.2）							
3.1	现金流入							
3.1.1	项目资本金投入							
3.1.2	建设投资借款							
3.1.3	流动资金借款							
3.1.4	债券							
3.1.5	短期借款							
3.1.6	其他流入							
3.2	现金流出							
3.2.1	各种利息支出							
3.2.2	偿还债务本金							
3.2.3	应付利润（股利分配）							
3.2.4	其他流出							

续表

序号	项　目	合　计	计 算 期					
			1	2	3	4	…	*n*
4	净现金流量（1+2+3）							
5	累计盈余资金							

注：①对于新设法人项目，本表投资活动的现金流入为零；对于既有法人项目，可适当增加科目。

②必要时，现金流出中可增加应付优先股股利科目。

③对外商投资项目应将职工奖励与福利基金作为经营活动现金流出。

4）资产负债表

资产负债表（见表 9-6）可以综合反映项目计算期内各年年末资产、负债和所有者权益的增减变化及对应关系，以考察项目的资产、负债和所有者权益的结构是否合理，用于计算资产负债率、流动比率、速动比率、利息备付率、偿债备付率等指标，反映项目的清偿能力。

表 9-6　资产负债表　　　　人民币单位：万元

序号	项　目	合　计	计 算 期					
			1	2	3	4	…	*n*
1	资产							
1.1	流动资产总额							
1.1.1	货币资金							
1.1.2	应收账款							
1.1.3	预付账款							
1.1.4	存货							
1.1.5	其他							
1.2	在建工程							
1.3	固定资产净值							
1.4	无形及其他资产净值							
2	负债及所有者权益（2.4+2.5）							
2.1	流动负债总额							
2.1.1	短期借款							
2.1.2	应付账款							
2.1.3	预收账款							
2.1.4	其他							
2.2	建设投资借款							
2.3	流动资金借款							
2.4	负债小计（2.1+2.2+2.3）							
2.5	所有者权益							

续表

序号	项　　目	合　　计	计 算 期					
			1	2	3	4	…	n
2.5.1	资本金							
2.5.2	资本公积							
2.5.3	累计盈余公积金							
2.5.4	累计未分配利润							

注：①对外商投资项目，第 2.5.3 项改为累计储备基金和企业发展基金。

②货币资金包括现金和累计盈余资金。

5）借款还本付息计划表

借款还本付息计划表（见表 9-7）主要反映项目各种借款或债券的借贷和还本付息情况，用于计算偿债备付率和利息备付率指标，以判断项目的偿债能力。

表 9-7　借款还本付息计划表　　人民币单位：万元

序号	项　　目	合　　计	计 算 期					
			1	2	3	4	…	n
1	借款							
1.1	期初借款余额							
1.2	当期借款							
1.3	当期应计利息							
1.4	当期还本付息							
	其中：还本							
	付息							
1.5	期末借款余额							
2	债券							
2.1	期初债券余额							
2.2	当期发行债券							
2.3	当期应计利息							
2.4	当期还本付息							
	其中：还本							
	付息							
2.5	期末债券余额							
3	借款和债券合计							
3.1	期初余额							
3.2	当期借款							
3.3	当期应计利息							
3.4	当期还本付息							

续表

序号	项　目	合　计	计 算 期					
			1	2	3	4	…	*n*
	其中：还本							
	付息							
4	还本资金来源							
4.1	当期可用于还本的未分配利润							
4.2	当期可用于还本的折旧和摊销							
4.3	以前年度结余可用于还本资金							
4.4	用于还本的短期借款							
4.5	可用于还款的其他资金							

注：①本表与财务分析辅助报表“建设期利息估算表”可合二为一。

②本表可另加流动资金借款的还本付息计算。

2．财务评价的辅助报表

通常，项目所需财务评价辅助报表包括建设投资估算表、建设期利息估算表、固定资产投资估算表、流动资金估算表、投资计划与资金筹措表、主要投入物及产出物使用价格依据表、单位产品生产成本估算表、外购原材料费估算表、外购燃料动力费估算表、固定资产折旧费估算表、无形及递延资产摊销费估算表、总成本费用估算表、工资及福利费估算表、产品销售收入和销售税金及附加估算表等。部分财务评价的辅助报表和基本报表之间的关系如图9-1所示。

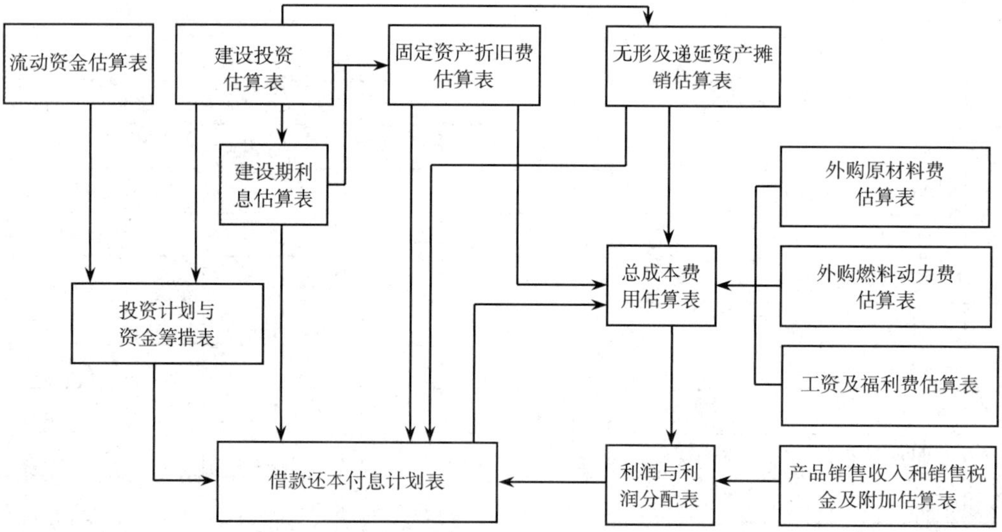

图9-1　辅助报表和基本报表之间的关系

3．财务评价的指标体系

利用财务评价基本报表计算出一系列评价指标，这些指标按是否考虑资金时间价值分为静态指标和动态指标，其与财务评价基本报表的关系如表 9-8 所示。

表 9-8　评价指标与财务评价基本报表的关系

<table>
<tr><th rowspan="2">评价内容</th><th rowspan="2" colspan="2">基本报表</th><th colspan="2">评价指标</th></tr>
<tr><th>静态指标</th><th>动态指标</th></tr>
<tr><td rowspan="4">盈利能力分析</td><td>融资前分析</td><td>项目投资现金流量表</td><td>投资回收期</td><td>项目投资财务内部收益率
项目投资财务净现值</td></tr>
<tr><td rowspan="3">融资后分析</td><td>项目资本金现金流量表</td><td></td><td>项目资本金财务内部收益率</td></tr>
<tr><td>投资各方现金流量表</td><td></td><td>投资各方财务内部收益率</td></tr>
<tr><td>利润与利润分配表</td><td>总投资利润率
资本金利润率</td><td></td></tr>
<tr><td rowspan="2">清偿能力分析</td><td colspan="2">借款还本付息计划表</td><td>利息备付率
偿债备付率
借款偿还期</td><td></td></tr>
<tr><td colspan="2">资产负债表</td><td>资产负债率
流动比率
速动比率</td><td></td></tr>
<tr><td>财务生存能力分析</td><td colspan="2">财务计划现金流量表</td><td>累计盈余资金</td><td></td></tr>
<tr><td>外汇平衡能力分析</td><td colspan="2">财务外汇平衡表</td><td></td><td></td></tr>
<tr><td rowspan="2">不确定性分析</td><td colspan="2">盈亏平衡分析</td><td>盈亏平衡产量
盈亏平衡生产能力利用率</td><td></td></tr>
<tr><td colspan="2">敏感性分析</td><td>灵敏度
不确定性因素的临界值</td><td></td></tr>
<tr><td rowspan="2">风险分析</td><td rowspan="2" colspan="2">概率分析</td><td>NPV≥0 的累计概率</td><td></td></tr>
<tr><td>定性分析</td><td></td></tr>
</table>

1）盈利能力分析指标

项目盈利能力分析主要是考察项目的盈利水平，其主要评价指标为财务内部收益率、财务净现值、投资回收期、总投资利润率和资本金利润率等。

（1）财务内部收益率（FIRR）。财务内部收益率是指项目在计算期内各年净现金流量现值累计等于零时的折现率，它是反映项目所占用资金盈利率水平的动态评价指标。求得的财务内部收益率应与行业基准收益率或设定的收益率比较，当 FIRR≥i_0 时，可认为项目盈利能力满足最低要求，项目在财务上可以接受。

（2）财务净现值（FNPV）。财务净现值是反映项目在计算期内获利能力的动态评价指标，它是指按基准收益率（或设定的收益率），将各年的净现金流量折现到建设期初的现值之和。当 FNPV≥0 时，表明项目获利能力达到或超过基准收益率（或设定的收益率）要求的获利水平，应认为项目可以接受。

（3）投资回收期（P_t）。投资回收期是以项目的净收益来回收项目总投资所需的时间，是反映项目财务上投资回收能力的主要静态指标。其中，净收益为税后利润、折旧、摊销及利息。将投资回收期 P_t 和行业基准投资回收期 T_c 比较，当 $P_t \leqslant T_c$ 时，项目可以考虑接受。

（4）总投资利润率。总投资利润率是指项目达到设计生产能力后的一个正常生产年份的年息税前利润或年平均息税前利润与项目总投资的比率，它是考虑项目单位投资盈利能力的静态指标。对生产期内各年的息税前利润额变化幅度较大的项目，应计算生产期年平均息税前利润额与项目总投资的比率。其计算公式为：

$$\text{总投资利润率} = \frac{\text{年息税前利润或年平均息税前利润}}{\text{项目总投资}} \times 100\% \tag{9-1}$$

年息税前利润为年利润总额与计入年总成本费用的利息费用。年利润总额为产品销售（营业）收入减去总成本费用、年税金及附加之差。税金及附加为消费税、资源税、城市维护建设税及教育附加费之和。总投资为建设投资、建设期贷款利息及全部流动资金之和。

（5）资本金利润率。资本金利润率是指项目达到设计生产能力后一个正常生产年份的年净利润或年平均净利润与项目资本金总额的比率。其中，净利润=利润总额−所得税。资本金利润率既反映项目资本金的盈利能力，又衡量项目负债资金成本的高低。一般情况下，项目资本金利润率越高越好，如果资本金利润率高于同期银行利率，则适度负债对投资者有利；如果资本金利润率低于同期银行利率，则过高的负债将损害投资者的利益。其计算公式为：

$$\text{资本金利润率} = \frac{\text{年净利润或年平均净利润}}{\text{资本金总额}} \times 100\% \tag{9-2}$$

2）清偿能力分析指标

清偿能力分析主要考察项目计算期内各年财务状况及偿债能力。反映项目清偿能力的评价指标主要有资产负债率、借款偿还期、流动比率、速动比率、利息备付率和偿债备付率等。

（1）资产负债率。资产负债率是指项目各年年末负债总额与资产总额的比率。其计算公式为：

$$\text{资产负债率} = \frac{\text{负债总额}}{\text{资产总额}} \times 100\% \tag{9-3}$$

资产负债率是反映项目负债水平和偿债能力的综合指标。适度的资产负债率，既可使投资者和债权人承担较小的风险，又可使资金具有一定的利用效率。国际上一般认为 60% 的资产负债率是较好的负债水平。需要指出的是，不能简单地用资产负债率的高或低来判断项目负债状况的优劣，因为过高的资产负债率表明项目财务风险太大，过低的资产负债率表明资金使用效率太低。在项目财务分析中，一般只需计算建设期和还款期各年的资产负债率。

（2）借款偿还期。借款偿还期是指在国家财税规定及项目具体财务条件下，以项目投产后可作为偿还贷款的资金（利润、折旧、推销费及其他收益）偿还项目投资借款本金和建设期利息所需的时间。当贷款偿还期达到贷款机构的要求期限时，可以认为项目具有清偿能力。其计算公式为：

$$借款偿还期=\begin{bmatrix}借款偿还后开始\\出现盈余年份数\end{bmatrix}-\begin{bmatrix}开始借\\款年份\end{bmatrix}+\frac{盈余当年偿还借款额}{盈余当年可用于还款的资金额} \tag{9-4}$$

（3）流动比率。流动比率是指项目各年年末流动资产与流动负债的比率。其计算公式为：

$$流动比率=\frac{流动资产}{流动负债}\times 100\% \tag{9-5}$$

流动比率是反映项目偿还短期债务能力的指标。该指标越高，偿还流动负债的能力越强，但该指标过高，也说明资金使用效率低，国际上公认的标准比率为 200%。不同行业之间，流动比率会有很大差异，产品生产周期长的行业，流动比率需要相应提高；反之，流动比率可以适当降低。在项目财务分析中，一般只需计算投产后五年内的各年流动比率。

（4）速动比率。速动比率是指项目各年年末速动资产（流动资产–存货）与流动负债的比率。其计算公式为：

$$速动比率=\frac{流动资产-存货}{流动负债}\times 100\% \tag{9-6}$$

速动资产是将流动资产中变现能力最差的存货剔除后的资产。速动比率用于衡量项目实际的短期债务偿还能力。速动比率高，表明偿还流动负债能力强，国际上公认的标准比率为 100%。不同行业之间，速动比率的合理值差异较大，在实际评价工作中，应结合行业特点分析判断。在项目财务分析中，一般也只需计算投产后五年内的各年速动比率。

（5）利息备付率和偿债备付率。对于某些涉及和利用外资的项目，其国外或境外的借款偿还期已经预先约定，此时应计算利息备付率和偿债备付率，以考虑项目偿还利息或债务的保障能力，并根据不同的还款方式，计算约定期内各年应偿还的本金和利息。

其中，利息备付率，也称已获利息倍数，是指项目在借款偿还期内各年可用于支付利息的税息前利润与当期应付利息费用的比值。其计算公式为：

$$利息备付率=\frac{息税前利润}{当期应付利息} \tag{9-7}$$

利息备付率表示使用项目利润偿付利息的保证倍率。对于正常经营的企业，利息备付率应大于 2，否则，表示项目的付息能力保障程度不足。利息备付率若小于 1，则表示项目没有足够的资金支付利息，偿债风险较大。另外，利息备付率指标需要与企业其他项目进行比较，来分析决定本项目的指标水平。

偿债备付率是指项目在借款偿还期内各年可用于还本付息的资金与当期应还本付息的金额的比值。其计算公式为：

$$偿债备付率=\frac{可用于还本付息的资金}{当期应还本付息的金额} \quad (9\text{-}8)$$

可用于还本付息的资金包括可用于还款的税后利润、折旧和摊销以及成本中列支的利息。

当期应还本付息的金额包括当期应还贷款金额以及计入成本的利息。

偿债备付率表示可用于还本付息的资金偿还借款本息的保证倍率。正常情况下，偿债备付率应大于1，且越大越好。当偿债备付率小于1时，则表示当年资金来源不足以偿付当期债务，需要通过短期借款偿付已到期债务。

9.2.4 建设项目财务评价案例分析

1. 项目概述

某拟建工业项目设计生产四种产品类型。厂址位于城市近郊，基础设施完善，交通运输便利，原材料供应可靠。该项目拟两年建成，第3年投产，运营期6年，计算期8年。项目投产第1年负荷90%，其他年份均为100%。

2. 项目的基础数据及估算

1）投资估算

经估算，该项目总投资为271 791万元（含建设期利息），其中建设投资为253 962万元，包括固定资产费用205 292万元、无形资产费用5 500万元（其中场地使用权为2 000万元）、其他资产费用550万元、预备费用19 286万元、可抵扣进项税23 334万元。项目流动资金估算总额为 9 883 万元，计算期末将全部流动资金回收。建设投资估算情况如表9-9所示。

表9-9 建设投资估算情况 货币单位：万元

序号	工程或费用名称	估算值	比例（%）
1	固定资产费用	205 292	80.84
2	无形资产费用	5 500	2.17
3	其他资产费用	550	0.22
4	预备费用	19 286	7.59
5	可抵扣进项税	23 334	9.19
6	建设投资合计	253 962	100.00

2）投资使用计划及资金筹措

建设期内建设投资分年投入比例为第1年50%，第2年50%。投产第1年流动资金估算为9 250万元。

项目初步融资方案为：用于建设投资的项目资本金95 038万元，建设投资借款158 924

万元，年利率 5%，建设期利息 7 946 万元（采用项目资本金支付建设期利息，利率按单利计息）。流动资金的 30%为项目资本金，70%为流动资金借款，利率为 4.5%。项目投资计划与资金筹措情况如表 9-10 所示。

表 9-10　项目投资计划与资金筹措情况　　货币单位：万元

序　号	项　目	合　计	1	2	3	4
1	总投资	271 791	128 968	132 941	9 250	633
1.1	建设投资	253 962	126 981	126 981		
1.2	建设期利息	7 946	1 987	5 960		
1.3	流动资金	9 883			9 250	633
2	资金筹措	271 792	128 968	132 941	9 250	633
2.1	资本金	105 950	49 506	53 479	2 775	190
2.1.1	用于建设投资	95 038	47 519	47 519		
2.1.2	用于流动资金	2 965			2 775	190
2.1.3	用于建设期利息	7 946	1 987	5 960		
2.2	债务资金	165 842	79 462	79 462	6 475	443
2.2.1	用于建设投资	158 924	79 462	79 462		
2.2.2	用于建设期利息					
2.2.3	用于流动资金	6 918			6 475	443

注：表中数字加和尾数可能不对应，系计算机自动圆整所致。后续计算表也可能存在此现象，不再重复说明。

3）营业收入估算

生产运营期内满负荷运营时，四类产品的总销售收入为 127 653 万元（产品单价为不含税价格。因此项目为制造业项目，可将营业收入记作销售收入），如表 9-11 所示。

表 9-11　销售收入估算　　货币单位：万元

序号	项　目	年销量（吨）	单价（元/吨）	运 营 期					
				3	4	5	6	7	8
	生产负荷			90%	100%	100%	100%	100%	100%
	销售收入合计			114 888	127 653	127 653	127 653	127 653	127 653
1	产品 A	330 000	2 094	62 192	69 102	69 102	69 102	69 102	69 102
2	产品 B	150 000	2 735	36 923	41 025	41 025	41 025	41 025	41 025
3	产品 C	50 000	3 419	15 386	17 095	17 095	17 095	17 095	17 095
4	产品 D	6 300	684	388	431	431	431	431	431

4）借款偿还估算

建设投资借款本息偿还采用等额本息法，流动资金借款在运营期只按期偿还相应利息，本金在运营期末一次偿还。借款还本付息计划如表 9-12 所示。

表 9-12　借款还本付息计划　　货币单位：万元

序号	项目		运营期					
			3	4	5	6	7	8
	借款还本付息							
1	年初借款余额	长期借款	158 924	135 559	111 027	85 267	58 220	29 820
		流动资金借款		6 475	6 918			
2	本年借款	长期借款						
		流动资金借款	6 475	443				
3	本年付利息	长期借款	7 946	6 778	5 551	4 263	2 911	1 491
		流动资金借款	291	311	311	311	311	311
4	本年还本	长期借款	23 365	24 533	25 759	27 047	28 400	29 820
		流动资金借款						6 918

5）成本费用估算

项目满负荷时的经营成本为 61 059 万元，其中原材料、辅助材料和燃料动力等可变成本为 44 390 万元（以上均以不含税价格表示）。固定资产折旧年限为 6 年，净残值率为 3%，按年限平均法折旧。无形资产摊销，除场地使用权摊销年限为 50 年外，其余为 6 年，其他资产摊销年限为 5 年。具体如表 9-13 所示。

表 9-13　成本费用估算　　货币单位：万元

序号	项目	运营期					
		3	4	5	6	7	8
	生产负荷	90%	100%	100%	100%	100%	100%
1	外购原材料费	25 419	28 244	28 244	28 244	28 244	28 244
2	外购辅助材料费	882	980	980	980	980	980
3	外购燃料费	6 630	7 366	7 366	7 366	7 366	7 366
4	外购动力费	4 723	5 247	5 247	5 247	5 247	5 247
5	职工薪酬	3 400	3 400	3 400	3 400	3 400	3 400
6	修理费	7 860	7 860	7 860	7 860	7 860	7 860
7	其他费用	7 706	7 962	7 962	7 962	7 962	7 962
7.1	其中：其他营业费用	2 298	2 553	2 553	2 553	2 553	2 553
8	经营成本（1+2+3+4+5+6+7）	56 620	61 059	61 059	61 059	61 059	61 059
9	折旧费	37 591	37 591	37 591	37 591	37 591	37 591
10	摊销费	733	733	733	733	733	623
11	利息支出	8 238	7 089	5 863	4 575	3 222	1 802
12	总成本费用合计（8+9+10+11）	103 182	106 473	105 246	103 958	102 606	101 076

续表

序号	项　　目	运营期					
		3	4	5	6	7	8
	其中：可变成本（1+2+3+4+7.1）	39 952	44 390	44 390	44 390	44 390	44 390
	固定成本（5+6+7−7.1+9+10+11）	63 230	62 083	60 856	59 568	58 216	56 686

注：①此项目的产品销售委托营销公司，并按产品量收取费用，故其他营业费用全部为可变成本。

②表中利息支出包括应计入总成本费用的全部利息。

表中折旧的计算：

固定资产原值=固定资产费用+预备费用+建设期利息=205 292+19 286+7 946=232 524（万元）

固定资产折旧额=固定资产原值×（1−3%）÷6=232 524×（1−3%）÷6=37 591.38（万元）

表中摊销的计算：

（1）无形资产及其他资产摊销（第 3～7 年）=（无形资产费用−场地使用权费用）÷无形资产摊销年限+场地使用权费用÷场地使用权摊销年限+其他资产费用÷其他资产摊销年限=（5 500−2 000）÷6+2 000÷50+550÷5=733（万元）

（2）无形资产摊销（第 8 年）=（5 500−2 000）÷6+2 000÷50=623（万元）

6）税费估算

项目满负荷运营时的销项税额为 14 954 万元，进项税额为 5 373 万元，税金及附加费率为 10%（包括城市维护建设税 5%、教育费及附加 3%、地方教育附加 2%）。投入和产出的增值税税率为 13%（水、产品 B 为 9%），可抵扣进项税已估算为 23 334 万元。项目没有消费税应税产品，企业所得税税率为 25%。应纳增值税和税金及附加估算如表 9-14 所示。

表 9-14　应纳增值税和税金及附加估算　　货币单位：万元

序号	项　　目	运营期					
		3	4	5	6	7	8
	生产负荷（%）	90	100	100	100	100	100
1	税金及附加			445	958	958	958
1.1	消费税						
1.2	城市维护建设税			223	479	479	479
1.3	教育费附加			134	287	287	287
1.4	地方教育附加			89	192	192	192
2	增值税						
2.1	产出销项税额	13 458	14 954	14 954	14 954	14 954	14 954
	产品 A	8 085	8 983	8 983	8 983	8 983	8 983
	产品 B	3 323	3 692	3 692	3 692	3 692	3 692
	产品 C	2 000	2 222	2 222	2 222	2 222	2 222
	产品 D	50	56	56	56	56	56
2.2	运营投入进项税额	4 836	5 373	5 373	5 373	5 373	5 373

续表

序号	项　目	运 营 期					
		3	4	5	6	7	8
	外购原材料	3 304	3 672	3 672	3 672	3 672	3 672
	外购辅助材料	115	127	127	127	127	127
	外购煤、电、其他动力	1 283	1 425	1 425	1 425	1 425	1 425
	外购新鲜水	134	149	149	149	149	149
2.3	抵扣增值税进项税额	8 623	9 581	5 130			
2.4	应纳增值税			4 451	9 581	9 581	9 581

3. 项目盈利能力分析

1）项目投资现金流量分析

根据项目投资现金流量编制项目投资现金流量表，如表 9-15 所示。设定所得税前财务基准收益率为 12%，所得税后财务基准收益率为 10%。

表 9-15　项目投资现金流量表　　　货币单位：万元

序号	项　目	建 设 期		运 营 期					
		1	2	3	4	5	6	7	8
	生产负荷（%）			90	100	100	100	100	100
1	现金流入			128 346	142 607	142 607	142 607	142 607	160 987
1.1	营业收入			114 888	127 653	127 653	127 653	127 653	127 653
1.2	销项税额			13 458	14 954	14 954	14 954	14 954	14 954
1.3	回收资产余值								8 497
1.4	回收流动资金								9 883
2	现金流出	126 981	126 981	70 706	67 065	71 328	76 971	76 971	76 971
2.1	建设投资	126 981	126 981						
2.2	流动资金			9 250	633				
2.3	经营成本			56 620	61 059	61 059	61 059	61 059	61 059
2.4	进项税额			4 836	5 373	5 373	5 373	5 373	5 373
2.5	应纳增值税					4 451	9 581	9 581	9 581
2.6	税金及附加					445	958	958	958
2.7	维持运营投资								
3	所得税前净现金流量（1−2）	−126 981	−126 981	57 640	75 542	71 279	65 636	65 636	84 016
4	累计所得税前净现金流量	−126 981	−253 962	−196 322	−120 780	−49 501	16 134	81 770	165 786
5	融资前所得税			5 307	7 388	7 277	7 149	7 149	7 176

续表

序号	项　　目	建 设 期		运 营 期					
		1	2	3	4	5	6	7	8
6	所得税后净现金流量（3−5）	−126 981	−126 981	52 333	68 153	64 002	58 487	58 487	76 840
7	累计所得税后净现金流量	−126 981	−253 962	−201 629	−133 476	−69 474	−10 987	47 500	124 340
	计算指标：								
	项目财务内部收益率（所得税前）	13.58%							
	项目财务内部收益率（所得税后）	10.53%							
	项目财务净现值（所得税前）（i_0=12%）	11 752							
	项目财务净现值（所得税后）（i_0=10%）	4 102							
	项目投资回收期（年）	6.19							

（1）表中回收资产余值包括回收固定资产余值和无形资产余值。因项目投资现金流量分析是融资前分析，所以固定资产原值不包括建设期利息。

固定资产余值=（固定资产费用+预备费用）×3%=6 737.34（万元）

无形资产原值（场地使用权余值）=2 000−2 000÷50×6=1 760（万元）

（2）表中融资前所得税应与融资方案无关，区别于其他财务保表中的所得税。该所得税应根据不受利息因素影响的息税前利润乘以所得税税率计算，也称调整所得税。

融资前所得税=息税前利润×所得税税率

息税前利润=营业收入−折旧−摊销−经营成本−税金及附加

注意：这里的折旧也是不受建设期利息影响的。

根据表 9-15 可知，所得税前项目财务内部收益率为 13.58%，所得税后项目财务内部收益率为 10.53%，均大于给定的财务基准收益率；所得税前项目财务净现值为 11 752 万元，所得税后项目财务净现值为 4 102 万元，均大于零，说明项目可行。

2）利润分析

编制利润与利润分配表 9-16。

表 9-16　利润与利润分配表　　　　货币单位：万元

序号	项　　目	运营期					
		3	4	5	6	7	8
1	营业收入	114 888	127 653	127 653	127 653	127 653	127 653
2	税金及附加			445	958	958	958
3	总成本费用	103 182	106 473	105 246	103 958	102 606	101 076
4	补贴收入						
5	利润总额（1−2−3+4）	11 705	21 180	21 961	22 736	24 089	25 619
6	弥补以前年度亏损						
7	应纳税所得额（5−6）	11 705	21 180	21 961	22 736	24 089	25 619
8	所得税	2 926	5 295	5 490	5 684	6 022	6 405
9	净利润（5−8）	8 779	15 885	16 471	17 052	18 067	19 214
10	期初未分配利润						
11	可供分配利润（9+10）	8 779	15 885	16 471	17 052	18 067	19 214
12	提取法定盈余公积金	878	1 588	1 647	1 705	1 807	1 921
13	可供投资者分配的利润（11−12）	7 901	14 296	14 824	15 347	16 260	17 293
14	投资方利润分配						
15	未分配利润（13−14）	7 901	14 296	14 824	15 347	16 260	17 293
16	息税前利润（利润总额+利息支出）	19 943	28 269	27 824	27 311	27 311	27 421
17	息税折旧摊销前利润(息税前利润+折旧+摊销）	58 268	66 594	66 149	65 636	65 636	65 636

3）项目资本金现金流量分析

根据项目初步融资方案编制项目资本金现金流量表，如表 9-17 所示。

表 9-17　项目资本金财务现金流量表　　　　货币单位：万元

序号	项　　目	建设期		运营期					
		1	2	3	4	5	6	7	8
1	现金流入			128 346	142 607	142 607	142 607	142 607	161 226
1.1	营业收入			114 888	127 653	127 653	127 653	127 653	127 653
1.2	销项税额			13 458	14 954	14 954	14 954	14 954	14 954
1.3	回收资产余值								8 736
1.4	回收流动资金								9 883
2	现金流出	49 506	53 479	98 760	112 937	108 440	114 277	114 615	121 916
2.1	资本金	49 506	53 479	2 775	190				
2.2	长期借款本金偿还			23 365	24 533	25 759	27 047	28 400	29 820
2.3	流动资金借款本金偿还								6 918

续表

序号	项　　目	建 设 期		运 营 期					
		1	2	3	4	5	6	7	8
2.4	借款利息支付			8 238	7 089	5 863	4 575	3 222	1 802
2.5	经营成本			56 620	61 059	61 059	61 059	61 059	61 059
2.6	进项税额			4 836	5 373	5 373	5 373	5 373	5 373
2.7	增值税					4 451	9 581	9 581	9 581
2.8	税金及附加					445	958	958	958
2.9	维持运营投资中的资本金								
2.1	所得税			2 926	14 693	5 490	5 684	6 022	6 405
3	净现金流量（1−2）	−49 506	−53 479	29 586	29 670	34 166	28 330	27 992	39 310
	资本金内部收益率	19.01%							
	项目财务净现值(i_0=12%)	21 331							

根据表 9-17 可知，资本金内部收益率为 19.01%，大于财务基准收益率，净现值为 21 331 万元，表明项目资本金盈利能力满足要求。

4．项目清偿能力及财务生存能力分析

1）编制财务计划现金流量表

该表反映项目计算期内各年投资活动、融资活动和经营活动所产生的现金流入、现金流出和净现金流量，考察资金平衡和余缺情况。具体如表 9-18 所示。

表 9-18　财务计划现金流量表　　货币单位：万元

序号	项　　目	建 设 期				运 营 期			
		1	2	3	4	5	6	7	8
1	经营活动净现金流量（1.1−1.2）	0	0	63 964	70 880	65 788	59 952	59 614	59 231
1.1	现金流入			128 346	142 607	142 607	142 607	142 607	142 607
1.1.1	营业收入			114 888	127 653	127 653	127 653	127 653	127 653
1.1.2	增值税销项税额			13 458	14 954	14 954	14 954	14 954	14 954
1.1.3	其他流入								
1.2	现金流出			64 382	71 727	76 818	82 655	82 993	83 376
1.2.1	经营成本			56 620	61 059	61 059	61 059	61 059	61 059
1.2.2	增值税进项税金			4 836	5 373	5 373	5 373	5 373	5 373
1.2.3	税金及附加					445	958	958	958
1.2.4	增值税					4 451	9 581	9 581	9 581
1.2.5	所得税			2 926	5 295	5 490	5 684	6 022	6 405

续表

序号	项　目	建设期				运营期			
		1	2	3	4	5	6	7	8
2	投资活动净现金流量（2.1−2.2）	−126 981	−126 981	−9 250	−6 33	0	0	0	0
2.1	现金流入								
2.2	现金流出	126 981	126 981	9 250	633	0	0	0	0
2.2.1	建设投资	126 981	126 981						
2.2.2	维持运营投资								
2.2.3	流动资金			9 250	633				
3	筹资活动净现金流量（3.1−3.2）	126 981	126 981	−22 352	−30 989	−31 622	−31 622	−31 622	−38 540
3.1	现金流入	128 968	132 941	9 250	633	0	0	0	0
3.1.1	资本金	49 506	53 479	2 775	190				
3.1.2	维持运营投资								
3.1.3	建设投资借款	79 462	79 462						
3.1.4	流动资金借款			6 475	443				
3.1.5	短期借款								
3.2	现金流出	1 987	5 960	31 602	31 622	31 622	31 622	31 622	38 540
3.2.1	各种利息支出	1 987	5 960	8 238	7 089	5 863	4 575	3 222	1 802
3.2.2	偿还长期借款本金			23 365	24 533	25 759	27 047	28 400	29 820
3.2.3	偿还流动资金借款本金								6 918
3.2.4	偿还短期借款本金								
3.2.5	投资方利润分配								
4	净现金流量（1+2+3）	0	0	32 361	39 258	34 166	28 330	27 992	20 691
5	累计盈余资金	0	0	32 362	71 619	105 786	134 115	162 107	182 798

由表 9-18 可知，项目资金平衡情况良好，没有资金余缺情况，财务生存能力较好。

2）编制资产负债表

通过计算资产负债率、流动比率和速动比率等指标反映项目的清偿能力。表中应收账款、预付账款、存货及其他的数据为按相应估算方法估算得到，具体如表 9-19 所示。

表 9-19　资产负债表　　货币单位：万元

序号	项　目	建设期		运营期					
		1	2	3	4	5	6	7	8
1	资产	128 977	261 908	268 736	270 696	266 538	256 543	246 209	228 686
1.1	流动资产总额	11 677	23 334	68 487	108 771	142 938	171 267	199 259	219 950

续表

序号	项　　目	建 设 期		运 营 期					
		1	2	3	4	5	6	7	8
1.1.1	货币资金			33 288	72 566	106 733	135 062	163 054	183 745
	现金			926	947	947	947	947	947
	累计盈余资金			32 362	71 619	105 786	134 115	162 107	182 798
1.1.2	应收账款			6 828	7 381	7 381	7 381	7 381	7 381
1.1.3	预付账款								
1.1.4	存货			5 037	5 490	5 490	5 490	5 490	5 490
1.1.5	其他	11 677	23 334	23 334	23 334	23 334	23 334	23 334	23 334
1.2	在建工程	117 300	238 574						
1.3	固定资产净值			194 933	157 341	119 750	82 159	44 567	6 976
1.4	无形资产及其他资产净值			5 317	4 583	3 850	3 117	2 383	1 760
2	负债及所有者权益	128 968	261 909	268 737	270 696	266 538	256 543	246 210	228 686
2.1	流动负债总额			12 164	22 138	27 268	27 268	27 268	27 268
2.1.1	短期借款								
2.1.2	应付账款			3 541	3 934	3 934	3 934	3 934	3 934
2.1.3	预收账款								
2.1.4	其他			8 623	18 204	23 334	23 334	23 334	23 334
2.2	建设投资借款	79 462	158 924	135 559	111 027	85 267	58 220	29 820	
2.3	流动资金借款			6 475	6 918	6 918	6 918	6 918	
2.4	负债小计	79 462	158 924	154 198	140 083	119 453	92 406	64 006	27 268
2.5	所有者权益	49 506	102 985	114 539	130 614	147 085	164 137	182 204	201 418
2.5.1	资本金	495 06	102 985	105 760	105 950	105 950	105 950	105 950	105 950
2.5.2	资本公积金								
2.5.3	累计盈余公积金			878	2 466	4 113	5 819	7 625	9 547
2.5.4	累计未分配利润			7 901	22 198	37 021	52 369	68 629	85 921
	资产负债率			57.38%	51.75%	44.82%	36.02%	26.00%	11.92%
	流动比率			563.03%	491.33%	524.20%	628.09%	730.74%	806.62%
	速动比率			521.62%	466.53%	504.06%	607.96%	710.61%	786.49%

表 9-19 中的资产负债率、流动比率和速动比率，反映项目有较强的清偿能力。

3）计算利息备付率和偿债备付率（见表9-20）

表9-20　项目利息备付率与偿债备付率　　货币单位：万元

序号	项　目	运营期					
		3	4	5	6	7	8
1	应付利息额	8 238	7 089	5 863	4 575	3 222	1 802
2	应还本付息额	31 311	31 311	31 311	31 311	31 311	31 311
3	息税前利润	19 943	28 269	27 824	27 311	27 311	27 421
4	折旧	37 591	37 591	37 591	37 591	37 591	37 591
5	摊销	733	733	733	733	733	623
6	所得税	2 926	5 295	5 490	5 684	6 022	6 405
7	可用于还本付息资金	55 341	61 299	60 658	59 952	59 614	59 231
8	利息备付率	2.42	3.99	4.75	5.97	8.48	15.21
9	偿债备付率	1.77	1.96	1.94	1.91	1.90	1.89

表9-20中，可用于还本付息资金=息税前利润+折旧+摊销−所得税。由该表可知，由于投产第1年负荷低，同时利息负担大，所以利息备付率相对较低，但这种状况从投产后第2年起得到了改善，整体情况较好，清偿能力较强。

5．不确定性分析

在项目确定性分析的基础上，对项目进行敏感性分析。分别选择长期借款利率、经营成本和产品A单价（产品A销售收入占比超过50%）等因素进行分析，计算如表9-21所示。通过计算，这3个因素变动对财务净现值的影响情况如图9-2所示。

表9-21　敏感性分析　　货币单位：万元

变动率	长期借款利率变动后的净现值	经营成本变动后的净现值	产品A单价变动后的净现值
−20%	20 597	50 875	−13 938
−15%	20 780	43 489	−5 121
−10%	20 964	36 103	3 696
−5%	21 148	28 716	12 513
0%	21 331	21 331	21 331
5%	21 515	13 944	30 147
10%	21 699	6 558	38 964
15%	21 882	−829	47 781
20%	22 066	−8 215	56 598

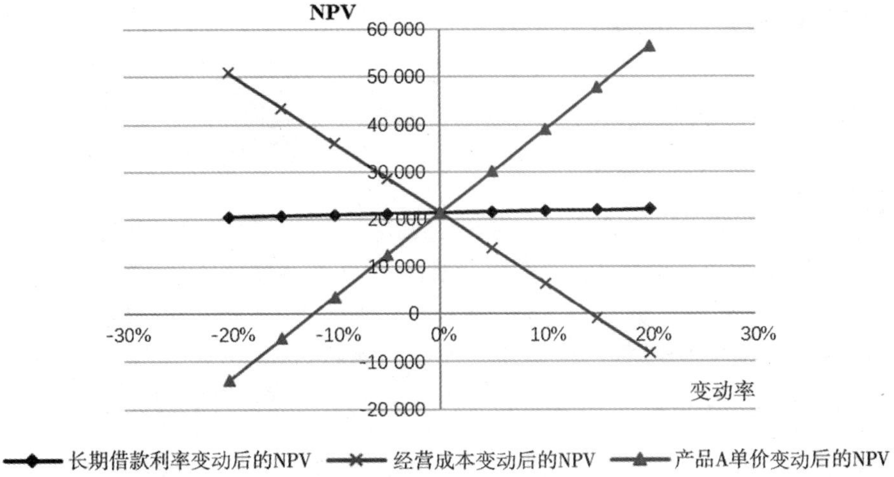

图 9-2　敏感性分析图

由图 9-2 可知，在这 3 个因素中，产品 A 单价最敏感，经营成本其次，长期借款利率相对不敏感。

6．财务评价结论

（1）项目盈利能力分析。根据项目投资现金流量表可知，所得税前项目财务内部收益率为 13.58%，所得税后项目财务内部收益率为 10.53%，均大于给定的财务基准收益率；所得税前项目财务净现值为 11 752 万元，所得税后项目财务净现值为 4 102 万元，均大于零，盈利能力满足要求，说明融资前项目投资方案经济效果上可行。

由项目资本金现金流量表可知，根据项目初步融资方案进行的资本金现金流量分析得到资本金内部收益率为 19.01%，大于财务基准收益率，净现值为 21 331 万元，表明项目资本金盈利能力满足要求。

（2）项目清偿能力及财务生存能力分析。由财务计划现金流量表可知，项目筹措资金和项目净收益可以支付各项支出，不需通过短期借款方式弥补资金不足，资金平衡情况良好，累计盈余资金稳步增长，财务生存能力较好。

由借款还本付息计划表可知，项目可筹集足够资金并按约定方式偿还银行贷款。资产负债表中的资产负债率、流动比率和速动比率反映项目整体上有较强的清偿能力。

（3）不确定性分析。通过单因素敏感性分析，在所选择的 3 个因素中，产品 A 单价最敏感，经营成本其次，长期借款利率相对不敏感。在经营过程中要关注产品 A 的市场销售情况，重点分析和研究产品 A 的市场价格变化规律，避免或减少由于价格变化给项目带来的不利影响，对产品 A 单价的影响因素及经营成本的影响因素做好风险控制。

通过对项目盈利能力、清偿能力、财务生存能力及不确定性等方面的分析后可知，项目总体上财务效果较好，投资风险可控。

9.3 建设项目国民经济评价

9.3.1 国民经济评价概述

1. 国民经济评价的概念

国民经济评价是项目经济评价的重要组成部分。它是按照资源合理配置的原则，从国家整体角度考察和确定项目的效益和费用，用货物影子价格、影子工资、影子汇率和社会折现率等经济参数，计算和分析项目对国民经济的净贡献，以评价项目经济上的合理性。项目财务评价是从项目微观层面考察项目财务上是否可行；国民经济评价则是从国家整体角度考察项目的经济合理性，国家必须按照一定的准则对资源进行合理配置，并力求对国家的基本目标贡献最大。

2. 国民经济评价与财务评价的关系

国民经济评价和财务评价是建设项目经济评价的两个层次，它们相互联系，既有共同之处，又有区别。

1）共同点

（1）评价目的相同，都是寻求以最小的投入获得最大的产出。

（2）评价基础相同，都是在完成市场需求预测、工程技术方案、资金筹备基础上进行的。

（3）计算期相同，都包括项目的建设期、生产运营期的全过程。

2）不同点

（1）评价的出发点不同。财务评价是站在企业或项目自身的角度，衡量投资项目的盈利状况，评价项目财务上是否有利可图；国民经济评价是站在国家整体的角度，分析投资项目为国民经济创造的效益和做出的贡献，评价项目经济上的合理性。前者主要为企业或项目的投资决策提供依据，后者则是为政府宏观的投资决策提供依据。

（2）计算费用和收益的范围不同。在财务评价中，根据企业的实际收支情况确定项目的财务收益和费用，一般要考虑通货膨胀、税金、利息、国家给予的补贴等。在国民经济评价中，根据所耗费的有用资源和项目对社会提供的有用产品及服务来考察项目的费用和收益，一般不考虑通货膨胀、税金、折旧等转移支付，但要考虑间接收益和间接费用。由于费用和收益范围的不同，同一个投资项目的财务评价和国民经济评价的计算结果会有差异，在某些情况下结论也会有差异。

（3）评价中采用的价格不同。在财务评价中，要求评价结果反映投资项目实际发生情况，其计算使用的价格为未来市场上可能价格或市场价格。在国民经济评价中，要求不同地区、不同行业的投资项目具有可比性，采用市场价格，往往因不同地区价格水平不同而影响项目的横向可比性，更主要的是，反映资源稀缺性克服价格体系的缺陷。因此在国民经济评价中，必须采用一个统一的价格标准，以影子价格作为国民经济评价的价格体系。

（4）评价中使用的评价参数不同。所谓评价参数，主要指汇率、贸易费用率、工资及折现率。在财务评价中，上述各参数需要根据不同行业的不同项目以及企业条件、企业环境自行选定。在国民经济评价中，同样为了达到投资项目可比的目的，采用国家统一测定的影子汇率、影子工资和社会折现率。

（5）评价中采用的核心指标不同。国民经济评价的指标是经济净现值和经济内部收益率，财务评价的主要指标是财务净现值和财务内部收益率。国民经济评价的结论和财务评价的结论有时不一致。在我国，以国民经济评价结果作为项目选取条件，对经济上可行、财务上可行的方案予以接受；对经济上可行而财务上不可行的方案，国家可通过价格补贴或减免税收等措施使方案在财务上也变为可行，或重新修改方案。对经济上不可行的项目，不论其财务评价可行与否都应该予以拒绝。

9.3.2　国民经济分析的费用和效益识别

费用效益分析原理是项目国民经济效益分析的基本理论，它是从国家和整个社会的角度出发，全面地、综合地分析和评价建设项目的一种科学的方法。通过计算影子价格、影子汇率及项目未来的经济效益和费用，估算对未来效益和费用的社会折现率，并对净效益，即每年的经济效益与费用之差进行折现，最后对计算出的一系列技术经济指标进行分析和判断。因此，项目费用和效益是项目国民经济评价的基础数据。

1．效益

国民经济评价的效益是指项目对国民经济所做的贡献，包括直接效益和间接效益。

（1）直接效益。直接效益主要是用影子价格计算的项目的产出物，并在项目范围内计算的经济效益。投入物的节约也视为直接效益。

（2）间接效益。间接效益也称外部效果，是指项目为社会做出了贡献，而在直接效益中未得到反映的那部分效益。间接效益通常较难计量，为了减少计量上的困难，可通过项目间接效益一般只计算一次相关效果，不考虑连续扩展的乘数效果。另外，有些“外部效果”仍无法计量而需要单独分析时，可采用定性说明的方式进行，如技术先进项目建设引起的技术人员流动、技术推广传播等带来的间接效益。

2．费用

国民经济评价的费用是指因项目建设而使国民经济所付出的代价，包括直接费用和间接费用。

（1）直接费用。直接费用主要是用影子价格计算的项目投入物所产生的，并在项目范围内计算的经济费用。主要表现形式有：国内其他部门为供应该项目投入物而扩大生产规模所消耗的资源费用；减少其他项目的投入物供应而给其他项目造成的损失；增加进口量（或减少出口量）所消耗的外汇支出（或减少的外汇收入）等。

（2）间接费用。间接费用的计算与间接效益计算一样，采用扩大项目范围法和影子价格法。有些间接费用需要单独分析，如工业项目造成的环境污染和对生态的破坏，可参照同类企业造成的损失计算。间接费用一般也只计算一次相关效果，不考虑连续扩展的乘数效果。

3．转移支付

转移支付是指项目与各种社会实体之间的货币转移，如税金、补贴、贷款及其还本付息等，一般不发生资源的实际增加和耗用。

（1）税金。在财务评价中，税金是一种财务支出。企业纳税就要减少其净收益，但并未减少国民收入，并未发生社会资源的变动，只是将企业的这笔货币收入转移到政府手中而已，属于收入的再分配，因此，在国民经济评价中不属于费用和效益。

（2）补贴。补贴是一种货币流动方向与税金相反的转移支付。政府对某项目进行价格补贴，则可能降低项目投入的支付费用，或者增加项目的收入，从而增加项目的净收益。但补贴并未增加社会资源，也未减少社会资源，国民收入并未因补贴而发生变化，因而补贴也不被视为国民经济评价中的费用和效益。

（3）贷款及其还本付息。从企业或项目角度看，银行贷款就是货币流入，还本付息则是与贷款相反的货币流动过程。而从国民经济角度看，贷款并没有增加国民收入，还本付息也没有减少国民收入，这种货币流动过程仅仅代表资源支配权利的转移，社会实际资源并未增加或减少，因而不属于国民经济评价中的费用和效益。

（4）其他。除了以上几项外，转移支付还包括工资和土地费用中的土地征购等项目。工资是企业与职工之间的转移支付，因此在国民经济评价中工资不应列为费用，而工资的计算是按照劳动力的机会成本（劳动力的转移给原来所在部门造成的国民收入的减少，以及社会为之付出的代价所形成的影子价格）计算的；土地费用中除居民搬迁费等是社会为项目增加的资源消耗而列入项目的费用外，其余的土地征购等支出都是国民经济内部的转移支付，在国民经济评价中不应列为费用。

9.3.3 国民经济评价参数

在国民经济评价中，为计算费用和效益，衡量技术经济指标而使用的参数称为国民经济评价参数。从社会观点看，国民经济评价参数应反映最佳的资源分配，国家的价值判断、经济目标和经济政策。它是数量度量标准，也是价值判别标准，在国民经济效益分析中有着重要的作用，它直接影响着项目评价和选定的结果。原则上，国民经济评价参数应该对所有部门、地区和项目都是一致的，只是在非常特殊的条件下才有可能不一致。例如，一些由于历史和自然条件原因而比较落后的地区，以及国家急需发展的或从战略角度考虑较重要部门的项目，有可能不使用统一的国家参数。

国民经济评价参数随着时间的进程而应该不断变化。在不同时期，国家有不同的价值判断、经济目标和经济政策，所以应该有不同的国民经济评价参数。随着经济的发展，项目国民经济效益分析方法和理论体系的日臻完善，国民经济评价参数也要不断地进行测算和修订，力求达到投资资金的最佳配置，反映国家的价值判断、经济目标和经济政策。

国民经济评价参数主要包括影子价格、影子汇率和社会折现率等。

1．影子价格

影子价格是在完善的市场经济条件下，在社会最优的生产组织情况下，资源的分配和利用达到最优状态即供求平衡的均衡价格。它真实地反映了社会必要劳动消耗、资源稀缺程度和市场供求状况，能够实现资源配置的最优化，即把最稀缺的资源优先配给效益好的项目。影子价格是一种理论上的虚拟价格，是为了实现一定的社会经济发展目标而人为确定的、更为合理的价格。这里所说的“合理”，从定价原则来看，其含义为应能更好地反映产品的价值，反映市场供求状况，反映资源的稀缺程度；从价格产出的效果来看，其含义为应能使资源配置向优化方向发展。影子价格不是产品的实际交换价格，而是优化配置社会资源、衡量产品社会价值的价格尺度。在工程项目的国民经济评价中，影子价格用来代替市场价格进行费用与效益的计算，可消除在市场不完善的条件下由于市场价格失真可能导致的评价结论失实。

这种理论上的影子价格是通过线性规划计算出来的，规划从优化资源配置出发，本身并不含资源的价格，但由于对偶规划的存在，一旦实现了资源的最佳配置，各种资源的最优计划价格也就如影随形地产生了。这就是影子价格这一用语的由来，也就是通常所说的“影子价格是线性规划对偶解”的含义。在确定影子价格时，首先要区分市场定价货物、政府调控价格货物、特殊投入物，然后根据投入物和产出物对国民经济的影响分别处理。

1）市场定价货物

（1）外贸货物的影子价格。外贸货物是指其生产、使用将直接或间接影响国家进口或出口的货物，如原油、金属材料、金属矿物、木材及可出口的商品煤等。外贸货物的影子价格以实际可能发生的口岸价格为基础确定，口岸价格反映了外贸货物的机会成本或消费者的支付意愿。

①项目产出物的影子价格（项目产出物的出厂价格）。直接出口的产出物是指直接外销产品。其影子价格计算公式为：

$$\mathrm{SP}=\mathrm{FOB}\times\mathrm{SER}-(T_1+T_{r1}) \tag{9-9}$$

式中，FOB 为离岸价格；SER 为影子汇率；T_1 和 T_{r1} 分别为国内运输费用和贸易费用。

间接出口的产出物主要是指内销产品，拟建项目的产品替代其他产品的国内销售，使其他产品增加出口。其影子价格计算公式为：

$$\mathrm{SP}=\mathrm{FOB}\times\mathrm{SER}-(T_2+T_{r2})+(T_3+T_{r3})-(T_4+T_{r4}) \tag{9-10}$$

式中，FOB 为离岸价格；SER 为影子汇率；T_2 和 T_{r2} 分别为从原供应厂到口岸的运输费用和贸易费用；T_3 和 T_{r3} 分别为从原供应厂到用户的运输费用和贸易费用；T_4 和 T_{r4} 分别为从项目到用户的运输费用和贸易费用。

替代进口的产出物是指内销产品，以项目的产品替代进口产品，减少该产品的进口。其影子价格计算公式为：

$$\mathrm{SP}=\mathrm{CIF}\times\mathrm{SER}+(T_5+T_{r5})-(T_4+T_{r4}) \tag{9-11}$$

式中，CIF 为到岸价格；SER 为影子汇率；T_4 和 T_{r4} 分别为从项目到用户的运输费用和贸易费用；T_5 和 T_{r5} 分别为从口岸到用户的运输费用和贸易费用。

②项目投入物的影子价格（项目投入物的到厂价格）。直接进口的投入物的影子价格计算公式为：

$$SP=CIF×SER+(T_1+T_{r1})\tag{9-12}$$

式中，CIF 为到岸价格；SER 为影子汇率；T_1 和 T_{r1} 分别为国内运输费用和贸易费用。

间接进口的投入物的影子价格计算公式为：

$$SP=CIF×SER+(T_5+T_{r5})-(T_3+T_{r3})+(T_6+T_{r6})\tag{9-13}$$

式中，CIF 为到岸价格；SER 为影子汇率；T_3 和 T_{r3} 分别为从原供应厂到用户的运输费用和贸易费用；T_5 和 T_{r5} 分别为从口岸到用户的运输费用和贸易费用；T_6 和 T_{r6} 分别为从原供应厂到项目的运输费用和贸易费用。

减少出口的投入物的影子价格计算公式为：

$$SP=FOB×SER-(T_2+T_{r2})+(T_6+T_{r6})\tag{9-14}$$

式中，CIF 为到岸价格；SER 为影子汇率；T_2 和 T_{r2} 分别为从原供应厂到口岸的运输费用和贸易费用；T_6 和 T_{r6} 分别为从原供应厂到项目的运输费用和贸易费用。

（2）非外贸货物的影子价格。非外贸货物是指其生产或使用不影响国家进口或出口的货物。根据不能外贸的原因，非外贸货物分为天然非外贸货物和非天然非外贸货物。

天然非外贸货物是指使用和服务天然地限于国内，包括国内施工和商业以及国内运输和其他国内服务。非天然非外贸货物是指由于经济原因或政策原因不能外贸的货物，包括由于国家政策和法令限制不能外贸的货物，还包括其国内生产成本加上到口岸的运输、贸易费用后的总费用高于离岸价格，致使出口得不偿失而不能出口的货物。同时，国外商品的到岸价格又高于国内生产同样商品的经济成本，致使该商品也不能从国外进口。在忽略国内运输费用和贸易费用的前提下，由于经济性原因造成的非外贸货物满足以下条件：

离岸价格<国内生产成本<到岸价格

随着我国市场经济发展和贸易范围的扩大，大部分货物或服务都处于竞争性的市场环境中，市场价格可以反映消费者支付意愿和机会成本。进行费用效益分析可将这些货物的市场价格加上或减去国内运杂费作为影子价格。建设项目非外贸货物的影子价格按下述公式计算：

产出物的影子价格（项目产出物的出厂价格）=市场价格−国内运杂费　（9-15）

投入物的影子价格（项目产出物的到厂价格）=市场价格+国内运杂费　（9-16）

2）政府调控价格货物

考虑到效率优先兼顾公平的原则，市场经济条件下有些货物或者服务不能完全由市场机制形成价格，而需由政府调控价格。政府调控的货物或者服务的价格不能完全反映其真实价值，例如，政府为了帮助城市中低收入家庭，对经济适用房制定指导价和最高限价。确定这些货物或者服务的影子价格的原则是，投入物按机会成本分解定价，产出物按对经济增长的边际贡献率或消费者支付意愿定价。

政府主要调控的水、电、铁路运输等作为投入物和产出物时的影子价格计算方法如下：

（1）水作为项目投入物的影子价格，按后备水源的边际成本分解定价，或者按恢复水资源存量的成本计算。水作为项目产出物的影子价格，按消费者支付意愿或者按消费者承受能力加政府补贴计算。

（2）电作为项目投入物时的影子价格，一般按完全成本分解定价，电过剩时按可变成本分解定价。电作为项目产出物的影子价格，可按电对当地经济边际贡献率定价。

（3）铁路运输作为项目投入物的影子价格，一般按完全成本分解定价，对运能富余的地区，按可变成本分解定价。铁路运输作为产出物的影子价格，可按铁路运输对国民经济的边际贡献率定价。

3）特殊投入物

（1）劳动力的影子价格。国民经济评价中，劳动力的影子价格用影子工资来反映。影子工资是指建设项目使用劳动力资源而使社会付出的代价。影子工资由劳动力机会成本和新增资源消耗构成。其计算公式为：

$$影子工资=劳动力机会成本+新增资源消耗 \quad (9\text{-}17)$$

式中，劳动力机会成本是指劳动力在本项目中被使用，而不能在其他项目中使用而被迫放弃的最大收益；新增资源消耗是指劳动力在本项目新就业或由其他就业岗位转移来本项目而发生的社会资源消耗，如为劳动力就业而支付的搬迁费、培训费、城市交通费等，这些资源消耗并未提高劳动力的生活水平。影子工资与劳动力的技术熟练程度和供求状况（过剩与稀缺）有关，技术越熟练，稀缺程度越高，其机会成本越高，反之则越低。

影子工资可通过影子工资换算系数计算得到。其计算公式为：

$$影子工资=名义工资\times影子工资换算系数 \quad (9\text{-}18)$$

式中，名义工资是建筑项目使用劳动力资源所支付的货币工资数量。影子工资换算系数是指影子工资与项目财务评价中的劳动力工资之间的比值。影子工资换算系数可根据项目所在地劳动力就业状况、劳动力就业或转移成本测定。对于技术劳动力的工资报酬一般可由市场供求决定，可采用财务实际支付的工资计算；对于非技术劳动力的影子工资换算系数一般取 0.25～0.8，在劳动力较富余的地区取较低值，不太富余的地区取较高值。

（2）土地的影子价格。土地的影子价格是指建设项目使用土地资源而使社会付出的代价。土地的影子价格由土地机会成本和新增资源消耗构成。其计算公式为：

$$土地的影子价格=土地机会成本+新增资源消耗 \quad (9\text{-}19)$$

式中，土地机会成本按拟建项目占用土地而使国民经济为此放弃的该土地“最佳替代用途”的净效益计算；土地改变用途而发生的新增资源消耗主要包括拆迁补偿费、农民安置补助费等。在实践中，土地平整等开发成本通常计入工程建设费用中，因此，在土地的影子价格中不再重复计算。

土地的影子价格应根据项目占用土地所处位置、项目情况以及取得方式分别确定。一般情况下，通过招标、拍卖和挂牌出让方式取得使用权的国有土地，其影子价格可按财务价格计算；通过划拨、双方协议方式取得使用权的土地，应分析价格优惠或扭曲情况，参照公平市场交易价格，对价格进行调整；经济开发区优惠出让使用权的国有土地，应参照当地土地市场交易价格类比确定；当难以用市场交易价格类比确定土地影子价格时，可采用收益现值法或以开发投资应得收益加土地开发成本确定。

2．影子汇率

影子汇率是指能反映外汇真实价值的汇率。通常，在国家实行外汇管制和没有形成外汇市场的条件下，官方汇率（国家公布的正式汇率）往往低估了外汇的价值。故在国民经济效益分析中，必须对官方汇率进行调整，选用较能反映外汇真实经济价值的影子汇率。影子汇率通过影子汇率换算系数计算，影子汇率换算系数是影子汇率与国家外汇牌价的比值，即

$$影子汇率=外汇牌价\times影子汇率换算系数 \tag{9-20}$$

目前，我国影子汇率换算系数为1.08。作为建设项目国民经济评价中的通用参数，影子汇率取值高低直接影响投资项目决策的进出口抉择，间接影响项目的经济合理性。影子汇率越高，外汇的影子价格就越高，对于产品是外贸货物的项目经济效益就越好，而对于引进外贸货物的项目费用会越高，影响项目的经济性。

3．社会折现率

社会折现率是资金的影子价格，即投入资金的机会成本。它是由政府部门统一规定的，在国民经济评价中用以衡量资金时间价值的参数，代表资金占用应获得的最低动态收益率。适当的社会折现率可以促进资源的合理分配，引导资金投向对国民经济净贡献大的项目。原则上，选取的社会折现率应能使投资资金的供需基本平衡。如果社会折现率定得过高，投资资金供过于求，将导致资金积压，也会过高估计货币的时间价值，使投资者偏爱短期项目；如果定得过低，在经济评价中有过多的项目通过检验，将导致投资资金不足，同时也会过低地估计货币的时间价值，从而偏爱长期项目。

社会折现率的确定体现国家的政策、目标和宏观调控意图，其值取决于国内一定时期的投资收益水平、资金供求、机会成本、合理投资规模等。在国家发展和改革委员会、建设部发布的《建设项目经济评价方法与参数（第三版）》中将社会折现率规定为8%。

9.4 建设项目社会评价

9.4.1 建设项目社会评价概述

1．社会评价的概念及目的

社会评价是分析拟建项目对当地社会的影响和当地社会条件对项目的适应性和可接受程度，评价项目的社会可行性。社会评价旨在系统调查和预测拟建项目的建设、运营产生的社会影响与社会效益，分析项目所在地区的社会环境对项目的适应性和可接受程度，通过分析项目涉及的各种社会因素，评价项目的社会可行性，提出项目与当地社会的协调关系，规避社会风险，促进项目顺利实施，保持社会稳定的方案。

社会评价的主要目的是消除或尽量减少因建设项目实施而产生的各种负面社会影响，减少社会矛盾和纠纷，使项目的内容和实施方案符合项目所在地区的社会发展规划、社会实际情况和目标人群的具体发展需要，为项目所在地区的人群提供更广阔的发展机遇，提高项目实施的社会效果，并能为实现项目地区减轻或消除贫困、维护社会稳定等区域社会发展目标做出贡献，促进经济与社会的协调发展。

2．社会评价的项目范围

任何建设项目都与人和社会有着密切的联系，因而从理论上讲，社会评价适合于各类投资建设项目的评价。然而，由于社会评价难度大、要求高，且需要一定的资金和时间投入，故不可能对全部项目都进行社会评价。通常，主要针对当地居民受益较大的社会公益性项目、对人民生活影响较大的基础性项目、容易引起社会动荡的项目、区域性发展项目和扶贫项目进行评价。例如，水利灌溉项目、移民和非自愿移民项目、畜牧项目、渔业项目、林业项目以及大型的能源、交通、供水、采矿、工业项目等。

在项目评价中首先需要进行初步社会评价，然后根据初步社会评价的结果，判断是否需要进行详细社会分析。需要进行详细社会分析的项目一般具有下列特征：

（1）项目地区的居民无法从以往的发展项目中受益或历来处于不利地位；

（2）项目地区存在比较严重的社会、经济不公平等现象；

（3）项目地区存在比较严重的社会问题；

（4）项目地区面临大规模企业结构调整，并可能引发大规模的失业人口；

（5）可预见到项目会产生重大负面影响，如非自愿移民、文物古迹被严重破坏；

（6）项目活动会改变当地人口的行为方式和价值观念；

（7）社区参与对项目效果可持续性和成功实施十分重要；

（8）项目评价人员对项目影响群体和目标群体的需求及项目地区发展的制约因素缺乏足够的了解。

9.4.2　社会评价的主要内容

社会评价主要包括社会影响分析、互适性分析、社会风险分析、社会可持续性分析等方面。

1．社会影响分析

社会影响分析从国家、地区、社区三个层面展开，包括正面影响和负面影响。

（1）对居民收入的影响。分析预测由于项目实施可能造成当地居民收入增加或减少的范围、程度及其原因；收入分配是否公平，是否扩大了贫富收入差距，并提出促进收入公平分配的措施建议。

（2）对居民生活水平和生活质量的影响。分析预测项目实施后居民居住水平、消费水平、消费结构、人均寿命等的变化及其原因。

（3）对居民就业的影响。分析预测项目的建设、运营对当地居民就业结构和就业机会的正面与负面影响。

（4）对不同利益相关者的影响。分析预测项目的建设和运营使哪些人受益或受损，以及对受损群体的补偿措施和途径。

（5）对弱势群体的影响。分析预测项目的建设和运营对当地妇女、儿童、残疾人员利益的正面或负面影响。

（6）对文化、教育、卫生的影响。分析预测项目的建设和运营对当地文化教育水平、卫生健康程度的变化以及对当地人文环境的影响，提出减少不利影响的措施建议。

（7）对基础设施、社会服务容量和城市化进程等的影响。分析预测项目的建设和运营期间是否可能增加或占用当地道路、桥梁、供电、给排水、供气等基础设施。

（8）对少数民族风俗习惯和宗教的影响。分析预测项目的建设和运营是否符合国家的民族和宗教政策，是否会引发民族矛盾、宗教纠纷，影响当地社会安定。

（9）对所在地区文化遗产的影响。调查项目所在地区文化遗产状况，识别项目是否对所在地区文化遗产产生影响。若产生影响，应提出保护文化遗产的建议。

通过上述分析，评价项目的社会影响，编制项目社会影响分析表，如表 9-22 所示。

表 9-22　项目社会影响分析表

序号	社会因素	影响的范围、程度	可能出现的后果	措施建议
1	对居民收入的影响			
2	对居民生活水平和生活质量的影响			
3	对居民就业的影响			
4	对不同利益相关者的影响			
5	对弱势群体的影响			
6	对文化、教育、卫生的影响			
7	对基础设施、社会服务容量和城市化进程等的影响			
8	对少数民族风俗习惯和宗教的影响			
9	对所在地区文化遗产的影响			

2．互适性分析

互适性分析主要是分析预测项目能否为当地的社会环境、人文条件所接纳，以及当地政府、居民支持项目的程度，考察项目与当地社会环境的相互适应关系。

（1）分析预测与项目直接相关的不同利益相关者对项目建设和运营的态度及参与程度，选择可以促使项目成功的各利益相关者的参与方式，对可能阻碍项目存在与发展的因素提出防范措施。

（2）分析预测项目所在地区的社会组织对项目建设和运营的态度。首先分析当地政府对项目的态度及协作支持的力度。其次分析当地群众对项目的态度以及群众参与的程度。通过分析项目的受益者及受益面的大小、受损者及其受损程度和补偿方案，寻找共赢方案。

（3）分析预测项目所在地区的社会环境、文化状况能否适应项目建设和发展需要。分析当地居民的教育水平能否适应项目要求的社会环境条件，能否保证实现项目的既定目标。

通过项目与所在地的互适性分析，评价当地社会对项目的适应性和可接受程度，编制社会对项目的互适性分析表，如表 9-23 所示。

表 9-23　社会对项目的互适性分析表

序　号	社会因素	适应程度	可能出现的问题	措施建议
1	不同利益相关者的态度			
2	当地社会组织的态度			
3	当地社会环境条件			

3．社会风险分析

社会风险分析是对可能影响项目的各种社会因素进行识别和排序，选择影响面大、持续时间长，并容易导致较大矛盾的社会因素进行预测，分析可能出现这种风险的社会环境和条件。社会风险分析表如表 9-24 所示。

表 9-24　社会风险分析表

序　号	风险因素	持续时间	可能导致的后果	措施建议
1	移民安置问题			
2	民族矛盾、宗教问题			
3	弱势群体支持问题			
4	受损补偿问题			

4．社会可持续性分析

社会可持续性分析是对项目寿命期内社会效果的总体发展分析，包括：

（1）项目社会效果可持续性分析。项目社会效果可持续性分析主要分析项目社会效果的可持续程度，以及实现项目社会效果可持续的必要条件。项目社会效果包括减缓贫困、促进社会公平、促进社会性别公平、促进少数民族发展、促进文化遗产保护、提高弱势群体社会保障与社会福利水平等。

（2）项目受益者对项目社会可持续性的影响分析。项目社会可持续性分析应分析项目受益者支付能力的动态变化趋势及其对项目建设运营的持续性影响，特别是其可能导致的项目工期延误、成本增加、效率降低等对项目社会可持续性产生的影响。

（3）项目受损者对项目社会可持续性的影响分析。项目社会可持续性分析应分析项目受损者受项目影响的程度，以及项目社会可持续性所受到的影响。

9.4.3　社会评价的方法与步骤

1．社会评价的常用方法

建设项目投资活动涉及的社会因素、社会影响和社会风险不可能用统一的指标、量纲和判据进行评价，因此社会评价应根据项目的具体情况采用灵活的评价方法。通常，社会评价采用定量分析与定性分析相结合、参数评价与经验判断相结合的方法，其中定性分析在社会评价中占有重要地位。在具体评价中，常采用利益相关者分析法、有无对比分析法、综合分析评价法等方法。

1）利益相关者分析法

利益相关者是指与项目有直接或间接利害关系，并对项目成功与否有直接或间接影响的有关个人、群体和组织机构。利益相关者分析在社会评价中用于辨认项目利益的相关群体，分析他们受项目的影响，以及他们对项目的实施及实现目标的影响。

利益相关者的划分一般是按有关各方与项目的关系及其对项目的影响程度与性质或其受项目影响的程度与性质决定的。利益相关者一般划分为项目受益人、项目受害人、项目受影响人，以及其他利益相关者，后者包括项目的建设单位、设计单位、咨询单位、与项目有关的政府部门与非政府组织。

利益相关者分析的主要内容包括：根据项目单位的要求和项目的主要目标，确定项目所包括的主要利益相关者；明确各利益相关者的利益所在以及与项目的关系；分析各个利益相关者之间的相互关系；分析各利益相关者参与项目的设计、实施的各种可能方式。

利益相关者分析一般包括五个步骤：

（1）识别利益相关者，构造项目利益相关者列表。

（2）分析利益相关者的利益构成，即需要对利益相关者从项目实施中可能获得的利益以及可能对项目产生的影响进行分析。

（3）评价各利益相关者对项目成功与否所起作用的重要程度。

（4）根据项目目标，对项目各利益相关者的重要性做出评价。

（5）根据以上各步的分析结果，提出在项目实施过程中对各利益相关者应采取的措施。

2）有无对比分析法

有无对比分析法是指对有项目情况和无项目情况的社会影响对比分析。有项目情况减去同一时刻的无项目情况，就是由项目建设引起的社会影响。运用有无对比分析法需要首先确定没有进行项目建设时的该地区的社会状况，如社会经济、文化科技、生态环境状况等；其次确定项目建设完成后该地区的社会状况。有无对比分析法的关键在于，如何将非本项目所产生的效益剔除掉。但是需要进行社会影响评价的项目，一般时间周期都较长，且社会影响评价的范围十分广泛。在这样的时期与范围内，项目区域通常都会出现社会政策的变动、经济发展或其他项目投资建设等情况。把这些情况所带来的社会收益从待考察项目的社会收益中剔除是非常困难的事情。故有无对比分析法在社会影响评价中的效果常常不是十分准确。

3）综合分析评价法

分析项目可行性时通常要考虑项目的多个社会因素及目标的实现程度。对这种多个目标的评价决策问题，通常选用多目标决策科学方法，如德尔菲法、矩阵分析法、层次分析法、模糊综合评价法、数据包络分析法等。

社会评价的综合分析结论不能单独应用，必须与社会评价的互适性分析相结合。互适性分析研究如何采取措施使项目与社会相互适应，以取得较好的投资效果。所以，综合分析评价法得出项目社会评价的总分后，在方案比较中，除了要看总分高低，还要看各方案措施实施的难易和所需费用的高低以及风险的大小等情况，才能得出各方案可行性的优劣。有些项目可能因方案社会风险大或受损群众数量较大，又难以减轻而改变方案。对于社会评价来说，多目标综合分析评价法得出的结果，往往只能作为一种分析总结的参考数据，不能据以决策。

2．社会评价的步骤

（1）调查社会资料。调查项目所在地区和受影响社区的基本社会经济情况，以及项目影响时限内可能的变化，包括人口、基础设施和服务设施状况、当地风俗、人际关系、各利益相关者对项目的反应、要求与接受程度、各利益群体参与项目活动的可能性等。可采用多种调查方法，如查阅历史文献、统计资料、问卷调查、现场访问、观察、开座谈会等。

（2）识别社会因素。分析社会调查获得的资料，对项目涉及的各种社会因素进行分类。一般分为三类：影响人类生活和行为的因素，如对就业的影响、对收入分配的影响、对社区发展和城市建设的影响，对居民身心健康的影响、对文化教育事业的影响、对社区福利和社会保障的影响等；影响社会环境变迁的因素，如对自然和生态环境的影响、对资源综合开发利用的影响、对能源节约的影响、对耕地和水资源的影响；影响社会稳定与发展的因素，如对风俗习惯、宗教习惯、民族团结的影响，对社区组织结构和地方管理机构的影响，对国家安全和地区威望的影响。

（3）社会分析。对拟定的项目建设地点、技术方案和工程方案中涉及的主要社会影响、互适性、社会风险、社会可持续性进行定性定量分析。对能够定量计算的指标，依据调查和预测资料进行测算，并根据评价标准判断其优劣。对不能定量计算的社会因素进行定性分析，判断各种社会因素对项目的影响程度，揭示项目可能存在的社会风险。

（4）制定社会管理方案。在社会分析的基础上，结合项目的社会环境与条件制定社会管理方案，强化项目的正面社会影响，化解或减轻项目的负面社会影响，使项目社会效果可持续、社会风险可控。

（5）编写社会评价报告。在对社会评价工作成果汇总分析的基础上，形成社会评价报告。社会评价报告应包括评价目标、评价方法、评价内容、评价结论、主要建议和社会管理方案。项目实施阶段的社会评价报告还应包括监测评估建议。

9.5 建设项目后评价

9.5.1 建设项目后评价概述

建设项目后评价是指在项目建成竣工验收并运行一段时间后，对该项目的立项、决策、设计、实施和运营，以及项目的经济效益和社会效益等进行系统客观的分析总结。通过对项目的检查总结，确定投资预期的目标是否达到，项目或规划是否合理有效，项目的主要效益指标是否实现，通过分析评价找出成败的原因，总结经验教训，并通过及时有效的信息反馈，为未来项目的决策和提高完善投资决策管理水平提出建议，同时也为被评项目实施运营中出现的问题提出改进建议，从而达到提高投资效益的目的。

随着我国经济体制改革的深入，开展项目后评价显得尤为重要。项目后评价对投资者提高后续项目决策的科学性，提高项目管理水平和投资效益等方面均具有重要作用。

9.5.2 建设项目后评价的内容

根据《项目后评价实施指南》，项目后评价应包括目标评价、过程评价、效益评价、可持续性评价等方面。

1．目标评价

目标评价主要是将项目前评价阶段的目标与项目实际情况进行对照，分析和评价项目预设目标的正确性、合理性和实践性，判断项目立项时设定目标的实现程度，包括项目管理目标评价和项目宏观目标评价两个层次。

1）项目管理目标评价

对照项目立项时的目标和主要指标，检查项目实际完成情况，评估项目目标和主要指标的适宜性和实现程度。项目管理目标通常包括产品数量或质量目标、产品成本目标、产品市场竞争力目标，以及项目的利润目标、销量目标等。

目标的适宜性评价以项目实际实施和运营情况为依据，结合项目实施环境和条件的变化情况，评估项目原定目标和主要指标的科学性和合理性。

目标的实现程度评价主要是为了明确项目成果与目标之间的偏差范围并分析实际发生偏差的原因，判断项目成功是否符合后续发展的要求。

2）项目宏观目标评价

从战略层面对项目预设的宏观目标的实现程度进行评价，主要考察项目结束后产生的实际效果或所呈现的客观状态与组织预期的吻合程度、背离或偏离情况等。宏观目标通常包括国家或地区的经济发展目标、国家或地区产业结构调整目标、社会发展目标等。

2．过程评价

在对项目各个阶段进行回顾的基础上，确认项目实施过程是否按计划进行，分析过程中产生的重大偏离和原因，以及对项目实施效果产生的影响，并对项目实施过程的管理水平和工作质量做出评价。过程评价可分为前期决策阶段评价、准备阶段评价、实施阶段评价和运营阶段评价。

（1）前期决策阶段评价。前期决策阶段评价的内容包括项目建议书的编制、评估和批复，项目可行性研究报告及计划任务书的编制、评估和批复，以及其他申报和审批手续等，还包括勘测工作和项目的规划设计工作。评价重点为决策程序的规范性和完整性、决策结论的科学性和合理性、各类报告的质量、单位资质的符合性及资料的完整性，以及勘测工作对设计和施工的满足程度、设计方案的优化情况、技术上的先进性和可行性、经济上的合理性等。

（2）准备阶段评价。准备阶段评价的内容包括项目团队组建和资源配置，项目推进方法和路径，项目工作计划、资金筹措和管理方案，项目实施准备等。评价重点为准备程序的规范性和完整性、工作计划的合理性、资源配置的科学性、准备工作的质量及资料的完整性等。

（3）实施阶段评价。实施阶段评价的内容包括管理保障、进度控制、经费管理、变更控制、监督管理、试运行和验收等。具体包括招标投标、工程进度、工程质量、工程造价、工程监理，以及各种合同执行情况和生产运营准备情况。评价重点为项目要素的控制措施和效果、保障体系的科学性和合理性、试运行的充分性和验收工作的合规性。

（4）运营阶段评价。运营阶段评价的内容包括组织管理，档案资料、人员和服务管理，工程项目的运行与安全管理，非工程项目的产业转化管理。评价重点为管理制度的建立和实施效果、归档资料的完整性和系统性、人员培训和服务质量控制、项目维护和利用效率、非工程项目的产业转化前景和效果等。

3. 效益评价

在过程评价的基础上，对项目运行的效果做出评价，并为项目可持续性评价提供依据，通常包括技术评价、经济效益评价、社会效益评价和环境影响评价。

（1）技术评价。技术评价的主要内容包括项目技术选择、项目功能目标实现程度、项目资源利用效果、项目技术创新或对新技术的应用等。具体包括工艺、技术和装备的先进性、适用性、经济性、安全性，以及建筑工程质量和安全性评价。

（2）经济效益评价。经济效益评价的主要内容包括根据实际已经发生的财务和经济费用效益现金流量，扣除物价上涨和参数变化的影响，分别重新测算项目的财务评价指标、经济费用效益评价指标，与可行性研究预测的目标进行对比，分析实现的程度以及产生差异的原因，同时对项目的前景和采取的措施进行分析。

（3）社会效益评价。社会效益评价主要评价项目在促进社会经济发展和改善人民生活等方面所产生的积极作用。评价的内容主要包括项目的社会效益和社会影响。社会效益包括项目对区域经济发展和社会和谐的贡献，项目对当地居民生活质量的改善和项目对创造就业机会的贡献，以及项目在节能方面的贡献等。社会影响包括项目对国际、国内的影响，项目对国际、国内交流的促进作用等。

（4）环境影响评价。环境影响评价主要评价项目对区域自然环境、生态环境、自然资源等带来的实际影响。对立项论证认为可能产生重大环境影响的项目，还应将项目产生的实际环境影响与立项报批的环境影响报告书进行对比分析。

4. 可持续性评价

可持续性评价主要评价项目能否依靠自身力量维持运营和发展，分析项目的既定目标能否继续实现。其核心是对项目能否持续发挥投资效益、持续发挥企业的发展潜力和进行内涵式改造的前景等进行考察评价，做出判断，提出项目持续发挥效益必须具备的内外部条件和需要采取的措施。

应从项目的类型、规模、特点出发，选取适当的评价指标，综合评价社会经济可持续性、环境资源可持续性、项目运营可持续性、管理制度可持续性、与同类项目和所在区域发展的协调性等因素。

可持续性评价的内容主要包括项目运行的运营管理水平、技术水平、人才素质、财务状况等内部因素，以及规划、政策、市场需求、环境条件、资金等外部条件两方面。

9.5.3 建设项目后评价的方法与程序

1. 建设项目后评价的方法

建设项目后评价的方法有对比法、逻辑框架法、因果分析法等。其中，对比法是一种相对比较的方法；逻辑框架法是一种综合系统地研究和分析问题的思维框架模式；因果分析法是对造成变化结果的原因逐一进行剖析，分清主次轻重关系，有针对性地提出对策措施的方式。本书主要介绍对比法和逻辑框架法。

1）对比法

对比法是建设项目后评价的常用方法。对比法又分为前后对比法和有无对比法，项目更注重有无对比法。

前后对比法是将工程项目前期的可行性研究和评估预测结论以及工程设计确定的技术经济指标，与项目建成的实际运行结果以及在后评价时点所做的预测值进行对比。采用前后对比法，要注意前后数据的可比性。

有无对比法是指将有项目时实际发生的情况与假定无项目时可能发生的情况进行对比，以度量项目的真实效益、影响和作用。采用有无对比法时，要注意分清项目的作用和影响与项目以外的其他因素的作用和影响；注意参照对比，即与其他类似项目进行对比，可以是同行业对比、同规模对比、同地区对比等。采用有无对比法的关键是要求投入的代价与产出的效果在评价时计算的口径一致。也就是说，所度量的效果必须是真正归因于项目。但是，很多项目（特别是大型项目）产生的效果不仅是项目本身的效果和作用，还包括项目以外的其他多种因素的作用和影响。

通常情况下，项目的效益与影响评价要分析的数据和资料包括：项目建设前的情况，项目决策时的预测效果，项目完成后的实际效果，假定无项目时可能产生的效果，无项目的实际效果等。

2）逻辑框架法

逻辑框架法是美国国际开发署在1970年开发并使用的一种设计、计划和评价的工具。目前许多国际组织将其作为援助项目的计划、管理和评价的主要方法。

逻辑框架法是一种综合系统地研究和分析问题的思维框架模式，是一种概念化论述和评价项目的方法。该方法用一张简单的框图来清晰地分析一个复杂项目的内涵和关系，使之更易理解。具体运用时，将几个内容相关、必须同步考虑的动态因素组合起来，从项目的设计策划到目标、目的的确定，通过分析其相互关系来评价一项活动或工作，通过对项目目标和达到目标所需手段间逻辑关系的分析，用以确定工作的范围和任务。逻辑框架法为项目计划者和评价者提供了一种逻辑思维和分析框架，在项目立项决策、可行性研究及评估、项目实施计划及管理、项目后评价等工作中，采用逻辑框架法对关键因素和问题做出系统的合乎逻辑的分析，有助于提高项目决策、管理与评价的能力和水平。

（1）逻辑框架法的基本模式。逻辑框架法的核心是事物层次间的因果逻辑关系的分析，即“如果”提供了某种条件，包括事物内在的因素和事物所需的外部条件，“那么”就会产生某种结果。逻辑框架法的模式是一个4×4的矩阵，如表9-25所示。

表 9-25　逻辑框架法的模式

层次描述	客观验证指标	验证方法	重要外部条件
目标/影响	目标指标	监测和监督手段及方法	实现目标的主要条件
目的/作用	目的指标	监测和监督手段及方法	实现目的的主要条件
产出/结果	产出物定量指标	监测和监督手段及方法	实现产出的主要条件
投入/措施	投入物定量指标	监测和监督手段及方法	实现投入的主要条件

（2）目标层次。逻辑框架法把目标及因果关系划分为目标/影响、目的/作用、产出/结果、投入/措施四个层次。

目标/影响层次，通常是指高层次的目标，即宏观计划、规划、政策和方针等，一般超过项目范畴，是指国家、地区、部门或多边金融机构的整体目标。这个层次目标的确定和指标的选择一般由国家或行业部门负责。

目的/作用层次，是指建设项目的直接效果和作用，一般应考虑项目为受益群体带来的效果。这个层次的目标由项目或独立的评价机构来确定，评价指标依项目确定。

产出/结果层次，是指项目建成后提供的产品或服务，应有直接可计量的产品或服务。

投入/措施层次，是指项目的实施过程及内容，主要包括资源投入量和建设项目的活动及过程。

逻辑框架法不仅是一个程序，更重要的是一种帮助思维的模式，通过明确的总体思维，把与建设项目运作相关的重要因素集中起来并加以分析，以确定“谁”在为“谁”干什么，什么时间，什么原因，怎么干。虽然编制逻辑框架是一件比较困难和费时的工作，但是对于项目决策者、管理者和评价者来讲，可以事先明确项目应该达到的目标和目的以及必要的条件，是十分有意义的。

（3）逻辑框架法在建设项目后评价中的应用。逻辑框架法已广泛运用于各种活动的规划、计划和策划之中。在建设项目管理中，逻辑框架法通常用于规划设计、项目建议书、可行性研究及评估、项目管理信息系统、项目监测与评价、项目中间评价、项目后评价、影响评价，以及风险分析、可持续性分析、社会评价等。

建设项目后评价主要解决三个问题：项目的原定目标和目的是否可能达到，目标和目的是否需要调整；项目的原定效益是否可能实现以及实现程度；项目下一步会有什么风险，有多大的风险。因此，建设项目后评价也要回答三个问题：一是原定的目标和目的是否已经达到以及达到的程度，原定的项目目标和目的是否合理；二是项目原定效益是否已经实现以及实现程度，项目有哪些经验教训；三是项目是否具有可持续性。

逻辑框架法可对这三个方面的问题进行全面的评价。建设项目后评价所使用的逻辑框架法的客观验证指标，应反映出项目实际完成情况与项目前评价中原预测指标的差别，以及项目后续发展变化情况与项目前评估预测的差异。在编制项目后评价的逻辑框架前应设立一张项目前评价与项目实际和后续预测数据指标的对比表，以求找出在逻辑框架表中应填写的主要内容。其逻辑框架表如表 9-26 所示。

表 9-26　项目后评价的逻辑框架表

目标层次	客观验证指标			原因分析		项目可持续能力
	原定指标	实际指标	差别/变化	内部原因	外部原因	
宏观目标（影响）						
项目目的（作用）						
项目产出（实施结果）						
项目投入（建设条件）						

采用逻辑框架法进行建设项目后评价时可以根据项目后评价的特点和项目特征设计评价的内容和指标，以适应不同建设项目后评价的要求。

2. 建设项目后评价的程序

由于建设项目在规模、类型、复杂程度等方面存在差异，故项目后评价的具体程序也有所不同，但基本程序可概括如下：

（1）接受后评价任务，签订合同或评价协议。在接受项目后评价任务后，应与委托单位沟通，深入了解项目实施背景，明确项目后评价的研究范围、评价目的和具体要求。

（2）组建项目后评价机构。明确项目后评价工作，配备具有一定后评价工作经验的相关专业人员。我国项目后评价的组织机构应符合客观性、公正性的基本要求和具有反馈检查功能，故对于项目的可行性研究单位、项目前评价单位和项目实施过程中的项目管理机构一般不宜作为项目后评价机构。

（3）选择项目后评价的对象，研究制订计划。在选取项目后评价对象之后，应开展研讨会并确定后评价计划，确定该项目的后评价内容、评价方法、评价时间、工作进度、质量要求、经费预算、专家名单、报告格式等。

（4）实地调查、收集后评价的相关数据资料。调查是评价的基础，因此，项目后评价过程中必须进行现场调查，收集项目建设前期立项决策、施工等方面的资料，以及投产运营后的实际效益状况资料，深入了解其可持续发展的可能性以及其对周围地区经济发展、生态环境的作用和影响等，同时注意审查所收集资料的完整性、准确性和有效性。

（5）分析研究。在阅读文件和现场调查的基础上，要对已经获得的大量信息进行消化吸收，针对评价项目的特点，建立与其相适应的后评价指标体系，并采用定性和定量分析相结合方式，采用对比分析法、逻辑框架法等，对项目的经济、社会、环境及可持续性等方面进行分析评价，认真总结项目的经验教训，针对存在的问题提出相应的解决办法。

（6）编制并提交后评价报告。按照项目评价的有关要求编制项目后评价报告书。后评价报告书应包括摘要、总论、评价内容、项目存在的问题及原因分析、主要的经验教训、评价的主要结论和建议等。向有关部门或单位提交项目后评价报告。

思政元素

（1）从建设项目评价全过程，理解培养踏实、严谨工作作风对项目成败的重要影响。

（2）从项目后评价，理解总结经验教训的重要性，理解无论是个人还是组织只有不断反思才能持续进步的道理。

复习思考题

1. 知识点

财务评价的概念、财务评价的内容、财务评价的方法、财务评价的步骤、财务评价的基本报表、财务评价的辅助报表、项目经济评价中辅助财务报表和基本财务报表间的关系、财务评价的指标体系、国民经济评价的概念、国民经济评价与财务评价的关系、国民经济评价的效益、国民经济评价的费用、转移支付、国民经济评价参数、影子价格、影子价格的计算、国民经济评价采用影子价格的原因、影子汇率、社会折现率、社会评价的概念、社会评价的目的、社会评价项目范围、社会评价的主要内容、社会评价的方法、社会评价的步骤、建设项目后评价的概念、建设项目后评价的主要内容、建设项目后评价方法、建设项目后评价程序

2. 简答题

（1）什么是建设项目的经济评价？其主要内容包括哪些？

（2）简述建设项目财务评价的指标与方法。

（3）简述建设项目的财务评价与国民经济评价的异同点。

（4）建设项目财务评价的基本报表有哪些？其各自作用有哪些？

（5）什么是社会折现率？什么是影子价格？

（6）简述建设项目国民经济评价的指标与方法。

（7）什么是建设项目后评价？

（8）什么是社会评价？简述其主要评价方法和程序。

（9）简述建设项目后评价的主要内容。

（10）简述建设项目后评价的主要方法和程序。

（11）何谓逻辑框架法？其基本模式是什么？

3. 综合应用题

新建某纤维厂，预计此项目寿命期为 10 年。项目建设期为 2 年，第 3 年投产，第 4 年达到设计生产能力。

固定资产投资为 4 000 万元，其中自有资金为 2 500 万元，其余资金为银行贷款。第 3 年开始偿还贷款。流动资金投资为 2 400 万元，全部为银行贷款。项目各年投资及贷款情况如表 9-27 所示。

表 9-27　项目各年投资及贷款情况　　单位：万元

项　目	0	1	2	合　计
固定资产投资	1 500	2 500		4 000
流动资金投资			2 400	2 400
自有资金	1 000	1 500		2 500
银行贷款	500	1 000	2 400	3 900

各年销售收入、销售税金及附加和经营成本等预测值如表 9-28 所示。

表 9-28　销售收入、销售税金及附加和经营成本预测值　　单位：万元

项　目	3	4	……	10
销售收入	4 000	6 000	……	6 000
销售税金及附加	120	180	……	180
经营成本	2 500	3 750	……	3 750

要求：

（1）编制项目基本财务报表，并进行财务评价指标计算。

（2）进行项目不确定性分析，判断敏感性因素。

（3）综合分析，判断项目财务可行性。

4．练一练

梳理本章内容，绘制思维导图。

第 10 章

价值工程

本章知识导航

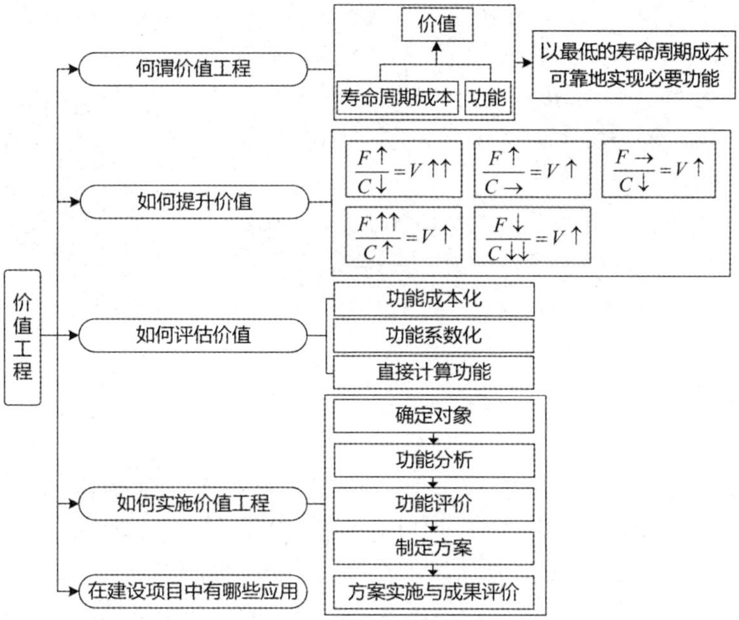

本章学习目标

☑ 知识目标：掌握价值工程的基本概念、特点及提高价值的途径；掌握价值评估的方法；熟悉价值工程的实施步骤；了解价值工程在建设项目中的应用。

☑ 能力目标：具有减少资源消耗、提高资源使用效率的意识，能将价值工程应用于不同方案的技术经济分析中，从而对方案进行优选、优化。

☑ 素质目标：弘扬勤俭节约、艰苦奋斗的传统美德；培养求真务实、积极探索的科学精神，以及突破陈规、敢于创造的创新精神；培养严谨负责的工作态度，树立精益求精的工匠精神。

✪ 引导案例

某住宅项目位于某省会城市中心，总占地面积约为3.5万平方米，总建筑面积为11万平方米，容积率为3.12%，绿化率为30%，配有商铺、公共空间、运动场馆、地下停车场等设施。在项目的整个开发过程中，影响成本的最大因素是设计。为优化设计方案、降低项目成本，设计团队对设计方案展开了一系列分析活动，其中包括材料的选用。设计团队的分析思路为：选取原设计方案中成本占总造价的比例高、使用量大、市场价格波动大的材料作为分析对象，明确该材料在项目中起到的作用以及对项目的影响，分析是否可用性价比更高的材料来替代。

例如，设计团队对木地板材料进行了改进。整个项目使用木地板的面积为34 472平方米，地板的功能要求包括隔音、防潮、平整度、阻燃、耐磨、抗折、木饰面条纹以及拼缝收口等方面。原设计方案采用某厂商的实木地板，能较好地满足功能要求，但成本较高。于是，设计团队寻找替代材料以降低成本。经过市场调查、分析检测报告以及咨询相关专业人员后，设计团队发现某品牌的复合木地板可以基本满足功能要求，在价格上比实木地板有明显优势。按照厂家公布的价格，实木地板与复合地板的差额为31元/平方米，按木地板使用的总面积计算可以为整个项目节省约106.8万元。经过比较分析后，设计团队决定将原来的实木地板改为该厂商的复合地板。

【案例分析与讨论】

（1）寻找替代材料时需要考虑哪些因素？

（2）对于案例中开展的分析活动，其基本原理是什么？应如何开展？

10.1 价值工程概述

价值工程是一门工程技术与经济相结合的学科，既是一种管理技术，又是一种思想方法。价值工程起源于美国，是20世纪40年代以后发展起来的一种现代管理方法。在第二次世界大战期间，由于战争原因，美国国内各种资源都非常紧缺，为保证军工产品的生产，急需解决材料短缺的供应问题。当时美国通用电气公司采购部的一位工程师——麦尔斯（Lawrence D. Miles）针对材料短缺的情况，研究了材料代用问题。麦尔斯发现，采用某种原材料的目的是使用该材料的功能，而不在于材料本身。因此，对于某些紧缺的材料，只要能够找到与其功能相同的材料来代替，同样能满足使用要求，甚至获得比原来更好的预期效果。在实践的基础上，经过综合整理和归纳，麦尔斯于1947年在《美国机械师》杂志上公开发表了“价值分析”一文，提出了价值工程的基本理论，标志着价值工程理论的诞生。1961年麦尔斯又推出了专著《价值分析的方法》，1972年修订再版，更名为《价值分析与价值工程技术》。这本权威性著作完善了价值工程理论，建立了以功能定义、功能整理、功能分析和功能评价等为中心内容的一套完整方法。

10.1.1　价值工程的概念及特点

1．价值工程

价值工程是以提高产品价值和有效利用资源为目的，通过有组织的创造性工作，寻求用最低的寿命周期成本，可靠地实现所研究对象的必要功能，以获得最佳综合效益的一种管理技术。其中，价值工程中“工程”的含义是指为实现提高价值的目标所进行的一系列分析研究的活动。价值工程的对象可以是工程项目、产品、设备、工艺、服务等。价值工程的目的是以研究对象的最低寿命周期成本实现使用者所需的功能，或者在保证用户功能要求的前提下，尽可能降低寿命周期成本，从而获得最佳综合效益。

在价值工程的定义中，涉及价值、功能和寿命周期成本三个基本概念。

1）价值

价值工程中所述的“价值”是一个相对概念，是指价值工程分析对象所具有的功能与形成功能的费用之比。它是衡量一个研究对象经济效益高低的尺度，可用公式表示为：

$$V=F/C \tag{10-1}$$

式中，V 表示价值；F 表示研究对象的功能，或产品或作业的功用和用途；C 表示获得相应功能的寿命周期成本，即从研发、设计、试验、试制、生产、销售、使用、维修直到报废所花费的全部成本的总和。

从式（10-1）中可以看出，价值工程中的价值是一种比较价值或相对价值的概念，对象的功能越大，成本越低，价值就越大。

2）功能

功能是指价值工程分析对象能够满足人们某种需要的一种属性。例如，对产品而言，功能就是指它的用途；对作业而言，是指其作用。就产品的功能而言，产品是作为功能的载体而存在的，任何产品的存在是由于它们具有能满足用户需求的功能，人们购买产品的实质是为了获得产品的功能。

根据功能的不同特性，可做如下分类：

（1）按功能的重要程度，可分为基本功能和辅助功能。基本功能是要达到这种产品的目的必不可少的功能，是产品的主要功能。如果不具备这种功能，产品就失去了其存在的价值。例如，承重墙的基本功能是承受荷载。

辅助功能是为了更有效地实现基本功能而添加的功能，是次要功能。例如，图书馆的基本功能可被定义为“储藏书籍”“提供学习场所”。为方便人们前往，该图书馆停车场的“停放车辆”功能可以帮助图书馆更好地实现其基本功能，是一种辅助功能。另外，需要注意的是，有些辅助功能可以取消，有些则不能取消；辅助功能既不是基本功能，也不能等同于多余功能。在应用价值工程时，研究人员需要区分出必需的辅助功能和可以取消的辅助功能。

（2）按功能的性质，可分为使用功能和美学功能。使用功能从功能的内涵上反映其使用属性，而美学功能从产品外观上反映其艺术属性。产品的使用功能和美学功能要根据产品的特点而有所侧重，有的产品使用功能突出，如地下电缆、地下管道等；有的产品美学功能突出，如墙纸、壁画等。当然，很多产品两种功能兼而有之，如手表。

（3）按功能的量化标准，可分为过剩功能和不足功能。过剩功能是指某些功能虽属必要，但满足需要有余，在数量上超过了用户需求或标准功能水平。不足功能是相对于过剩功能而言的，表现为产品功能水平低于标准功能水平，不能完全满足用户需要。过剩功能和不足功能是价值工程的主要研究对象。

（4）按总体与局部的关系，可分为总体功能与局部功能。总体功能和局部功能是目的和手段的关系，产品各局部功能是实现产品总体功能的手段，而产品的总体功能又是产品各局部功能要达到的目的。

上述分类有助于分辨和确定各种功能的性质和重要程度。价值工程正是抓住产品功能这一本质，通过对产品功能的分析研究，正确、合理地确定产品的必要功能，消除不必要功能，加强不足功能，削弱过剩功能，改进设计，降低产品成本。因此，价值工程是以功能为中心，在可靠地实现必要功能基础上来考虑降低产品成本的。

3）寿命周期成本

寿命周期可分为自然寿命周期和经济寿命周期。前者是指一件产品从设计、制造、使用、维修，直到最后不能再修复使用从而报废为止的整个时期。后者是从经济效益方面考虑的周期。有时产品虽未达到自然寿命周期，但由于其技术性能不断下降，若用户继续使用则很不经济，从而停止使用。把这种从产品设计开始到由于经济效益低而导致用户停止使用的期限叫作经济寿命周期。价值工程一般以经济寿命周期来计算和确定分析对象的寿命周期。

寿命周期成本是指分析对象寿命周期内所发生的各项费用之和。寿命周期成本主要由生产成本和使用及维护成本组成。生产成本包括产品的研发、设计、试制、生产、销售等费用；使用及维护成本是指用户使用产品过程中支付的各种费用，包括使用过程中的能耗、维修及管理等费用。

对于建筑产品来说，寿命周期成本包括建设成本和使用及维护成本。建设成本包括土地购置成本、勘察设计费、建筑安装工程费和建设单位管理费等从筹建到竣工验收发生的全部费用。使用及维护成本是指用户在使用过程中发生的各类建筑维修费用、建筑能耗费用和管理费用等。

设生产成本为 C_1，使用及维护成本为 C_2，寿命周期成本为 C，则可得到下列公式：

$$C=C_1+C_2 \tag{10-2}$$

在一定范围内，C_1 与 C_2 存在此消彼长的关系。随着功能水平提高，生产成本 C_1 增加，使用及维护成本 C_2 降低；反之，功能水平降低，其生产成本 C_1 降低，但是使用及维护成本 C_2 增加。因此，寿命周期成本 C 呈马鞍形变化，如图 10-1 所示。在 F_0 点，产品的生产成本 C_1 和使用及维护成本 C_2 两条曲线叠加所对应的寿命成本为最小值 $C_{\min}$，体现了较理想的功能与成本关系。

假设现有一产品的寿命周期成本为 C'，功能水平为 F'，则在 C' 与 $C_{\min}$ 之间存在一个成本可降低的幅度 $C'-C_{\min}$；在 F' 与 F_0 之间存在一个功能可提高的幅度 F_0-F'。价值工程的目的就是通过一系列有组织的创造性活动使分析对象的寿命周期成本降低，接近最低点

C_{min}，使功能接近适宜的水平 F_0，提高分析对象的价值。

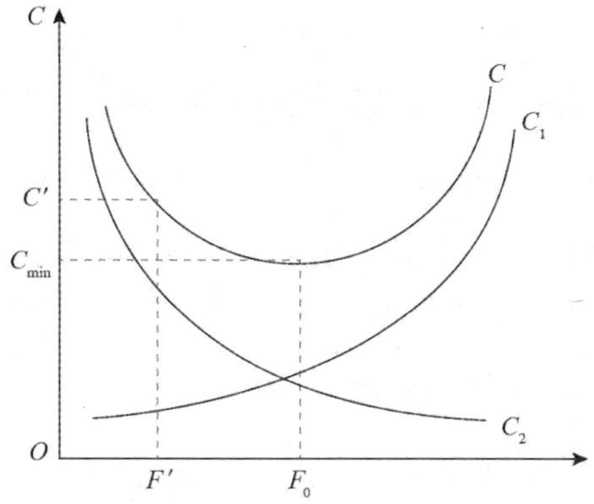

图 10-1 寿命周期成本曲线

值得注意的是，呈马鞍形变化的寿命周期成本只是就一般情况而言的，对于某些产品，随着功能水平的提高，C_1 与 C_2 并非此消彼长的关系。例如对于某些软件产品，当功能增多时，反而增加了用户的学习时间成本、配套软硬件购置或升级成本、数据维护成本等使用成本。

2．价值工程的特点

价值工程涉及价值、功能和寿命周期成本三个基本要素，它具有以下特点：

（1）价值工程以提高分析对象的价值为目标，寻求以最低的寿命周期成本使产品具备必要功能。价值工程摒弃单方面提高质量或单方面降低成本的做法，而是致力于把提高功能和降低成本有机结合，考虑功能和成本的共同作用，提高分析对象的价值。

（2）价值工程以用户要求为重点，以产品的功能分析为核心。产品设计依据是用户的功能需求，用户对产品功能提出的各种要求应成为价值工程的改进重点。因此，价值工程的核心是产品的功能分析，促使功能与成本合理匹配，获取较高经济效益。

（3）价值工程是以集体的智慧开展的有计划、有组织的管理活动。价值工程研究的问题涉及产品的整个寿命周期，涉及面广，研究过程复杂。因此，在开展价值工程活动时，必须组织科研、设计、生产、管理、采购、供销、财务，甚至用户等各领域有经验的人员参加，以适当的形式组成一个结构合理的集体，共同发挥集体智慧，排除片面性和盲目性，博采众长，有计划、有领导、有组织地开展活动，以达到提升产品价值的目的。

（4）价值工程强调不断改革和创新。价值工程的实施需要强调不断改革和创新，开拓新构思和新途径，获得新方案，创造新功能载体，从而简化产品结构，节约原材料，提高产品的技术性能与经济效益。

10.1.2 提高价值的途径

公式 $V=F/C$，不仅深刻地反映出产品价值与功能和实现此功能所耗成本之间的关系，而且也为如何提高价值提供了五种途径。

（1）在提高产品功能的同时，降低产品成本，这是大幅度提高价值最为理想的途径，

即 $\frac{F\uparrow}{C\downarrow}=V\uparrow\uparrow$。例如，分析对象的原有功能与用户需求的差距较大，通过补充必要功能，消除不必要功能，降低多余费用，消减寿命周期成本，大大提高了分析对象的价值。

（2）在产品成本不变的条件下，通过提高产品的功能，达到提高产品价值的目的，即 $\frac{F\uparrow}{C\rightarrow}=V\uparrow$。例如，分析对象的必要功能不足，采取措施补足功能，虽然生产成本可能上升，但由于功能提升使用成本反而下降，结果使得寿命周期成本保持不变。

（3）在保持产品功能不变的前提下，通过降低成本达到提高价值的目的，即 $\frac{F\rightarrow}{C\downarrow}=V\uparrow$。例如，通过选用功能相同但更加经济的替代材料，既保持了原有功能不变，又降低了寿命周期成本。

（4）在适度增大产品成本的同时，产品功能有较大幅度提高，功能的提高幅度超过了成本的提高幅度，即 $\frac{F\uparrow\uparrow}{C\uparrow}=V\uparrow$。例如，随着用户需求的变化，增加或提升了分析对象的部分功能，同时消除了不必要功能，以及采取了相应的降低寿命周期成本的措施，使寿命周期成本的增长幅度低于功能提升的幅度，从而提高价值。

（5）产品功能略有下降，产品成本大幅度下降，功能下降的幅度小于成本下降的幅度，这样也可以达到提升产品价值的目的，即 $\frac{F\downarrow}{C\downarrow\downarrow}=V\uparrow$。例如，虽然减少了分析对象的某些功能，但用户也接受，寿命周期成本大幅度下降，价值得到提升。

在产品形成的各个阶段都可以应用价值工程提升产品价值，但在不同阶段应用价值工程的效果却是大不相同的。价值工程更侧重于产品的研制与设计阶段，对于建设项目来说，侧重于规划与设计阶段。

10.2 价值工程的实施步骤

价值工程也像其他技术一样有自己独特的一套科学、严格的工作程序，保证更有效地展开价值工程活动，取得最佳的实施效果。价值工程的工作程序可分为四个阶段，其具体实施步骤如表 10-1 所示。

表 10-1 价值工程的实施步骤

工作阶段	价值工程的实施步骤		价值工程的问题
	基本步骤	详细步骤	
准备阶段	确定对象	（1）组建工作小组	由谁来开展价值工程
		（2）选择研究对象	研究对象是什么
		（3）收集信息资料	
分析阶段	功能分析	（1）功能定义	它的功能是什么
		（2）功能整理	

续表

工作阶段	价值工程的实施步骤		价值工程的问题
	基本步骤	详细步骤	
分析阶段	功能评价	（1）功能成本分析	它的成本是多少
		（2）功能评价	它的价值是多少
		（3）确定改进范围	
创造阶段	制定方案	（1）方案创造	有无其他方法实现同样的功能
		（2）概略评价	新方案的成本是多少
		（3）调整完善	
		（4）详细评价	
		（5）提出方案	新方案能满足功能的要求吗
实施阶段	方案实施与成果评价	（1）方案审批	实现预定目标了吗
		（2）方案实施与检查	
		（3）成果评价	

10.2.1　准备阶段

准备阶段的主要工作是确定对象，具体包括组建工作小组、选择研究对象、收集信息资料。

1．组建工作小组

价值工程是有计划、有组织的集体研究活动，所以需要召集相关专业的技术和管理专家，组成一个工作小组来展开研究活动。在组建工作小组的过程中，应重点考虑如下因素：

（1）设置协调人。协调人承担组织和协调的任务，是一个关键角色。协调人应具有一定的组织和控制能力，应能够理解专家提出的建议方案，及时捕捉、筛选有价值的想法，善于总结和归纳，能引导、控制整个价值工程研究活动以既定的程序和步骤完成。

（2）工作小组成员的专业背景应涵盖分析对象所涉及的不同领域。跨专业成员组成的工作小组能够从多个专业、多个视角观察问题、发现问题，提出更多的解决方案。在小组中，某个专业的决策若对其他专业产生影响，可以立即得到响应或解决。例如，设计师提出的新设计方案，可以得到同在小组内的施工管理人员从可施工性、现场操作等角度的建议，造价工程师可从成本角度进行评估，用户可从使用角度进行评价。

（3）必要时也可聘请外部专家组成价值工程工作小组。邀请外部专家参与具有许多优点，因为外部专家不易受原设计思路的限制，可打破原设计人员的习惯性思维，提出新的解决方案。

（4）成员人数视分析对象的规模和复杂程度而定，一般以 6～12 人为宜。当人数过多时，工作小组可能在某些问题上花费较多时间讨论，难以达成一致，从而影响整个小组的工作效率。另外，人数适中时，更容易激发成员的积极性和创造性，建立团队精神。

2．选择研究对象

实施价值工程需要运用一定的原则和方法选择研究对象。一般来说，从以下几方面考虑价值工程研究对象的选择：第一，从设计方面看，对产品结构不合理、性能和技术指标差、体积和重量大的产品开展价值工程活动，可使产品结构、性能、技术水平得到优化，从而提升产品价值。第二，从生产方面看，可对量大面广、工序烦琐、工艺复杂、原材料和能源消耗高、质量难以保证的产品开展价值工程活动。第三，从销售方面看，选择用户意见较多、退货索赔多和竞争力差的产品开展价值工程活动，以赢得消费者的认同，占领更大的市场份额。第四，从成本方面看，选择成本高或成本占比大的产品，开展价值工程活动可降低产品成本。第五，从价值工程成功的可能性方面看，选择与现有能力相匹配、成功可能性大的产品。

价值工程选择研究对象的方法有很多种，应根据不同价值工程对象的特点及企业自身条件选用适宜的方法。常用的方法有经验分析法、ABC 分析法、功能比重法、检查提问法、百分比分析法、价值指数法等。下面仅介绍前四种。

1）经验分析法

经验分析法是一种定性分析方法。这种方法是依据分析人员的经验而做出的选择，它的优点是简便易行，考虑问题综合全面；缺点是缺乏定量的数据，对象选择正确与否主要取决于参加者的水平与态度。为了消除和克服缺点，可以挑选经验丰富、熟悉业务的人员参加，通过集体研究共同确定研究对象。在实践中，也可将经验分析法与其他方法结合使用，以便准确选择研究对象。

2）ABC 分析法

ABC 分析法也叫成本比例法、重点法或帕累托法。应用 ABC 分析法选择价值工程对象的步骤为：将全部产品或一种产品的零部件按成本大小依次排列；按排列的累计件数求出占产品或零部件总数的百分比；根据产品或零部件的累计成本求出占总成本的累计百分比；将全部产品或零部件分为 A、B、C 三类，用“关键的占少数和次要的占多数”的原则确定价值工程研究对象，一般首选 A 类。A、B、C 的分类原则如下，具体如图 10-2 所示。

A 类，数量比率占 10%左右，它的成本占总成本的比例为 70%左右，一般作为价值工程的研究对象。

B 类，数量比率占 20%左右，它的成本占总成本的比例为 20%左右，如果人力、财力、物力允许，也可以作为价值工程的研究对象。

C 类，数量比率占 70%左右，它的成本占总成本的比例为 10%左右，一般不宜作为价值工程的研究对象。

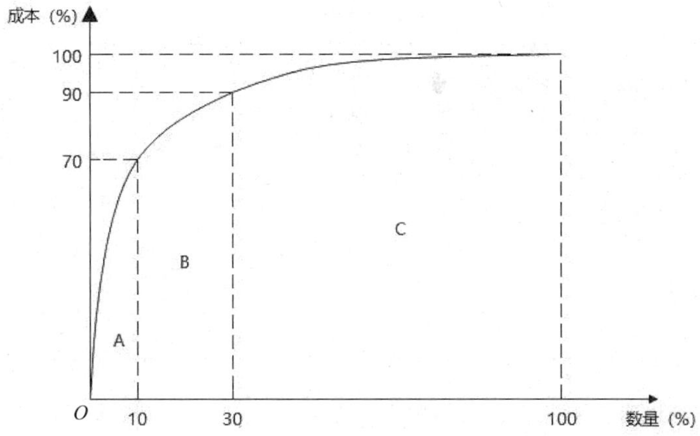

图 10-2 ABC 分析图

【例 10-1】某住宅楼工程基础部分包含 17 个分项工程，各分项工程的成本如表 10-2 所示。试采用 ABC 分析法确定该工程中可能作为价值工程研究对象的分项工程。

表 10-2 某住宅楼工程各分项工程的成本

分项工程名称	成本（元）	累计分项工程数	累计分项工程数百分比（%）	累计成本（元）	累计成本百分比（%）	分类
C20 带形钢筋混凝土基础	63 436	1	5.88	63 436	39.5	A
干铺土石屑垫层	29 119	2	11.76	92 555	57.64	
回填土	14 753	3	17.65	107 308	66.83	
商品混凝土运费	10 991	4	23.53	118 299	73.67	B
C10 混凝土基础垫层	10 952	5	29.41	129 251	80.49	
排水费	10 487	6	35.29	139 738	87.02	
C20 独立式钢筋混凝土基础	6 181	7	41.18	145 919	90.87	
C10 带形无筋混凝土基础	5 638	8	47.06	151 557	94.38	C
C20 矩形钢筋混凝土柱	2 791	9	52.94	154 348	96.12	
M5 砂浆砌砖基础	2 202	10	58.82	156 550	97.49	
挖土机挖土	2 058	11	64.71	158 608	98.77	
推土机场外运费	693	12	70.59	159 301	99.20	
履带式挖土机场外运费	529	13	76.47	159 830	99.53	

续表

分项工程名称	成本（元）	累计分项工程数	累计分项工程数百分比（%）	累计成本（元）	累计成本百分比（%）	分类
满堂脚手架	241	14	82.35	160 071	99.68	C
平整场地	223	15	88.24	160 294	99.82	
槽底钎探	197	16	94.12	160 491	99.94	
基础防潮底	89	17	100	160 580	100	
总成本	160 580					

【解】分项工程的ABC分类如表10-2所示，根据A、B、C的分类原则，将C20带形钢筋混凝土基础、干铺土石屑垫层、回填土三项工程划为A类工程，作为价值工程的研究对象。

3）功能比重法

功能比重法侧重从功能角度选择对象，着重对功能进行比率分析，选择功能占比较大或重要程度较高的作为对象。

功能比重法的实施步骤是，首先对各产品、零部件或作业按功能重要程度评分，然后求出各自的功能重要性系数，最后选择功能重要性系数大的作为研究对象。

4）检查提问法

检查提问法是对一个产品从设计、生产、销售、成本等方面进行提问、回答与检查，从而确定研究对象。检查提问的问题列举如下：

（1）设计方面。对产品设计开发的历史资料是否进行过调查？产品的结构复杂吗？有特殊条件限制设计吗？类似的设计多吗？

（2）生产方面。年产量是多少？年产值是多少？有没有工艺类似的产品？该产品长年都采用同样的制造方法吗？有没有更先进的方法？加工和装配的工序多吗？产品的功能与费用相称吗？产品特性与性能都是必需的吗？有没有更好的办法来实现产品的目的或用途？有更便宜的方法来生产或获取目前使用的这些零部件吗？

（3）销售方面。这种产品处于产品生命周期的哪个阶段（引入期、成长期、成熟期或衰退期）？用户投诉、索赔的事例多吗？损失的费用是多少？与同类产品相比，销售价格是高还是低？用户有无减价的要求？

（4）成本方面。与其他同类产品相比，成本高吗？从成本的组成来看，各部分的成本是多少？哪部分的成本占比最大？

3．收集信息资料

价值工程研究对象确定之后，需要围绕有关问题，收集信息资料，并对取得的信息资料进行加工、分类，整理成可供分析利用的信息。一般应收集以下几方面的信息资料：

（1）用户方面。包括：用户使用产品的目的、使用条件、使用环境、维护保养条件等；用户对产品的性能及外观方面的要求；用户对产品价格、交货期限、技术服务方面的要求；

用户对产品的可靠性、安全性、操作性及寿命的要求。

（2）市场方面。包括：产品的产销情况、市场需求、市场容量、销售量与市场需求量；产品竞争的情况，具体包括目前有哪些竞争的厂家和竞争的产品，竞争产品的价格、利润、销售量、质量指标、用户反应、市场划分和占有率等；同类企业和同类产品的发展计划，拟增加的投资额，改扩建及合并调整情况。

（3）技术方面。包括：产品的功能水平、实现功能的方式和方法、产品的成本；本企业产品的设计、工艺、制造等技术档案资料；国内同类产品的设计方案、产品结构、加工工艺、设备、材料、标准；新技术、新材料、新工艺、新设备发展方面的情报；有关技术法规和标准的要求等。

（4）经济方面。包括本企业的基本情况、经营方针、生产能力及限制条件、经营情况、技术经济指标等。

（5）政府和社会方面。包括政府的有关法规、条例、政策、环境保护等方面的情报。

10.2.2　分析阶段

分析阶段的主要工作是功能分析和功能评价。其中，功能分析具体包括功能定义和功能整理。功能定义和功能整理的过程是明确分析对象具有何种功能的过程，同时也是对不同功能之间的关系进行系统分析的过程，既为功能评价创造条件，又为以后的方案创造奠定基础。功能评价则是要找到成本高、价值低等不合理功能，对其进行重点研究和改进。

1．功能分析

1）功能定义

价值工程是以功能为中心的研究方式。功能定义就是要把功能从对象的实体中抽象出来，用简明的语言对价值工程对象的每项功能进行确切的描述。通过这种描述，把功能的本质、内容及其水平准确地表达出来。另外，应该在收集到准确的信息并充分熟悉研究对象之后，对功能下定义，因为没有完整、可靠的信息资料，就没有办法精确地定义功能。

（1）功能定义的目的。

①明确用户的功能要求。用户的功能要求是产品设计和制造的出发点与归宿。对一项新设计而言，设计的最直接依据就是用户的功能要求，功能定义可以帮助研究人员明确用户的功能要求。对已有产品，功能定义的方法可以帮助研究人员摆脱原有设计的束缚，明确产品所应达到的功能，发现现有产品功能的缺陷。

②开阔思路。某一种功能一般可以通过多种途径或方法来实现，现有的功能实现手段也可以进一步改进。因此，在考虑问题时，不能只着眼于现行方案，或者局限于某一固定手段，必须冲破现有产品结构的束缚，大胆创新方案，进行多方案比较，从中选择较优的方案。要做到这一点，就必须进行功能定义，把分析问题的着眼点转移到功能上来，围绕用户的功能要求进行本质思考，由此可以抓住问题的本质，扩大思考范围，开创新思路。

③便于功能系统分析和功能评价。功能系统分析是功能整理的重要内容，它是在功能定义的基础上展开的，没有功能定义就无法进行功能系统分析。功能评价是价值工程的重要步骤和内容，只有通过功能定义，对功能做出精准的描述后，才能进行有效的功能评价。

（2）功能定义的方法和原则。功能定义多用“两词”法，即动词加名词，且符合动宾词组的搭配要求。动词用来陈述研究对象的动作，名词作为宾语，表示承受动作的对象。例如，将承重墙的基础功能定义为“承受荷载”，将隔墙定义为“分隔空间”，将水管定义为“输送自来水”，将住宅定义为“提供居住空间”。另外，用户还有一些功能水平要求，可用名词加形容词构成主谓词组来描述用户对功能水平的具体要求，如“居住舒适”“维修方便”“造型美观”等。功能定义过程中还应遵循以下原则：

①使用简洁语言，反映功能本质。要求功能定义简练，用简明扼要的词语把研究对象的功能充分、准确地定义出来。

②在不违反准确性的前提下适当抽象。适当抽象有助于开阔思路，因为写实性的功能定义容易限制人们的思维。例如内墙刷涂料，若将其功能定义为“刷白墙壁”，思维就容易受到限制，但若将其定义为“增加美观”，就可以联想到还可通过贴壁纸的手段来实现，从而拓宽了思路。

③全面。可参照产品从上到下、从主到次的顺序进行定义。

2）功能整理

产品的结构间、功能间都有着复杂的联系。因此，仅仅把产品的功能定义出来是不够的，价值工程还要求在大量的功能定义基础上进行功能整理。所谓功能整理，就是用系统的观点将已经定义了的功能加以系统化，找出功能相互间的逻辑关系。

功能整理常用的方法是系统化功能分析技术。这种方法的基本逻辑是用“目的–手段”方式明确研究对象各功能之间的相互关系，并形成功能系统。如果把研究对象的整体功能作为目的，为了达到这个目的，需要采取相应的手段，而为了该手段的实现，又需要进一步采取低一级的手段，此时前面的手段相对于低一级的手段来说，又成了目的。由此，按照“目的–手段”的逻辑关系，从各级目的功能出发，不断找出实现该目的的各种手段功能，分析功能之间的相互关系，最终将研究对象的各功能系统化，并形成功能系统图（见图 10-3），从而为功能评价和方案构思提供依据。

功能系统图是一种由功能定义为组成单元，将功能按照上位功能（目的功能）居左、下位功能（手段功能）居右、同位功能上下并列的逻辑顺序，由左向右加以排列表示功能体系的图形。上位功能、下位功能的表述旨在强调功能在功能系统图上的位置关系，目的功能与手段功能则强调的是功能之间的作用关系。同位功能是指共有同一上位功能的各个下位功能，反映了功能之间的并列关系。功能系统图有多种形式，图 10-3 是一种典型的树状功能系统图，称为功能层次模型。

图 10-3 中每一分支形成一级。F_0 为一级功能，F_1、F_2、F_3 为二级功能，F_{11}、F_{12}……为三级功能。某功能和它的分支全体形成功能域，如 F_2、F_{21}、F_{22} 和 F_{23} 是一个功能域。在此功能域中，F_2 是 F_{21}、F_{22}、F_{23} 的上位功能，F_{21}、F_{22}、F_{23} 是 F_2 的下位功能，F_{21}、F_{22}、F_{23} 之间则是同位功能。值得注意的是同位功能与同级功能的关系。同位功能属于同级功能，但同级功能未必是同位功能。例如，F_{21}、F_{31} 都是三级功能，但由于它们的上位功能不同，所以 F_{21}、F_{31} 不是同位功能。

现以建筑物的平屋顶为例，说明功能系统图的绘制，如图 10-4 所示。

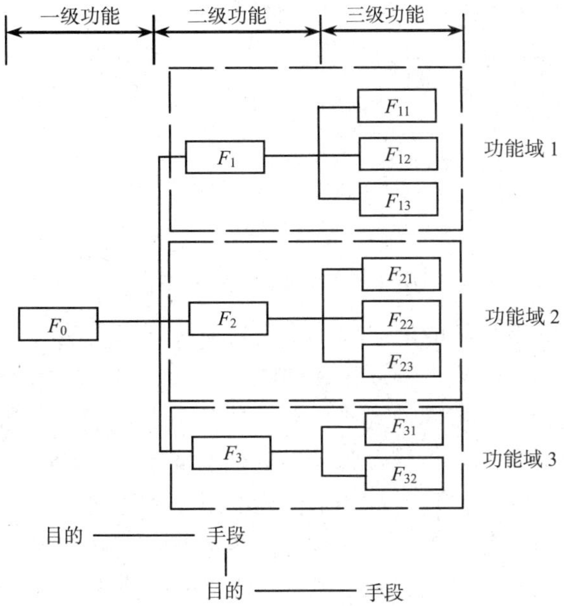

图 10-3　功能系统图

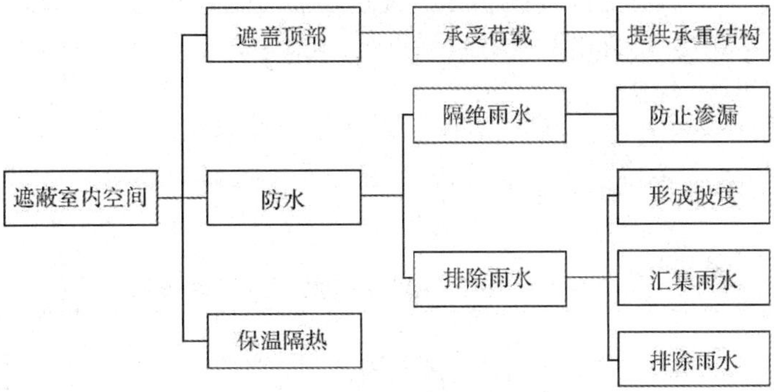

图 10-4　平屋顶功能系统图

2．功能评价

功能评价是指定量地确定各功能的价值，选出价值不合理的功能作为改进对象的过程。若采用功能成本化法，功能评价就是找出实现功能的最低费用作为功能目标成本，以功能目标成本为基准，通过与功能现实成本的比较，求出两者的比值（功能价值）和两者的差异值（改善期望值），然后选择功能价值低、改善期望值大的功能作为价值工程活动的重点改进对象。若采用功能系数化法，功能评价就是通过求出功能系数与成本系数，计算功能的价值系数，进而选择改进对象。

1）功能成本化法

（1）功能评价的程序。第一，确定功能现实成本 C；第二，确定功能目标成本 F；第三，计算功能价值 $V=F/C$ 和改善期望值 $H=C-F$，选择功能的改进对象。功能评价的程序如图 10-5 所示。

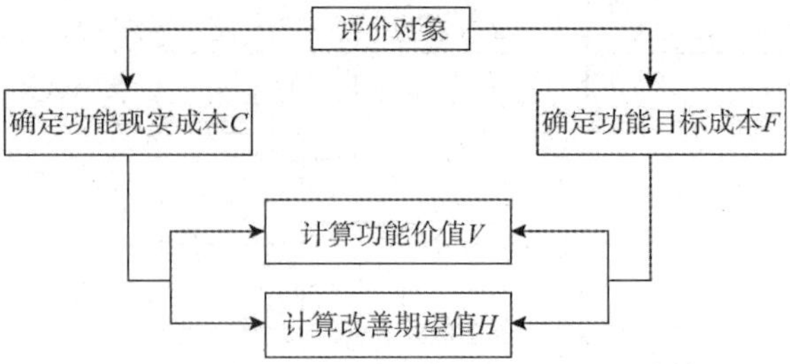

图 10-5　功能评价的程序

（2）计算功能现实成本。功能现实成本是指目前实现该功能的成本，一般以货币为单位计量，包括评价对象的构件成本的计算和功能现实成本的计算两个步骤。构件成本的计算是指依据评价对象的构件或零部件等构成要素核算出各要素成本和总成本。功能现实成本的计算是指依据评价对象的功能核算各功能的现实成本。一般评价对象的各构件往往具有多种功能，而一种功能往往又是通过若干构件的组合才能实现的。因此，在计算功能现实成本时，需要在第一步的基础上，把各构件的成本分配到各功能上。

分配时，若一个零部件只具有一种功能，该零部件的成本就是它本身的功能成本；若一个零部件具有多种功能或同时与多种功能有关，就需要将零部件成本分摊给各种有关功能；若一种功能要由多个零部件共同实现，该功能的成本就等于这些零部件分摊到该功能上的各成本之和，分摊方法和分摊比例，可根据功能所占的比重决定。

【例 10-2】某产品由 A、B、C、D 和 E 五个零部件组成，成本分别为 160 元、70 元、180 元、50 元和 40 元，共实现 $F_1 \sim F_5$ 五种功能，具体数据如表 10-3 所示。求各种功能的现实成本。

表 10-3　某产品功能现实成本计算　　单位：元

零部件			功能（或功能域）				
序　号	名　称	成　本	F_1	F_2	F_3	F_4	F_5
1	A	160	50	60	20		30
2	B	70		20		50	
3	C	180	50	50	30	50	
4	D	50		40		10	
5	E	40					40
合计		C	C_1	C_2	C_3	C_4	C_5
		500	100	170	50	110	70

【解】表 10-3 中的零部件 A 的成本为 160 元，可实现 F_1、F_2、F_3 和 F_5 功能。将零部件 A 的成本按照给定的功能比重分配给这四种功能后，各功能的现实成本分别为 50 元、60 元、20 元和 30 元。以此类推，可将零部件 B、C、D、E 的成本分别分摊到各自实现的功能中，然后将各功能分配的成本合计起来，便得到了各功能的现实成本，如 F_1 的现实成本为 100 元，F_2 的现实成本为 170 元。

（3）计算功能目标成本。功能目标成本是指可靠地实现用户需求功能的最低成本，是评价功能价值的基准。由此可见，合理地确定功能目标成本十分重要，它决定了分析人员能否客观地评价现有方案。常用方法主要有实际调查法、经验估算法、功能评价值分配法等。

①实际调查法。实际调查法是指价值工程研究人员依据功能类别，广泛收集企业内外实现该功能的方案和技术资料，从中选择功能水平相同而成本最低的作为评价对象的功能成本目标值。

用实际调查法确定功能目标成本，由于选择的目标成本是实际已经达到的成本水平，是社会上其他先进企业或先进做法已经实现的成本值，因此目标成本的依据较为可靠。当然也要看到实际产品的技术手段、功能与成本是不断变化的，而且在现实的产品中，即便成本最低的产品，也可能包含不合理因素，存在不必要成本，所以，必须不断动态调整、修正功能目标成本。

②经验估算法。经验估算法是由价值工程研究人员根据用户需求，对实现某一产品功能的几个方案依据其经验进行成本估算，取各方案的成本最低值作为功能成本目标值。

经验估算法简便易行，只要运用得当，就能收到良好效果。该方法要求研究人员具有扎实的专业知识和丰富的实践经验，只有这样才能依据经验和技术经济资料估算出某些产品的功能成本。

③功能评价值分配法。无论计算功能的现实成本还是目标成本，都会涉及成本分配问题，即将产品、零部件、构件的成本分配到不同功能上。当功能成本不适宜采用直接分配法得到时，可以采用功能评价值分配法。该方法可以根据功能的重要性系数确定功能成本。以计算功能目标成本为例，其基本思路是首先确定产品总目标成本，然后根据各功能的重要程度和复杂程度确定功能重要性系数，最后按功能重要性系数分配产品的目标成本，从而求出各种功能的目标成本。从上述的分析可以看出，功能评价值分配法的核心是确定功能重要性系数。

A. 功能重要性系数的计算。功能重要性系数是评价对象的某种功能在总功能中所占的比例。确定功能重要性系数的方法主要有直接评分法、强制评分法和环比评分法等。下面主要介绍强制评分法。

强制评分法是采用一定的评分规则，通过对比打分来计算功能重要性系数。它又包括 0–1 两两对比评分法和 0–4 两两对比评分法。

0–1 两两对比评分法的基本步骤如下：

第一步，请 5～15 位对产品熟悉的专家参加评分。每位专家将两种功能按功能重要程度对比打分，功能重要的打 1 分，相对不重要的打 0 分，不允许两者同样重要而都打 1 分，或两者都不重要而都打 0 分。以例 10-2 中的五种功能 F_1、F_2、F_3、F_4 和 F_5 的功能重要性系数为例，表 10-4 是某专家的打分表。

表 10-4　0–1 两两对比评分法打分表

功能名称	F_1	F_2	F_3	F_4	F_5	功能得分
F_1	×	1	1	0	1	3

续表

功能名称	F_1	F_2	F_3	F_4	F_5	功能得分
F_2	0	×	1	0	1	2
F_3	0	0	×	1	0	1
F_4	1	1	0	×	1	3
F_5	0	0	1	0	×	1
合计						10

得分相加后的总分即功能得分，根据该表可知功能 F_1 得分为 3 分，F_2 为 2 分。

第二步，计算每个功能平均得分值。平均得分值是将功能得分总数除以评价人数。计算过程如表 10-5 所示。

表 10-5　0−1 两两对比评分法计算表

功能名称	专家 1	专家 2	专家 3	专家 4	专家 5	总得分	平均得分	功能重要性系数
F_1	3	4	4	4	4	19	3.8	0.38
F_2	2	3	3	2	3	13	2.6	0.26
F_3	1	1	0	1	2	5	1.0	0.1
F_4	3	2	3	3	1	12	2.4	0.24
F_5	1	0	0	0	0	1	0.2	0.02
合计	10	10	10	10	10	50	10	1.00

第三步，计算功能重要性系数。功能重要性系数是将各功能所得平均得分值除以平均得分值总和，计算过程如表 10-5 所示。功能重要性系数越大说明功能越重要，由此可见，在五种功能中，F_1 最重要，F_5 最不重要。

0−4 两两对比评分法的评分过程与 0−1 两两对比评分法类似，不同之处在于打分时的取值，即两种功能比较时很重要的功能得 4 分，很不重要的功能得 0 分；较重要的功能得 3 分，较不重要的功能得 1 分；同样重要的功能各得 2 分。

B. 功能目标成本计算。功能目标成本的计算可以分为新产品设计和老产品改进设计两种情况。老产品在改进设计之前，已经有了产品和各种功能的现实成本，但成本的分配不一定合理，因此可利用功能重要性系数重新分配成本，从而确定功能目标成本。例 10-2 的功能目标成本计算过程如表 10-6 所示。

表 10-6　老产品的功能目标成本

功　　能	功能现实成本 ①	功能重要性系数 ②	功能目标成本 ③=②×500
F_1	100	0.38	190
F_2	170	0.26	130
F_3	50	0.10	50

续表

功　能	功能现实成本 ①	功能重要性系数 ②	功能目标成本 ③=②×500
F_4	110	0.24	120
F_5	70	0.02	10
合计	500	1.00	500

对新产品设计，如果产品的目标成本已确定，可将设定好的新产品目标成本按功能重要性系数进行分配，求出各功能的目标成本。

（4）计算功能价值和改善期望值。功能成本化法将评价对象的功能目标成本与功能现实成本进行比较，求得评价对象的功能价值和改善期望值，分析功能目标成本与功能现实成本的匹配程度，进而确定价值工程改进对象。功能价值计算公式为：

$$功能价值=\frac{功能目标成本}{功能现实成本} \tag{10-3}$$

$$改善期望值=功能现实成本-功能目标成本 \tag{10-4}$$

（5）确定价值工程对象的改进范围。确定价值工程对象的改进范围，应综合考虑功能价值 V 偏离 1 的程度以及成本降低的幅度，优先选择 V 远小于 1 且成本改进幅度大的功能。功能价值可能出现的结果及含义如下：

$V=1$，即 $F=C$。这说明功能现实成本与功能目标成本相等。这是理想状态，一般不将该类功能作为价值工程的分析改进对象。

$V>1$，即 $F>C$。这说明功能现实成本低于功能目标成本。遇到这种情况首先应检查、分析功能目标成本是否合理。如果功能目标成本来自企业外部，且计算、取值合理，则表明本企业实现同一功能的现实成本确实低于其他企业，处于先进水平，则不需将该功能作为价值工程的分析改进对象。如果是由目标成本过高造成 $V>1$，则应修正目标成本后，再重新计算功能价值。

$V<1$，即 $F<C$。这说明功能现实成本高于功能目标成本，则该功能应该作为价值工程的重点分析改进对象，可在保证功能的前提下，通过改进措施降低现实成本，以提高功能价值。

例 10-2 中的五种功能的功能价值和改善期望值的计算如表 10-7 所示。

表 10-7　功能价值和改善期望值的计算

功能或功能域	功能现实成本 C	功能目标成本 F	功能价值 $V=F/C$	改善期望值 $C-F$	功能改进 优先顺序
F_1	100	190	1.90	—	—
F_2	170	130	0.76	40	2
F_3	50	50	1.00	—	—
F_4	110	120	1.09	—	—

续表

功能或功能域	功能现实成本 C	功能目标成本 F	功能价值 V=F/C	改善期望值 C−F	功能改进优先顺序
F_5	70	10	0.14	60	1
合计	500	500	—	100	—

该产品价值工程功能改进顺序应为 F_5 和 F_2。

2）功能系数化法

功能系数化法是将评价对象的功能系数与成本系数进行比较，得出评价对象的价值系数，进而确定价值工程的改进对象。在功能目标成本不易求解时，可采用此方法。价值系数计算公式为：

$$价值系数V_C=\frac{功能系数F_C}{成本系数C_C} \tag{10-5}$$

式中，功能系数可根据上述的功能重要性系数来确定。成本系数的计算方法为：

设功能现实成本为 $C_1,C_2,\cdots,C_n$，总功能现实成本为 $C=\sum_{i=1}^{n}C_i$，则成本系数 $C_{c,i}=\frac{C_i}{C}$。

功能价值系数可能出现的结果及含义如下：

$V_C=1$，即 $F_C=C_C$。说明功能系数与成本系数相当，即功能与实现功能所花的成本匹配，这是理想状态，此类功能一般无须作为重点改进对象。

$V_C>1$，即 $F_C>C_C$。说明以比较低的成本实现了功能，或者存在过剩功能。若是前者，无须做价值工程分析；若是后者，则应作为价值工程的分析对象，去除过剩功能。

$V_C<1$，即 $F_C<C_C$。说明功能与实现功能所花的成本不匹配，功能偏低或成本偏高。对这样的功能应重点进行评价分析，努力提高其功能水平，降低其成本。

10.2.3 创造阶段与实施阶段

1．创造阶段

创造阶段的主要工作是制定方案，具体包括方案创造、概略评价、调整完善、详细评价、提出方案。下面主要介绍方案创造、方案评价（含概略评价和详细评价）。

1）方案创造

方案创造是针对功能评价所确定的需要改进的对象，运用价值工程小组的经验、知识和技能，结合各种创造性思维方法，创造出各种改进方案的过程。方案创造是价值工程能否取得成效的关键步骤。方案创造应遵循以下原则：

（1）创造性思维方法。方案创造是一种开创性工作，只有发挥创造力才能取得创新成果。用创造性思维方法，如专家会议法、头脑风暴法、哥顿法、德尔菲法、检查提问法、类比法等，有助于摆脱传统的问题解决思维模式，充分激发人们的创造力，找到更为合理的创新方案。

（2）方案多多益善。在方案创造阶段，方案的数量比质量更为重要。一个新的想法既可能是解决问题的一个可行方案，也可能是引导产生其他想法的催化剂，启发更多方案的产生。方案提得越多，获得最佳方案的可能性就越大。

（3）不要急于判断。在方案创造阶段，应尽量避免对某一个意见或设想进行评价和判断。过早的评判可能挫伤人们的积极性，限制人们发挥想象力和创造力。一些看似难以实现的想法，可能成为其他构思的基础，有人可能因此受到启发，产生更有价值的方案。

2）方案评价

方案评价是指对新构思的方案进行技术、经济和社会三个方面的评价，包括方案的概略评价和方案的详细评价，如图 10-6 所示。

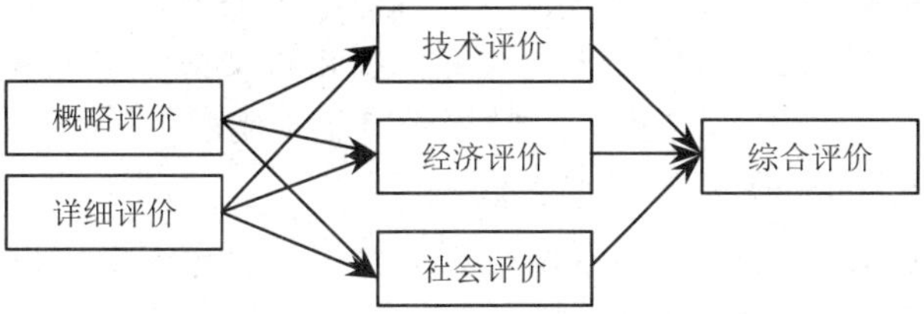

图 10-6　方案评价的步骤

概略评价是对新构思方案进行初步研究，其目的是从众多方案中进行粗略的筛选，以减少详细评价的工作量。详细评价是针对概略评价筛选出的若干方案，评选出准备实施的最佳方案。因此，详细评价无论从内容还是方法上都比概略评价更加深入、具体与复杂。

技术评价围绕功能进行，内容是方案能否实现所需功能以及实现程度；经济评价围绕经济效果进行，内容是以成本为代表的经济可行性；社会评价围绕社会效果进行，内容是方案对社会的利弊；最后进行综合评价，选出最佳方案。

2．实施阶段

实施阶段的主要工作是方案实施与成果评价。在方案实施过程中，要经常检查，以保证实施的质量达到预期目标。在方案实施之后，要全面总结价值工程的成果，比较新方案实施所取得的实际效果和原方案的效果，以利于开展今后的价值工程。

10.3　价值工程在建设项目中的应用

价值工程在建筑业中的应用始于 20 世纪 60 年代的美国，最初主要在施工阶段进行。许多业主和承包商在共同签署的建筑工程承包合同中增加了鼓励承包商开展价值工程活动的条款，规定如果承包商开展价值工程研究活动，提出了好的建议和方案，使项目的造价因此降低，其节约的部分将由业主和承包商分享。1970 年前后，价值工程开始应用于设计阶段，其产生的效益大大高于施工阶段，不仅降低了工程建造成本，而且使项目的运行费用也大大降低。80 年代后，价值工程在建设项目中的应用得到不断深化和拓宽。国外开展价值工程活动的经验表明，按照保守估计，开展价值工程活动可以使建设成本降低 5%～10%，每年的运行成本也可降低 5%～10%，而开展价值工程活动的投入成本仅为总造价的 0.1%～0.3%。

10.3.1 价值工程与发包模式

在一个建设项目中，除业主外，参与工程建设的单位通常还包括设计单位、咨询单位、施工单位、供货单位等，由哪一方来组建价值工程工作小组、组织实施价值工程活动与建设项目实施的组织模式有关。

1. 平行发包

在平行发包模式下，各设计单位之间、施工单位之间都是平行关系，都分别与业主签订合同，彼此间没有合同关系。在此条件下，可以由业主或其聘请的项目管理单位组织开展价值工程活动，价值工程活动的参与方可以包括设计单位、施工单位、供货单位。因为各设计单位或各施工单位之间大多是平行关系，彼此间没有指令关系，而是直接接受业主或项目管理单位的指令，所以无论是设计阶段还是施工阶段的价值工程活动都可由业主或其委托的项目管理单位负责协调、组织实施。

当然，在激励机制作用下，也可以由有关设计单位或施工单位自发组织，独立开展或邀请其他单位共同参与开展价值工程活动。不过，这种价值工程活动的范围很可能仅仅局限于组织者所负责设计或施工的部分工程，很难开展整个项目的价值工程活动。

2. 施工总承包或施工总承包管理

在施工总承包或施工总承包管理模式下，有两种价值工程应用情况：一是设计阶段的价值工程活动；二是施工阶段的价值工程活动。在设计阶段，通常是由业主或项目管理单位邀请设计单位、施工单位组织开展价值工程研究。在施工阶段，通常是由施工总承包或施工总承包管理单位组织开展价值工程活动，一般在业主方与施工总承包或施工总承包管理的协议中有相应的条款，鼓励承包商开展此类活动，所获得的收益将由业主与承包商分享。由承包商组织的价值工程活动可以邀请业主、项目管理人员、设计人员参加。

3. 项目总承包

在项目总承包模式下，因为承包商参与项目实施的时间范围不仅仅局限于施工阶段，也包括设计阶段，所以价值工程活动通常也是由承包商组织开展的。这种方式可以极大地避免设计与施工的脱节，可以利用承包商的施工经验，从施工技术、施工管理角度对设计提出很多改进建议，提升设计方案的可施工性，弥补很多设计人员不熟悉施工带来的缺陷。

总之，组织开展价值工程研究活动，可以根据项目的建设模式、实施价值工程的项目阶段、项目内容与专业特点等因素挑选参与人员。

10.3.2 建设项目应用价值工程案例分析

某科研教育中心为绿色示范工程，该工程为集科研教育、教学、公寓于一体的综合性微能耗建筑，工程以其节能、低耗、环保而被称为“会呼吸的建筑”。工程的面积为 10 865.48 平方米，工程造价为 9 310 万元，由某集团采用工程总承包模式承接。承包商从全寿命周期角度出发，在项目决策、设计、施工过程中均执行了美国绿色建筑委员会颁布的能源与环境设计认证标准。在策划阶段，承包商将价值工程方法应用到高价值方案的审核中；在设计阶段，大到主体的绿色方案，小到各单项工程、构件的对比、方案的优化与选择，均应用了价值工程，如采光、通风等被动式节能方案优化；在施工阶段，将价值工程应用到绿色材料、新技术工艺的选用中，通过对比、试制，确定可行方案以及选取关键节能对象予以方案改进，如天花吊顶材料、TABS 管等材料的选取、编织状耐候钢遮阳板施工工艺的优化等。在之后的运营维护阶段，价值工程还用于运营维护方案的优化以及故障维修。下面以价值工程在天花吊顶方案优选中的应用为例做重点介绍。

针对天花吊顶施工方案，承包商根据业主方提出的设计风格及其设计特点、工艺要求、使用功能要求等方面进行设计及深化改进。最初有两种方案：方案 1 为松木天花，材料为松木聚合件，松木的生长周期长、木材质地柔韧，而且本身的阴阳色分布均匀、美观，材料环保；方案 2 是竹天花，材料为南方的毛竹，利用竹材本身做简单处理，竹材繁殖能力强、速度快、直径小、壁薄，木质素、纤维素组成特殊。下面运用价值工程对两种方案进行比选。

1．功能系数的计算

天花吊顶是一种特殊的装饰结构，包含诸多功能属性，主要包括绿色属性、环保性、节能性、防火性、防潮性、稳定性、整体性、施工简易性及美观九个方面，用符号 F1 ~ F9 来标识。F1 ~ F7 为基本功能，F8 和 F9 为辅助功能。承包商对业主、项目部、设计部门以及供货商分别展开访问调查，采用直接评分法确定功能重要性系数，如表 10-8 所示。

表 10-8 各功能重要性系数

基本功能（0.8）							辅助功能（0.2）	
绿色属性 *F1*	环保性 *F2*	节能性 *F3*	防火性 *F4*	防潮性 *F5*	稳定性 *F6*	整体性 *F7*	施工简易性 *F8*	美观 *F9*
0.1	0.05	0.1	0.05	0.15	0.2	0.15	0.15	0.05

承包商又采用专家打分法对两个方案的功能满意程度进行打分，如表 10-9 所示。

表 10-9 功能满意程度得分

方案	基本功能							辅助功能	
	绿色属性 *F1*	环保性 *F2*	节能性 *F3*	防火性 *F4*	防潮性 *F5*	稳定性 *F6*	整体性 *F7*	施工简易性 *F8*	美观 *F9*
1	8.2	7.6	7	7	7.8	9	9.2	9	8
2	9	8	8	6.8	5	7	6.8	5.8	8

结合表 10-8 与表 10-9 的内容，对应相乘得表 10-10，算出两个方案的各功能得分。

表 10-10　各功能得分

方案	基本功能							辅助功能		合计
	绿色属性 F1	环保性 F2	节能性 F3	防火性 F4	防潮性 F5	稳定性 F6	整体性 F7	施工简易性 F8	美观 F9	
1	0.82	0.38	0.7	0.35	1.17	1.8	1.38	1.35	0.4	8.35
2	0.9	0.4	0.8	0.34	0.75	1.4	1.02	0.87	0.4	6.88

将各功能得分相加，得到方案 1 的功能系数值为 F_{C1}=8.35；方案 2 的功能系数值为 F_{C2}=6.88。归一化处理后，F_{C1}=0.548，F_{C2}=0.452。

从方案功能系数得分上看，方案 1 要比方案 2 得分高。从功能构成上看，方案 1 松木天花在环保、绿色及节能属性上不如竹天花，这与竹天花是原竹加工，而松木天花经过聚合加工有关，然而这也导致在其余属性上竹天花不如松木天花。竹天花选材使用的是南方的毛竹，对北方干燥的气候适应性不如松木，容易开裂，导致其在稳定性和整体性方面得分较低，同时，竹天花生产加工厂商少，属于定制产品，货源供应不充足，也增加了施工的难度。

2．成本系数的计算

在充分考虑了方案 1 与方案 2 的材料成本、运输成本、施工成本以及运维保养成本后，采用竹天花的单位成本要高于松木天花，两方案的成本系数分别为：C_{C1}=0.429，C_{C2}=0.571。

3．价值系数的计算

根据式（10-5），两方案的价值系数分别为：

$V_{C1}=F_{C1}/C_{C1}=0.548/0.429=1.277$；

$V_{C2}=F_{C2}/C_{C2}=0.452/0.571=0.792$。

根据价值工程原理，方案 1 的价值系数大于 1，说明功能系数大于成本系数；方案 2 的价值系数小于 1，说明功能系数小于成本系数。最终，承包商选用方案 1。

思政元素

（1）从“价值工程内涵”元素点，既引申出做事应“止于至善”的哲学思想，又引申出青年学生要树立正确消费观，弘扬勤俭节约、艰苦奋斗的传统美德。

（2）从价值工程的实施步骤，感悟从局部入手到系统推进的哲学思想、系统观点和系统思维。

（3）从方案创造的角度，理解树立突破陈规、敢于创造的创新精神的重要性，理解科技对全面实现中国式现代化的作用。

复习思考题

1. 知识点

价值与价值工程的概念、功能的定义与分类、提高价值的途径、价值工程的实施步骤、功能定义与整理的方法与过程、功能评价的方法、价值工程在建设项目中的应用

2. 简答题

（1）什么是价值工程？价值的含义是什么？提高价值的途径有哪些？

（2）什么是寿命周期成本？价值工程中为什么要考虑寿命周期成本？

（3）什么是功能？如何进行功能定义？

（4）什么是功能整理？怎样绘制功能系统图？

（5）什么是功能评价？如何进行功能评价？

（6）方案的创造有哪些方法？如何进行方案的评价？

3. 分析计算题

（1）自选一个简单产品，进行功能定义和功能整理。

（2）某产品由 13 种零件组成，各种零件的个数和每个零件的成本如表 10-11 所示。试用 ABC 分析法选择价值工程目标。

表 10-11　各零件数量及成本　　单位：元

零件名称	a	b	c	d	e	f	g	h	i	j	k	l	m
零件个数	1	1	2	2	18	1	1	1	1	1	1	2	1
每个零件成本	3.42	2.61	1.03	0.8	0.1	0.73	0.67	0.33	0.32	0.19	0.11	0.05	0.08

（3）某项目分为甲、乙、丙、丁四个功能域，各功能区域的现实成本和目标成本如表 10-12 所示。请根据功能价值与改善期望值，从四个功能域中选择价值工程的重点改进对象。

表 10-12　各功能区域的现实成本与目标成本　　单位：元

功 能 域	甲	乙	丙	丁
现实成本	2 960	9 400	10 200	3 040
目标成本	2 850	9 060	9 800	2 590

（4）某工程师针对一住宅楼提出了 A、B、C 三个设计方案，进行技术经济分析和专家打分后得出如表 10-13 所示的数据。计算各方案成本系数、功能系数和价值系数，并确定最优方案。

表 10-13　设计方案功能得分与单方造价

方案功能	方案功能得分			方案功能重要程度
	A	B	C	
$F1$	9	9	8	0.25
$F2$	8	10	10	0.35
$F3$	10	7	9	0.25
$F4$	9	10	9	0.10
$F5$	8	8	6	0.05
单方造价	1 325	1 118	1 226	1.00

4．练一练

梳理本章内容，绘制思维导图。

附录 A

复利系数表

i=1%

年份	一次支付终值系数	一次支付现值系数	等额分付终值系数	偿债基金系数	等额分付现值系数	资金回收系数
n	($F/P,i,n$)	($P/F,i,n$)	($F/A,i,n$)	($A/F,i,n$)	($P/A,i,n$)	($A/P,i,n$)
1	1.010 0	0.990 1	1.000 0	1.000 0	0.990 1	1.010 0
2	1.020 1	0.980 3	2.010 0	0.497 5	1.970 4	0.507 5
3	1.030 3	0.970 6	3.030 1	0.330 0	2.941 0	0.340 0
4	1.040 6	0.961 0	4.060 4	0.246 3	3.902 0	0.256 3
5	1.051 0	0.951 5	5.101 0	0.196 0	4.853 4	0.206 0
6	1.061 5	0.942 0	6.152 0	0.162 5	5.795 5	0.172 5
7	1.072 1	0.932 7	7.213 5	0.138 6	6.728 2	0.148 6
8	1.082 9	0.923 5	8.285 7	0.120 7	7.651 7	0.130 7
9	1.093 7	0.914 3	9.368 5	0.106 7	8.566 0	0.116 7
10	1.104 6	0.905 3	10.462 2	0.095 6	9.471 3	0.105 6
11	1.115 7	0.896 3	11.566 8	0.086 5	10.367 6	0.096 5
12	1.126 8	0.887 4	12.682 5	0.078 8	11.255 1	0.088 8
13	1.138 1	0.878 7	13.809 3	0.072 4	12.133 7	0.082 4
14	1.149 5	0.870 0	14.947 4	0.066 9	13.003 7	0.076 9
15	1.161 0	0.861 3	16.096 9	0.062 1	13.865 1	0.072 1
16	1.172 6	0.852 8	17.257 9	0.057 9	14.717 9	0.067 9
17	1.184 3	0.844 4	18.430 4	0.054 3	15.562 3	0.064 3
18	1.196 1	0.836 0	19.614 7	0.051 0	16.398 3	0.061 0
19	1.208 1	0.827 7	20.810 9	0.048 1	17.226 0	0.058 1
20	1.220 2	0.819 5	22.019 0	0.045 4	18.045 6	0.055 4
21	1.232 4	0.811 4	23.239 2	0.043 0	18.857 0	0.053 0

续表

年份	一次支付终值系数	一次支付现值系数	等额分付终值系数	偿债基金系数	等额分付现值系数	资金回收系数
n	（$F/P,i,n$）	（$P/F,i,n$）	（$F/A,i,n$）	（$A/F,i,n$）	（$P/A,i,n$）	（$A/P,i,n$）
22	1.244 7	0.803 4	24.471 6	0.040 9	19.660 4	0.050 9
23	1.257 2	0.795 4	25.716 3	0.038 9	20.455 8	0.048 9
24	1.269 7	0.787 6	26.973 5	0.037 1	21.243 4	0.047 1
25	1.282 4	0.779 8	28.243 2	0.035 4	22.023 2	0.045 4
26	1.295 3	0.772 0	29.525 6	0.033 9	22.795 2	0.043 9
27	1.308 2	0.764 4	30.820 9	0.032 4	23.559 6	0.042 4
28	1.321 3	0.756 8	32.129 1	0.031 1	24.316 4	0.041 1
29	1.334 5	0.749 3	33.450 4	0.029 9	25.065 8	0.039 9
30	1.347 8	0.741 9	34.784 9	0.028 7	25.807 7	0.038 7

i=2%

年份	一次支付终值系数	一次支付现值系数	等额分付终值系数	偿债基金系数	等额分付现值系数	资金回收系数
n	（$F/P,i,n$）	（$P/F,i,n$）	（$F/A,i,n$）	（$A/F,i,n$）	（$P/A,i,n$）	（$A/P,i,n$）
1	1.020 0	0.980 4	1.000 0	1.000 0	0.980 4	1.020 0
2	1.040 4	0.961 2	2.020 0	0.495 0	1.941 6	0.515 0
3	1.061 2	0.942 3	3.060 4	0.326 8	2.883 9	0.346 8
4	1.082 4	0.923 8	4.121 6	0.242 6	3.807 7	0.262 6
5	1.104 1	0.905 7	5.204 0	0.192 2	4.713 5	0.212 2
6	1.126 2	0.888 0	6.308 1	0.158 5	5.601 4	0.178 5
7	1.148 7	0.870 6	7.434 3	0.134 5	6.472 0	0.154 5
8	1.171 7	0.853 5	8.583 0	0.116 5	7.325 5	0.136 5
9	1.195 1	0.836 8	9.754 6	0.102 5	8.162 2	0.122 5
10	1.219 0	0.820 3	10.949 7	0.091 3	8.982 6	0.111 3
11	1.243 4	0.804 3	12.168 7	0.082 2	9.786 8	0.102 2
12	1.268 2	0.788 5	13.412 1	0.074 6	10.575 3	0.094 6
13	1.293 6	0.773 0	14.680 3	0.068 1	11.348 4	0.088 1
14	1.319 5	0.757 9	15.973 9	0.062 6	12.106 2	0.082 6
15	1.345 9	0.743 0	17.293 4	0.057 8	12.849 3	0.077 8
16	1.372 8	0.728 4	18.639 3	0.053 7	13.577 7	0.073 7
17	1.400 2	0.714 2	20.012 1	0.050 0	14.291 9	0.070 0
18	1.428 2	0.700 2	21.412 3	0.046 7	14.992 0	0.066 7
19	1.456 8	0.686 4	22.840 6	0.043 8	15.678 5	0.063 8
20	1.485 9	0.673 0	24.297 4	0.041 2	16.351 4	0.061 2
21	1.515 7	0.659 8	25.783 3	0.038 8	17.011 2	0.058 8
22	1.546 0	0.646 8	27.299 0	0.036 6	17.658 0	0.056 6
23	1.576 9	0.634 2	28.845 0	0.034 7	18.292 2	0.054 7
24	1.608 4	0.621 7	30.421 9	0.032 9	18.913 9	0.052 9
25	1.640 6	0.609 5	32.030 3	0.031 2	19.523 5	0.051 2

续表

年份	一次支付终值系数	一次支付现值系数	等额分付终值系数	偿债基金系数	等额分付现值系数	资金回收系数
n	(F/P,i,n)	(P/F,i,n)	(F/A,i,n)	(A/F,i,n)	(P/A,i,n)	(A/P,i,n)
26	1.673 4	0.597 6	33.670 9	0.029 7	20.121 0	0.049 7
27	1.706 9	0.585 9	35.344 3	0.028 3	20.706 9	0.048 3
28	1.741 0	0.574 4	37.051 2	0.027 0	21.281 3	0.047 0
29	1.775 8	0.563 1	38.792 2	0.025 8	21.844 4	0.045 8
30	1.811 4	0.552 1	40.568 1	0.024 6	22.396 5	0.044 6

i=3%

年份	一次支付终值系数	一次支付现值系数	等额分付终值系数	偿债基金系数	等额分付现值系数	资金回收系数
n	(F/P,I,n)	(P/F,i,n)	(F/A,i,n)	(A/F,i,n)	(P/A,i,n)	(A/P,i,n)
1	1.030 0	0.970 9	1.000 0	1.000 0	0.970 9	1.030 0
2	1.060 9	0.942 6	2.030 0	0.492 6	1.913 5	0.522 6
3	1.092 7	0.915 1	3.090 9	0.323 5	2.828 6	0.353 5
4	1.125 5	0.888 5	4.183 6	0.239 0	3.717 1	0.269 0
5	1.159 3	0.862 6	5.309 1	0.188 4	4.579 7	0.218 4
6	1.194 1	0.837 5	6.468 4	0.154 6	5.417 2	0.184 6
7	1.229 9	0.813 1	7.662 5	0.130 5	6.230 3	0.160 5
8	1.266 8	0.789 4	8.892 3	0.112 5	7.019 7	0.142 5
9	1.304 8	0.766 4	10.159 1	0.098 4	7.786 1	0.128 4
10	1.343 9	0.744 1	11.463 9	0.087 2	8.530 2	0.117 2
11	1.384 2	0.722 4	12.807 8	0.078 1	9.252 6	0.108 1
12	1.425 8	0.701 4	14.192 0	0.070 5	9.954 0	0.100 5
13	1.468 5	0.681 0	15.617 8	0.064 0	10.635 0	0.094 0
14	1.512 6	0.661 1	17.086 3	0.058 5	11.296 1	0.088 5
15	1.558 0	0.641 9	18.598 9	0.053 8	11.937 9	0.083 8
16	1.604 7	0.623 2	20.156 9	0.049 6	12.561 1	0.079 6
17	1.652 8	0.605 0	21.761 6	0.046 0	13.166 1	0.076 0
18	1.702 4	0.587 4	23.414 4	0.042 7	13.753 5	0.072 7
19	1.753 5	0.570 3	25.116 9	0.039 8	14.323 8	0.069 8
20	1.806 1	0.553 7	26.870 4	0.037 2	14.877 5	0.067 2
21	1.860 3	0.537 5	28.676 5	0.034 9	15.415 0	0.064 9
22	1.916 1	0.521 9	30.536 8	0.032 7	15.936 9	0.062 7
23	1.973 6	0.506 7	32.452 9	0.030 8	16.443 6	0.060 8
24	2.032 8	0.491 9	34.426 5	0.029 0	16.935 5	0.059 0
25	2.093 8	0.477 6	36.459 3	0.027 4	17.413 1	0.057 4
26	2.156 6	0.463 7	38.553 0	0.025 9	17.876 8	0.055 9
27	2.221 3	0.450 2	40.709 6	0.024 6	18.327 0	0.054 6
28	2.287 9	0.437 1	42.930 9	0.023 3	18.764 1	0.053 3
29	2.356 6	0.424 3	45.218 9	0.022 1	19.188 5	0.052 1
30	2.427 3	0.412 0	47.575 4	0.021 0	19.600 4	0.051 0

i=4%

年份	一次支付终值系数	一次支付现值系数	等额分付终值系数	偿债基金系数	等额分付现值系数	资金回收系数
n	（$F/P,i,n$）	（$P/F,i,n$）	（$F/A,i,n$）	（$A/F,i,n$）	（$P/A,i,n$）	（$A/P,i,n$）
1	1.040 0	0.961 5	1.000 0	1.000 0	0.961 5	1.040 0
2	1.081 6	0.924 6	2.040 0	0.490 2	1.886 1	0.530 2
3	1.124 9	0.889 0	3.121 6	0.320 3	2.775 1	0.360 3
4	1.169 9	0.854 8	4.246 5	0.235 5	3.629 9	0.275 5
5	1.216 7	0.821 9	5.416 3	0.184 6	4.451 8	0.224 6
6	1.265 3	0.790 3	6.633 0	0.150 8	5.242 1	0.190 8
7	1.315 9	0.759 9	7.898 3	0.126 6	6.002 1	0.166 6
8	1.368 6	0.730 7	9.214 2	0.108 5	6.732 7	0.148 5
9	1.423 3	0.702 6	10.582 8	0.094 5	7.435 3	0.134 5
10	1.480 2	0.675 6	12.006 1	0.083 3	8.110 9	0.123 3
11	1.539 5	0.649 6	13.486 4	0.074 1	8.760 5	0.114 1
12	1.601 0	0.624 6	15.025 8	0.066 6	9.385 1	0.106 6
13	1.665 1	0.600 6	16.626 8	0.060 1	9.985 6	0.100 1
14	1.731 7	0.577 5	18.291 9	0.054 7	10.563 1	0.094 7
15	1.800 9	0.555 3	20.023 6	0.049 9	11.118 4	0.089 9
16	1.873 0	0.533 9	21.824 5	0.045 8	11.652 3	0.085 8
17	1.947 9	0.513 4	23.697 5	0.042 2	12.165 7	0.082 2
18	2.025 8	0.493 6	25.645 4	0.039 0	12.659 3	0.079 0
19	2.106 8	0.474 6	27.671 2	0.036 1	13.133 9	0.076 1
20	2.191 1	0.456 4	29.778 1	0.033 6	13.590 3	0.073 6
21	2.278 8	0.438 8	31.969 2	0.031 3	14.029 2	0.071 3
22	2.369 9	0.422 0	34.248 0	0.029 2	14.451 1	0.069 2
23	2.464 7	0.405 7	36.617 9	0.027 3	14.856 8	0.067 3
24	2.563 3	0.390 1	39.082 6	0.025 6	15.247 0	0.065 6
25	2.665 8	0.375 1	41.645 9	0.024 0	15.622 1	0.064 0
26	2.772 5	0.360 7	44.311 7	0.022 6	15.982 8	0.062 6
27	2.883 4	0.346 8	47.084 2	0.021 2	16.329 6	0.061 2
28	2.998 7	0.333 5	49.967 6	0.020 0	16.663 1	0.060 0
29	3.118 7	0.320 7	52.966 3	0.018 9	16.983 7	0.058 9
30	3.243 4	0.308 3	56.084 9	0.017 8	17.292 0	0.057 8

i=5%

年份	一次支付终值系数	一次支付现值系数	等额分付终值系数	偿债基金系数	等额分付现值系数	资金回收系数
n	（$F/P,i,n$）	（$P/F,i,n$）	（$F/A,i,n$）	（$A/F,i,n$）	（$P/A,i,n$）	（$A/P,i,n$）
1	1.050 0	0.952 4	1.000 0	1.000 0	0.952 4	1.050 0
2	1.102 5	0.907 0	2.050 0	0.487 8	1.859 4	0.537 8
3	1.157 6	0.863 8	3.152 5	0.317 2	2.723 2	0.367 2

续表

年份 n	一次支付终值系数 （F/P,i,n）	一次支付现值系数 （P/F,i,n）	等额分付终值系数 （F/A,i,n）	偿债基金系数 （A/F,i,n）	等额分付现值系数 （P/A,i,n）	资金回收系数 （A/P,i,n）
4	1.215 5	0.822 7	4.310 1	0.232 0	3.546 0	0.282 0
5	1.276 3	0.783 5	5.525 6	0.181 0	4.329 5	0.231 0
6	1.340 1	0.746 2	6.801 9	0.147 0	5.075 7	0.197 0
7	1.407 1	0.710 7	8.142 0	0.122 8	5.786 4	0.172 8
8	1.477 5	0.676 8	9.549 1	0.104 7	6.463 2	0.154 7
9	1.551 3	0.644 6	11.026 6	0.090 7	7.107 8	0.140 7
10	1.628 9	0.613 9	12.577 9	0.079 5	7.721 7	0.129 5
11	1.710 3	0.584 7	14.206 8	0.070 4	8.306 4	0.120 4
12	1.795 9	0.556 8	15.917 1	0.062 8	8.863 3	0.112 8
13	1.885 6	0.530 3	17.713 0	0.056 5	9.393 6	0.106 5
14	1.979 9	0.505 1	19.598 6	0.051 0	9.898 6	0.101 0
15	2.078 9	0.481 0	21.578 6	0.046 3	10.379 7	0.096 3
16	2.182 9	0.458 1	23.657 5	0.042 3	10.837 8	0.092 3
17	2.292 0	0.436 3	25.840 4	0.038 7	11.274 1	0.088 7
18	2.406 6	0.415 5	28.132 4	0.035 5	11.689 6	0.085 5
19	2.527 0	0.395 7	30.539 0	0.032 7	12.085 3	0.082 7
20	2.653 3	0.376 9	33.066 0	0.030 2	12.462 2	0.080 2
21	2.786 0	0.358 9	35.719 3	0.028 0	12.821 2	0.078 0
22	2.925 3	0.341 8	38.505 2	0.026 0	13.163 0	0.076 0
23	3.071 5	0.325 6	41.430 5	0.024 1	13.488 6	0.074 1
24	3.225 1	0.310 1	44.502 0	0.022 5	13.798 6	0.072 5
25	3.386 4	0.295 3	47.727 1	0.021 0	14.093 9	0.071 0
26	3.555 7	0.281 2	51.113 5	0.019 6	14.375 2	0.069 6
27	3.733 5	0.267 8	54.669 1	0.018 3	14.643 0	0.068 3
28	3.920 1	0.255 1	58.402 6	0.017 1	14.898 1	0.067 1
29	4.116 1	0.242 9	62.322 7	0.016 0	15.141 1	0.066 0
30	4.321 9	0.231 4	66.438 8	0.015 1	15.372 5	0.065 1

i=6%

年份 n	一次支付终值系数 （F/P,i,n）	一次支付现值系数 （P/F,i,n）	等额分付终值系数 （F/A,i,n）	偿债基金系数 （A/F,i,n）	等额分付现值系数 （P/A,i,n）	资金回收系数 （A/P,i,n）
1	1.060 0	0.943 4	1.000 0	1.000 0	0.943 4	1.060 0
2	1.123 6	0.890 0	2.060 0	0.485 4	1.833 4	0.545 4
3	1.191 0	0.839 6	3.183 6	0.314 1	2.673 0	0.374 1
4	1.262 5	0.792 1	4.374 6	0.228 6	3.465 1	0.288 6
5	1.338 2	0.747 3	5.637 1	0.177 4	4.212 4	0.237 4
6	1.418 5	0.705 0	6.975 3	0.143 4	4.917 3	0.203 4
7	1.503 6	0.665 1	8.393 8	0.119 1	5.582 4	0.179 1

续表

年份	一次支付终值系数	一次支付现值系数	等额分付终值系数	偿债基金系数	等额分付现值系数	资金回收系数
n	（F/P,i,n）	（P/F,i,n）	（F/A,i,n）	（A/F,i,n）	（P/A,i,n）	（A/P,i,n）
8	1.593 8	0.627 4	9.897 5	0.101 0	6.209 8	0.161 0
9	1.689 5	0.591 9	11.491 3	0.087 0	6.801 7	0.147 0
10	1.790 8	0.558 4	13.180 8	0.075 9	7.360 1	0.135 9
11	1.898 3	0.526 8	14.971 6	0.066 8	7.886 9	0.126 8
12	2.012 2	0.497 0	16.869 9	0.059 3	8.383 8	0.119 3
13	2.132 9	0.468 8	18.882 1	0.053 0	8.852 7	0.113 0
14	2.260 9	0.442 3	21.015 1	0.047 6	9.295 0	0.107 6
15	2.396 6	0.417 3	23.276 0	0.043 0	9.712 2	0.103 0
16	2.540 4	0.393 6	25.672 5	0.039 0	10.105 9	0.099 0
17	2.692 8	0.371 4	28.212 9	0.035 4	10.477 3	0.095 4
18	2.854 3	0.350 3	30.905 7	0.032 4	10.827 6	0.092 4
19	3.025 6	0.330 5	33.760 0	0.029 6	11.158 1	0.089 6
20	3.207 1	0.311 8	36.785 6	0.027 2	11.469 9	0.087 2
21	3.399 6	0.294 2	39.992 7	0.025 0	11.764 1	0.085 0
22	3.603 5	0.277 5	43.392 3	0.023 0	12.041 6	0.083 0
23	3.819 7	0.261 8	46.995 8	0.021 3	12.303 4	0.081 3
24	4.048 9	0.247 0	50.815 6	0.019 7	12.550 4	0.079 7
25	4.291 9	0.233 0	54.864 5	0.018 2	12.783 4	0.078 2
26	4.549 4	0.219 8	59.156 4	0.016 9	13.003 2	0.076 9
27	4.822 3	0.207 4	63.705 8	0.015 7	13.210 5	0.075 7
28	5.111 7	0.195 6	68.528 1	0.014 6	13.406 2	0.074 6
29	5.418 4	0.184 6	73.639 8	0.013 6	13.590 7	0.073 6
30	5.743 5	0.174 1	79.058 2	0.012 6	13.764 8	0.072 6

i=7%

年份	一次支付终值系数	一次支付现值系数	等额分付终值系数	偿债基金系数	等额分付现值系数	资金回收系数
n	（F/P,i,n）	（P/F,i,n）	（F/A,i,n）	（A/F,i,n）	（P/A,i,n）	（A/P,i,n）
1	1.070 0	0.934 6	1.000 0	1.000 0	0.934 6	1.070 0
2	1.144 9	0.873 4	2.070 0	0.483 1	1.808 0	0.553 1
3	1.225 0	0.816 3	3.214 9	0.311 1	2.624 3	0.381 1
4	1.310 8	0.762 9	4.439 9	0.225 2	3.387 2	0.295 2
5	1.402 6	0.713 0	5.750 7	0.173 9	4.100 2	0.243 9
6	1.500 7	0.666 3	7.153 3	0.139 8	4.766 5	0.209 8
7	1.605 8	0.622 7	8.654 0	0.115 6	5.389 3	0.185 6
8	1.718 2	0.582 0	10.259 8	0.097 5	5.971 3	0.167 5
9	1.838 5	0.543 9	11.978 0	0.083 5	6.515 2	0.153 5
10	1.967 2	0.508 3	13.816 4	0.072 4	7.023 6	0.142 4
11	2.104 9	0.475 1	15.783 6	0.063 4	7.498 7	0.133 4
12	2.252 2	0.444 0	17.888 5	0.055 9	7.942 7	0.125 9
13	2.409 8	0.415 0	20.140 6	0.049 7	8.357 7	0.119 7
14	2.578 5	0.387 8	22.550 5	0.044 3	8.745 5	0.114 3

续表

年份	一次支付终值系数	一次支付现值系数	等额分付终值系数	偿债基金系数	等额分付现值系数	资金回收系数
n	($F/P,i,n$)	($P/F,i,n$)	($F/A,i,n$)	($A/F,i,n$)	($P/A,i,n$)	($A/P,i,n$)
15	2.759 0	0.362 4	25.129 0	0.039 8	9.107 9	0.109 8
16	2.952 2	0.338 7	27.888 1	0.035 9	9.446 6	0.105 9
17	3.158 8	0.316 6	30.840 2	0.032 4	9.763 2	0.102 4
18	3.379 9	0.295 9	33.999 0	0.029 4	10.059 1	0.099 4
19	3.616 5	0.276 5	37.379 0	0.026 8	10.335 6	0.096 8
20	3.869 7	0.258 4	40.995 5	0.024 4	10.594 0	0.094 4
21	4.140 6	0.241 5	44.865 2	0.022 3	10.835 5	0.092 3
22	4.430 4	0.225 7	49.005 7	0.020 4	11.061 2	0.090 4
23	4.740 5	0.210 9	53.436 1	0.018 7	11.272 2	0.088 7
24	5.072 4	0.197 1	58.176 7	0.017 2	11.469 3	0.087 2
25	5.427 4	0.184 2	63.249 0	0.015 8	11.653 6	0.085 8
26	5.807 4	0.172 2	68.676 5	0.014 6	11.825 8	0.084 6
27	6.213 9	0.160 9	74.483 8	0.013 4	11.986 7	0.083 4
28	6.648 8	0.150 4	80.697 7	0.012 4	12.137 1	0.082 4
29	7.114 3	0.140 6	87.346 5	0.011 4	12.277 7	0.081 4
30	7.612 3	0.131 4	94.460 8	0.010 6	12.409 0	0.080 6

i=8%

年份	一次支付终值系数	一次支付现值系数	等额分付终值系数	偿债基金系数	等额分付现值系数	资金回收系数
n	($F/P,i,n$)	($P/F,i,n$)	($F/A,i,n$)	($A/F,i,n$)	($P/A,i,n$)	($A/P,i,n$)
1	1.080 0	0.925 9	1.000 0	1.000 0	0.925 9	1.080 0
2	1.166 4	0.857 3	2.080 0	0.480 8	1.783 3	0.560 8
3	1.259 7	0.793 8	3.246 4	0.308 0	2.577 1	0.388 0
4	1.360 5	0.735 0	4.506 1	0.221 9	3.312 1	0.301 9
5	1.469 3	0.680 6	5.866 6	0.170 5	3.992 7	0.250 5
6	1.586 9	0.630 2	7.335 9	0.136 3	4.622 9	0.216 3
7	1.713 8	0.583 5	8.922 8	0.112 1	5.206 4	0.192 1
8	1.850 9	0.540 3	10.636 6	0.094 0	5.746 6	0.174 0
9	1.999 0	0.500 2	12.487 6	0.080 1	6.246 9	0.160 1
10	2.158 9	0.463 2	14.486 6	0.069 0	6.710 1	0.149 0
11	2.331 6	0.428 9	16.645 5	0.060 1	7.139 0	0.140 1
12	2.518 2	0.397 1	18.977 1	0.052 7	7.536 1	0.132 7
13	2.719 6	0.367 7	21.495 3	0.046 5	7.903 8	0.126 5
14	2.937 2	0.340 5	24.214 9	0.041 3	8.244 2	0.121 3
15	3.172 2	0.315 2	27.152 1	0.036 8	8.559 5	0.116 8
16	3.425 9	0.291 9	30.324 3	0.033 0	8.851 4	0.113 0

续表

年份	一次支付终值系数	一次支付现值系数	等额分付终值系数	偿债基金系数	等额分付现值系数	资金回收系数
n	（*F*/*P*,*i*,*n*）	（*P*/*F*,*i*,*n*）	（*F*/*A*,*i*,*n*）	（*A*/*F*,*i*,*n*）	（*P*/*A*,*i*,*n*）	（*A*/*P*,*i*,*n*）
17	3.700 0	0.270 3	33.750 2	0.029 6	9.121 6	0.109 6
18	3.996 0	0.250 2	37.450 2	0.026 7	9.371 9	0.106 7
19	4.315 7	0.231 7	41.446 3	0.024 1	9.603 6	0.104 1
20	4.661 0	0.214 5	45.762 0	0.021 9	9.818 1	0.101 9
21	5.033 8	0.198 7	50.422 9	0.019 8	10.016 8	0.099 8
22	5.436 5	0.183 9	55.456 8	0.018 0	10.200 7	0.098 0
23	5.871 5	0.170 3	60.893 3	0.016 4	10.371 1	0.096 4
24	6.341 2	0.157 7	66.764 8	0.015 0	10.528 8	0.095 0
25	6.848 5	0.146 0	73.105 9	0.013 7	10.674 8	0.093 7
26	7.396 4	0.135 2	79.954 4	0.012 5	10.810 0	0.092 5
27	7.988 1	0.125 2	87.350 8	0.011 4	10.935 2	0.091 4
28	8.627 1	0.115 9	95.338 8	0.010 5	11.051 1	0.090 5
29	9.317 3	0.107 3	103.965 9	0.009 6	11.158 4	0.089 6
30	10.062 7	0.099 4	113.283 2	0.008 8	11.257 8	0.088 8

i=9%

年份	一次支付终值系数	一次支付现值系数	等额分付终值系数	偿债基金系数	等额分付现值系数	资金回收系数
n	（*F*/*P*,*i*,*n*）	（*P*/*F*,*i*,*n*）	（*F*/*A*,*i*,*n*）	（*A*/*F*,*i*,*n*）	（*P*/*A*,*i*,*n*）	（*A*/*P*,*i*,*n*）
1	1.090 0	0.917 4	1.000 0	1.000 0	0.917 4	1.090 0
2	1.188 1	0.841 7	2.090 0	0.478 5	1.759 1	0.568 5
3	1.295 0	0.772 2	3.278 1	0.305 1	2.531 3	0.395 1
4	1.411 6	0.708 4	4.573 1	0.218 7	3.239 7	0.308 7
5	1.538 6	0.649 9	5.984 7	0.167 1	3.889 7	0.257 1
6	1.677 1	0.596 3	7.523 3	0.132 9	4.485 9	0.222 9
7	1.828 0	0.547 0	9.200 4	0.108 7	5.033 0	0.198 7
8	1.992 6	0.501 9	11.028 5	0.090 7	5.534 8	0.180 7
9	2.171 9	0.460 4	13.021 0	0.076 8	5.995 2	0.166 8
10	2.367 4	0.422 4	15.192 9	0.065 8	6.417 7	0.155 8
11	2.580 4	0.387 5	17.560 3	0.056 9	6.805 2	0.146 9
12	2.812 7	0.355 5	20.140 7	0.049 7	7.160 7	0.139 7
13	3.065 8	0.326 2	22.953 4	0.043 6	7.486 9	0.133 6
14	3.341 7	0.299 2	26.019 2	0.038 4	7.786 2	0.128 4
15	3.642 5	0.274 5	29.360 9	0.034 1	8.060 7	0.124 1
16	3.970 3	0.251 9	33.003 4	0.030 3	8.312 6	0.120 3
17	4.327 6	0.231 1	36.973 7	0.027 0	8.543 6	0.117 0
18	4.717 1	0.212 0	41.301 3	0.024 2	8.755 6	0.114 2
19	5.141 7	0.194 5	46.018 5	0.021 7	8.950 1	0.111 7
20	5.604 4	0.178 4	51.160 1	0.019 5	9.128 5	0.109 5
21	6.108 8	0.163 7	56.764 5	0.017 6	9.292 2	0.107 6
22	6.658 6	0.150 2	62.873 3	0.015 9	9.442 4	0.105 9

续表

年份	一次支付终值系数	一次支付现值系数	等额分付终值系数	偿债基金系数	等额分付现值系数	资金回收系数
n	($F/P,i,n$)	($P/F,i,n$)	($F/A,i,n$)	($A/F,i,n$)	($P/A,i,n$)	($A/P,i,n$)
23	7.257 9	0.137 8	69.531 9	0.014 4	9.580 2	0.104 4
24	7.911 1	0.126 4	76.789 8	0.013 0	9.706 6	0.103 0
25	8.623 1	0.116 0	84.700 9	0.011 8	9.822 6	0.101 8
26	9.399 2	0.106 4	93.324 0	0.010 7	9.929 0	0.100 7
27	10.245 1	0.097 6	102.723 1	0.009 7	10.026 6	0.099 7
28	11.167 1	0.089 5	112.968 2	0.008 9	10.116 1	0.098 9
29	12.172 2	0.082 2	124.135 4	0.008 1	10.198 3	0.098 1
30	13.267 7	0.075 4	136.307 5	0.007 3	10.273 7	0.097 3

i=10%

年份	一次支付终值系数	一次支付现值系数	等额分付终值系数	偿债基金系数	等额分付现值系数	资金回收系数
n	($F/P,i,n$)	($P/F,i,n$)	($F/A,i,n$)	($A/F,i,n$)	($P/A,i,n$)	($A/P,i,n$)
1	1.100 0	0.909 1	1.000 0	1.000 0	0.909 1	1.100 0
2	1.210 0	0.826 4	2.100 0	0.476 2	1.735 5	0.576 2
3	1.331 0	0.751 3	3.310 0	0.302 1	2.486 9	0.402 1
4	1.464 1	0.683 0	4.641 0	0.215 5	3.169 9	0.315 5
5	1.610 5	0.620 9	6.105 1	0.163 8	3.790 8	0.263 8
6	1.771 6	0.564 5	7.715 6	0.129 6	4.355 3	0.229 6
7	1.948 7	0.513 2	9.487 2	0.105 4	4.868 4	0.205 4
8	2.143 6	0.466 5	11.435 9	0.087 4	5.334 9	0.187 4
9	2.357 9	0.424 1	13.579 5	0.073 6	5.759 0	0.173 6
10	2.593 7	0.385 5	15.937 4	0.062 7	6.144 6	0.162 7
11	2.853 1	0.350 5	18.531 2	0.054 0	6.495 1	0.154 0
12	3.138 4	0.318 6	21.384 3	0.046 8	6.813 7	0.146 8
13	3.452 3	0.289 7	24.522 7	0.040 8	7.103 4	0.140 8
14	3.797 5	0.263 3	27.975 0	0.035 7	7.366 7	0.135 7
15	4.177 2	0.239 4	31.772 5	0.031 5	7.606 1	0.131 5
16	4.595 0	0.217 6	35.949 7	0.027 8	7.823 7	0.127 8
17	5.054 5	0.197 8	40.544 7	0.024 7	8.021 6	0.124 7
18	5.559 9	0.179 9	45.599 2	0.021 9	8.201 4	0.121 9
19	6.115 9	0.163 5	51.159 1	0.019 5	8.364 9	0.119 5
20	6.727 5	0.148 6	57.275 0	0.017 5	8.513 6	0.117 5
21	7.400 2	0.135 1	64.002 5	0.015 6	8.648 7	0.115 6
22	8.140 3	0.122 8	71.402 7	0.014 0	8.771 5	0.114 0
23	8.954 3	0.111 7	79.543 0	0.012 6	8.883 2	0.112 6
24	9.849 7	0.101 5	88.497 3	0.011 3	8.984 7	0.111 3
25	10.834 7	0.092 3	98.347 1	0.010 2	9.077 0	0.110 2
26	11.918 2	0.083 9	109.181 8	0.009 2	9.160 9	0.109 2
27	13.110 0	0.076 3	121.099 9	0.008 3	9.237 2	0.108 3
28	14.421 0	0.069 3	134.209 9	0.007 5	9.306 6	0.107 5

续表

年份 n	一次支付终值系数 （F/P,i,n）	一次支付现值系数 （P/F,i,n）	等额分付终值系数 （F/A,i,n）	偿债基金系数 （A/F,i,n）	等额分付现值系数 （P/A,i,n）	资金回收系数 （A/P,i,n）
29	15.863 1	0.063 0	148.630 9	0.006 7	9.369 6	0.106 7
30	17.449 4	0.057 3	164.494 0	0.006 1	9.426 9	0.106 1

i=11%

年份 n	一次支付终值系数 （F/P,i,n）	一次支付现值系数 （P/F,i,n）	等额分付终值系数 （F/A,i,n）	偿债基金系数 （A/F,i,n）	等额分付现值系数 （P/A,i,n）	资金回收系数 （A/P,i,n）
1	1.110 0	0.900 9	1.000 0	1.000 0	0.900 9	1.110 0
2	1.232 1	0.811 6	2.110 0	0.473 9	1.712 5	0.583 9
3	1.367 6	0.731 2	3.342 1	0.299 2	2.443 7	0.409 2
4	1.518 1	0.658 7	4.709 7	0.212 3	3.102 4	0.322 3
5	1.685 1	0.593 5	6.227 8	0.160 6	3.695 9	0.270 6
6	1.870 4	0.534 6	7.912 9	0.126 4	4.230 5	0.236 4
7	2.076 2	0.481 7	9.783 3	0.102 2	4.712 2	0.212 2
8	2.304 5	0.433 9	11.859 4	0.084 3	5.146 1	0.194 3
9	2.558 0	0.390 9	14.164 0	0.070 6	5.537 0	0.180 6
10	2.839 4	0.352 2	16.722 0	0.059 8	5.889 2	0.169 8
11	3.151 8	0.317 3	19.561 4	0.051 1	6.206 5	0.161 1
12	3.498 5	0.285 8	22.713 2	0.044 0	6.492 4	0.154 0
13	3.883 3	0.257 5	26.211 6	0.038 2	6.749 9	0.148 2
14	4.310 4	0.232 0	30.094 9	0.033 2	6.981 9	0.143 2
15	4.784 6	0.209 0	34.405 4	0.029 1	7.190 9	0.139 1
16	5.310 9	0.188 3	39.189 9	0.025 5	7.379 2	0.135 5
17	5.895 1	0.169 6	44.500 8	0.022 5	7.548 8	0.132 5
18	6.543 6	0.152 8	50.395 9	0.019 8	7.701 6	0.129 8
19	7.263 3	0.137 7	56.939 5	0.017 6	7.839 3	0.127 6
20	8.062 3	0.124 0	64.202 8	0.015 6	7.963 3	0.125 6
21	8.949 2	0.111 7	72.265 1	0.013 8	8.075 1	0.123 8
22	9.933 6	0.100 7	81.214 3	0.012 3	8.175 7	0.122 3
23	11.026 3	0.090 7	91.147 9	0.011 0	8.266 4	0.121 0
24	12.239 2	0.081 7	102.174 2	0.009 8	8.348 1	0.119 8
25	13.585 5	0.073 6	114.413 3	0.008 7	8.421 7	0.118 7
26	15.079 9	0.066 3	127.998 8	0.007 8	8.488 1	0.117 8
27	16.738 6	0.059 7	143.078 6	0.007 0	8.547 8	0.117 0

续表

年份	一次支付终值系数	一次支付现值系数	等额分付终值系数	偿债基金系数	等额分付现值系数	资金回收系数
n	(F/P,i,n)	(P/F,i,n)	(F/A,i,n)	(A/F,i,n)	(P/A,i,n)	(A/P,i,n)
28	18.579 9	0.053 8	159.817 3	0.006 3	8.601 6	0.116 3
29	20.623 7	0.048 5	178.397 2	0.005 6	8.650 1	0.115 6
30	22.892 3	0.043 7	199.020 9	0.005 0	8.693 8	0.115 0

i=12%

年份	一次支付终值系数	一次支付现值系数	等额分付终值系数	偿债基金系数	等额分付现值系数	资金回收系数
n	(F/P,i,n)	(P/F,i,n)	(F/A,i,n)	(A/F,i,n)	(P/A,i,n)	(A/P,i,n)
1	1.120 0	0.892 9	1.000 0	1.000 0	0.892 9	1.120 0
2	1.254 4	0.797 2	2.120 0	0.471 7	1.690 1	0.591 7
3	1.404 9	0.711 8	3.374 4	0.296 3	2.401 8	0.416 3
4	1.573 5	0.635 5	4.779 3	0.209 2	3.037 3	0.329 2
5	1.762 3	0.567 4	6.352 8	0.157 4	3.604 8	0.277 4
6	1.973 8	0.506 6	8.115 2	0.123 2	4.111 4	0.243 2
7	2.210 7	0.452 3	10.089 0	0.099 1	4.563 8	0.219 1
8	2.476 0	0.403 9	12.299 7	0.081 3	4.967 6	0.201 3
9	2.773 1	0.360 6	14.775 7	0.067 7	5.328 2	0.187 7
10	3.105 8	0.322 0	17.548 7	0.057 0	5.650 2	0.177 0
11	3.478 5	0.287 5	20.654 6	0.048 4	5.937 7	0.168 4
12	3.896 0	0.256 7	24.133 1	0.041 4	6.194 4	0.161 4
13	4.363 5	0.229 2	28.029 1	0.035 7	6.423 5	0.155 7
14	4.887 1	0.204 6	32.392 6	0.030 9	6.628 2	0.150 9
15	5.473 6	0.182 7	37.279 7	0.026 8	6.810 9	0.146 8
16	6.130 4	0.163 1	42.753 3	0.023 4	6.974 0	0.143 4
17	6.866 0	0.145 6	48.883 7	0.020 5	7.119 6	0.140 5
18	7.690 0	0.130 0	55.749 7	0.017 9	7.249 7	0.137 9
19	8.612 8	0.116 1	63.439 7	0.015 8	7.365 8	0.135 8
20	9.646 3	0.103 7	72.052 4	0.013 9	7.469 4	0.133 9
21	10.803 8	0.092 6	81.698 7	0.012 2	7.562 0	0.132 2
22	12.100 3	0.082 6	92.502 6	0.010 8	7.644 6	0.130 8
23	13.552 3	0.073 8	104.602 9	0.009 6	7.718 4	0.129 6
24	15.178 6	0.065 9	118.155 2	0.008 5	7.784 3	0.128 5
25	17.000 1	0.058 8	133.333 9	0.007 5	7.843 1	0.127 5
26	19.040 1	0.052 5	150.333 9	0.006 7	7.895 7	0.126 7
27	21.324 9	0.046 9	169.374 0	0.005 9	7.942 6	0.125 9
28	23.883 9	0.041 9	190.698 9	0.005 2	7.984 4	0.125 2
29	26.749 9	0.037 4	214.582 8	0.004 7	8.021 8	0.124 7
30	29.959 9	0.033 4	241.332 7	0.004 1	8.055 2	0.124 1

i=13%

年份	一次支付终值系数	一次支付现值系数	等额分付终值系数	偿债基金系数	等额分付现值系数	资金回收系数
n	（*F*/*P*,*i*,*n*）	（*P*/*F*,*i*,*n*）	（*F*/*A*,*i*,*n*）	（*A*/*F*,*i*,*n*）	（*P*/*A*,*i*,*n*）	（*A*/*P*,*i*,*n*）
1	1.130 0	0.885 0	1.000 0	1.000 0	0.885 0	1.130 0
2	1.276 9	0.783 1	2.130 0	0.469 5	1.668 1	0.599 5
3	1.442 9	0.693 1	3.406 9	0.293 5	2.361 2	0.423 5
4	1.630 5	0.613 3	4.849 8	0.206 2	2.974 5	0.336 2
5	1.842 4	0.542 8	6.480 3	0.154 3	3.517 2	0.284 3
6	2.082 0	0.480 3	8.322 7	0.120 2	3.997 5	0.250 2
7	2.352 6	0.425 1	10.404 7	0.096 1	4.422 6	0.226 1
8	2.658 4	0.376 2	12.757 3	0.078 4	4.798 8	0.208 4
9	3.004 0	0.332 9	15.415 7	0.064 9	5.131 7	0.194 9
10	3.394 6	0.294 6	18.419 7	0.054 3	5.426 2	0.184 3
11	3.835 9	0.260 7	21.814 3	0.045 8	5.686 9	0.175 8
12	4.334 5	0.230 7	25.650 2	0.039 0	5.917 6	0.169 0
13	4.898 0	0.204 2	29.984 7	0.033 4	6.121 8	0.163 4
14	5.534 8	0.180 7	34.882 7	0.028 7	6.302 5	0.158 7
15	6.254 3	0.159 9	40.417 5	0.024 7	6.462 4	0.154 7
16	7.067 3	0.141 5	46.671 7	0.021 4	6.603 9	0.151 4
17	7.986 1	0.125 2	53.739 1	0.018 6	6.729 1	0.148 6
18	9.024 3	0.110 8	61.725 1	0.016 2	6.839 9	0.146 2
19	10.197 4	0.098 1	70.749 4	0.014 1	6.938 0	0.144 1
20	11.523 1	0.086 8	80.946 8	0.012 4	7.024 8	0.142 4
21	13.021 1	0.076 8	92.469 9	0.010 8	7.101 6	0.140 8
22	14.713 8	0.068 0	105.491 0	0.009 5	7.169 5	0.139 5
23	16.626 6	0.060 1	120.204 8	0.008 3	7.229 7	0.138 3
24	18.788 1	0.053 2	136.831 5	0.007 3	7.282 9	0.137 3
25	21.230 5	0.047 1	155.619 6	0.006 4	7.330 0	0.136 4
26	23.990 5	0.041 7	176.850 1	0.005 7	7.371 7	0.135 7
27	27.109 3	0.036 9	200.840 6	0.005 0	7.408 6	0.135 0
28	30.633 5	0.032 6	227.949 9	0.004 4	7.441 2	0.134 4
29	34.615 8	0.028 9	258.583 4	0.003 9	7.470 1	0.133 9
30	39.115 9	0.025 6	293.199 2	0.003 4	7.495 7	0.133 4

i=14%

年份	一次支付终值系数	一次支付现值系数	等额分付终值系数	偿债基金系数	等额分付现值系数	资金回收系数
n	（*F*/*P*,*i*,*n*）	（*P*/*F*,*i*,*n*）	（*F*/*A*,*i*,*n*）	（*A*/*F*,*i*,*n*）	（*P*/*A*,*i*,*n*）	（*A*/*P*,*i*,*n*）
1	1.140 0	0.877 2	1.000 0	1.000 0	0.877 2	1.140 0
2	1.299 6	0.769 5	2.140 0	0.467 3	1.646 7	0.607 3
3	1.481 5	0.675 0	3.439 6	0.290 7	2.321 6	0.430 7

续表

年份	一次支付终值系数	一次支付现值系数	等额分付终值系数	偿债基金系数	等额分付现值系数	资金回收系数
n	($F/P,i,n$)	($P/F,i,n$)	($F/A,i,n$)	($A/F,i,n$)	($P/A,i,n$)	($A/P,i,n$)
4	1.689 0	0.592 1	4.921 1	0.203 2	2.913 7	0.343 2
5	1.925 4	0.519 4	6.610 1	0.151 3	3.433 1	0.291 3
6	2.195 0	0.455 6	8.535 5	0.117 2	3.888 7	0.257 2
7	2.502 3	0.399 6	10.730 5	0.093 2	4.288 3	0.233 2
8	2.852 6	0.350 6	13.232 8	0.075 6	4.638 9	0.215 6
9	3.251 9	0.307 5	16.085 3	0.062 2	4.946 4	0.202 2
10	3.707 2	0.269 7	19.337 3	0.051 7	5.216 1	0.191 7
11	4.226 2	0.236 6	23.044 5	0.043 4	5.452 7	0.183 4
12	4.817 9	0.207 6	27.270 7	0.036 7	5.660 3	0.176 7
13	5.492 4	0.182 1	32.088 7	0.031 2	5.842 4	0.171 2
14	6.261 3	0.159 7	37.581 1	0.026 6	6.002 1	0.166 6
15	7.137 9	0.140 1	43.842 4	0.022 8	6.142 2	0.162 8
16	8.137 2	0.122 9	50.980 4	0.019 6	6.265 1	0.159 6
17	9.276 5	0.107 8	59.117 6	0.016 9	6.372 9	0.156 9
18	10.575 2	0.094 6	68.394 1	0.014 6	6.467 4	0.154 6
19	12.055 7	0.082 9	78.969 2	0.012 7	6.550 4	0.152 7
20	13.743 5	0.072 8	91.024 9	0.011 0	6.623 1	0.151 0
21	15.667 6	0.063 8	104.768 4	0.009 5	6.687 0	0.149 5
22	17.861 0	0.056 0	120.436 0	0.008 3	6.742 9	0.148 3
23	20.361 6	0.049 1	138.297 0	0.007 2	6.792 1	0.147 2
24	23.212 2	0.043 1	158.658 6	0.006 3	6.835 1	0.146 3
25	26.461 9	0.037 8	181.870 8	0.005 5	6.872 9	0.145 5
26	30.166 6	0.033 1	208.332 7	0.004 8	6.906 1	0.144 8
27	34.389 9	0.029 1	238.499 3	0.004 2	6.935 2	0.144 2
28	39.204 5	0.025 5	272.889 2	0.003 7	6.960 7	0.143 7
29	44.693 1	0.022 4	312.093 7	0.003 2	6.983 0	0.143 2
30	50.950 2	0.019 6	356.786 8	0.002 8	7.002 7	0.142 8

i=15%

年份	一次支付终值系数	一次支付现值系数	等额分付终值系数	偿债基金系数	等额分付现值系数	资金回收系数
n	($F/P,i,n$)	($P/F,i,n$)	($F/A,i,n$)	($A/F,i,n$)	($P/A,i,n$)	($A/P,i,n$)
1	1.150 0	0.869 6	1.000 0	1.000 0	0.869 6	1.150 0

续表

年份	一次支付终值系数	一次支付现值系数	等额分付终值系数	偿债基金系数	等额分付现值系数	资金回收系数
n	$(F/P,i,n)$	$(P/F,i,n)$	$(F/A,i,n)$	$(A/F,i,n)$	$(P/A,i,n)$	$(A/P,i,n)$
2	1.322 5	0.756 1	2.150 0	0.465 1	1.625 7	0.615 1
3	1.520 9	0.657 5	3.472 5	0.288 0	2.283 2	0.438 0
4	1.749 0	0.571 8	4.993 4	0.200 3	2.855 0	0.350 3
5	2.011 4	0.497 2	6.742 4	0.148 3	3.352 2	0.298 3
6	2.313 1	0.432 3	8.753 7	0.114 2	3.784 5	0.264 2
7	2.660 0	0.375 9	11.066 8	0.090 4	4.160 4	0.240 4
8	3.059 0	0.326 9	13.726 8	0.072 9	4.487 3	0.222 9
9	3.517 9	0.284 3	16.785 8	0.059 6	4.771 6	0.209 6
10	4.045 6	0.247 2	20.303 7	0.049 3	5.018 8	0.199 3
11	4.652 4	0.214 9	24.349 3	0.041 1	5.233 7	0.191 1
12	5.350 3	0.186 9	29.001 7	0.034 5	5.420 6	0.184 5
13	6.152 8	0.162 5	34.351 9	0.029 1	5.583 1	0.179 1
14	7.075 7	0.141 3	40.504 7	0.024 7	5.724 5	0.174 7
15	8.137 1	0.122 9	47.580 4	0.021 0	5.847 4	0.171 0
16	9.357 6	0.106 9	55.717 5	0.017 9	5.954 2	0.167 9
17	10.761 3	0.092 9	65.075 1	0.015 4	6.047 2	0.165 4
18	12.375 5	0.080 8	75.836 4	0.013 2	6.128 0	0.163 2
19	14.231 8	0.070 3	88.211 8	0.011 3	6.198 2	0.161 3
20	16.366 5	0.061 1	102.443 6	0.009 8	6.259 3	0.159 8
21	18.821 5	0.053 1	118.810 1	0.008 4	6.312 5	0.158 4
22	21.644 7	0.046 2	137.631 6	0.007 3	6.358 7	0.157 3
23	24.891 5	0.040 2	159.276 4	0.006 3	6.398 8	0.156 3
24	28.625 2	0.034 9	184.167 8	0.005 4	6.433 8	0.155 4
25	32.919 0	0.030 4	212.793 0	0.004 7	6.464 1	0.154 7
26	37.856 8	0.026 4	245.712 0	0.004 1	6.490 6	0.154 1
27	43.535 3	0.023 0	283.568 8	0.003 5	6.513 5	0.153 5
28	50.065 6	0.020 0	327.104 1	0.003 1	6.533 5	0.153 1
29	57.575 5	0.017 4	377.169 7	0.002 7	6.550 9	0.152 7
30	66.211 8	0.015 1	434.745 1	0.002 3	6.566 0	0.152 3

i=16%

年份	一次支付终值系数	一次支付现值系数	等额分付终值系数	偿债基金系数	等额分付现值系数	资金回收系数
n	($F/P,i,n$)	($P/F,i,n$)	($F/A,i,n$)	($A/F,i,n$)	($P/A,i,n$)	($A/P,i,n$)
1	1.160 0	0.862 1	1.000 0	1.000 0	0.862 1	1.160 0
2	1.345 6	0.743 2	2.160 0	0.463 0	1.605 2	0.623 0
3	1.560 9	0.640 7	3.505 6	0.285 3	2.245 9	0.445 3
4	1.810 6	0.552 3	5.066 5	0.197 4	2.798 2	0.357 4
5	2.100 3	0.476 1	6.877 1	0.145 4	3.274 3	0.305 4
6	2.436 4	0.410 4	8.977 5	0.111 4	3.684 7	0.271 4
7	2.826 2	0.353 8	11.413 9	0.087 6	4.038 6	0.247 6
8	3.278 4	0.305 0	14.240 1	0.070 2	4.343 6	0.230 2
9	3.803 0	0.263 0	17.518 5	0.057 1	4.606 5	0.217 1
10	4.411 4	0.226 7	21.321 5	0.046 9	4.833 2	0.206 9
11	5.117 3	0.195 4	25.732 9	0.038 9	5.028 6	0.198 9
12	5.936 0	0.168 5	30.850 2	0.032 4	5.197 1	0.192 4
13	6.885 8	0.145 2	36.786 2	0.027 2	5.342 3	0.187 2
14	7.987 5	0.125 2	43.672 0	0.022 9	5.467 5	0.182 9
15	9.265 5	0.107 9	51.659 5	0.019 4	5.575 5	0.179 4
16	10.748 0	0.093 0	60.925 0	0.016 4	5.668 5	0.176 4
17	12.467 7	0.080 2	71.673 0	0.014 0	5.748 7	0.174 0
18	14.462 5	0.069 1	84.140 7	0.011 9	5.817 8	0.171 9
19	16.776 5	0.059 6	98.603 2	0.010 1	5.877 5	0.170 1
20	19.460 8	0.051 4	115.379 7	0.008 7	5.928 8	0.168 7
21	22.574 5	0.044 3	134.840 5	0.007 4	5.973 1	0.167 4
22	26.186 4	0.038 2	157.415 0	0.006 4	6.011 3	0.166 4
23	30.376 2	0.032 9	183.601 4	0.005 4	6.044 2	0.165 4
24	35.236 4	0.028 4	213.977 6	0.004 7	6.072 6	0.164 7
25	40.874 2	0.024 5	249.214 0	0.004 0	6.097 1	0.164 0
26	47.414 1	0.021 1	290.088 3	0.003 4	6.118 2	0.163 4
27	55.000 4	0.018 2	337.502 4	0.003 0	6.136 4	0.163 0
28	63.800 4	0.015 7	392.502 8	0.002 5	6.152 0	0.162 5
29	74.008 5	0.013 5	456.303 2	0.002 2	6.165 6	0.162 2
30	85.849 9	0.011 6	530.311 7	0.001 9	6.177 2	0.161 9

i=18%

年份	一次支付终值系数	一次支付现值系数	等额分付终值系数	偿债基金系数	等额分付现值系数	资金回收系数
n	（*F*/*P*,*i*,*n*）	（*P*/*F*,*i*,*n*）	（*F*/*A*,*i*,*n*）	（*A*/*F*,*i*,*n*）	（*P*/*A*,*i*,*n*）	（*A*/*P*,*i*,*n*）
1	1.180 0	0.847 5	1.000 0	1.000 0	0.847 5	1.180 0
2	1.392 4	0.718 2	2.180 0	0.458 7	1.565 6	0.638 7
3	1.643 0	0.608 6	3.572 4	0.279 9	2.174 3	0.459 9
4	1.938 8	0.515 8	5.215 4	0.191 7	2.690 1	0.371 7
5	2.287 8	0.437 1	7.154 2	0.139 8	3.127 2	0.319 8
6	2.699 6	0.370 4	9.442 0	0.105 9	3.497 6	0.285 9
7	3.185 5	0.313 9	12.141 5	0.082 4	3.811 5	0.262 4
8	3.758 9	0.266 0	15.327 0	0.065 2	4.077 6	0.245 2
9	4.435 5	0.225 5	19.085 9	0.052 4	4.303 0	0.232 4
10	5.233 8	0.191 1	23.521 3	0.042 5	4.494 1	0.222 5
11	6.175 9	0.161 9	28.755 1	0.034 8	4.656 0	0.214 8
12	7.287 6	0.137 2	34.931 1	0.028 6	4.793 2	0.208 6
13	8.599 4	0.116 3	42.218 7	0.023 7	4.909 5	0.203 7
14	10.147 2	0.098 5	50.818 0	0.019 7	5.008 1	0.199 7
15	11.973 7	0.083 5	60.965 3	0.016 4	5.091 6	0.196 4
16	14.129 0	0.070 8	72.939 0	0.013 7	5.162 4	0.193 7
17	16.672 2	0.060 0	87.068 0	0.011 5	5.222 3	0.191 5
18	19.673 3	0.050 8	103.740 3	0.009 6	5.273 2	0.189 6
19	23.214 4	0.043 1	123.413 5	0.008 1	5.316 2	0.188 1
20	27.393 0	0.036 5	146.628 0	0.006 8	5.352 7	0.186 8
21	32.323 8	0.030 9	174.021 0	0.005 7	5.383 7	0.185 7
22	38.142 1	0.026 2	206.344 8	0.004 8	5.409 9	0.184 8
23	45.007 6	0.022 2	244.486 8	0.004 1	5.432 1	0.184 1
24	53.109 0	0.018 8	289.494 5	0.003 5	5.450 9	0.183 5
25	62.668 6	0.016 0	342.603 5	0.002 9	5.466 9	0.182 9
26	73.949 0	0.013 5	405.272 1	0.002 5	5.480 4	0.182 5
27	87.259 8	0.011 5	479.221 1	0.002 1	5.491 9	0.182 1
28	102.966 6	0.009 7	566.480 9	0.001 8	5.501 6	0.181 8
29	121.500 5	0.008 2	669.447 5	0.001 5	5.509 8	0.181 5
30	143.370 6	0.007 0	790.948 0	0.001 3	5.516 8	0.181 3

i=20%

年份	一次支付终值系数	一次支付现值系数	等额分付终值系数	偿债基金系数	等额分付现值系数	资金回收系数
n	(F/P,i,n)	(P/F,i,n)	(F/A,i,n)	(A/F,i,n)	(P/A,i,n)	(A/P,i,n)
1	1.200 0	0.833 3	1.000 0	1.000 0	0.833 3	1.200 0
2	1.440 0	0.694 4	2.200 0	0.454 5	1.527 8	0.654 5
3	1.728 0	0.578 7	3.640 0	0.274 7	2.106 5	0.474 7
4	2.073 6	0.482 3	5.368 0	0.186 3	2.588 7	0.386 3
5	2.488 3	0.401 9	7.441 6	0.134 4	2.990 6	0.334 4
6	2.986 0	0.334 9	9.929 9	0.100 7	3.325 5	0.300 7
7	3.583 2	0.279 1	12.915 9	0.077 4	3.604 6	0.277 4
8	4.299 8	0.232 6	16.499 1	0.060 6	3.837 2	0.260 6
9	5.159 8	0.193 8	20.798 9	0.048 1	4.031 0	0.248 1
10	6.191 7	0.161 5	25.958 7	0.038 5	4.192 5	0.238 5
11	7.430 1	0.134 6	32.150 4	0.031 1	4.327 1	0.231 1
12	8.916 1	0.112 2	39.580 5	0.025 3	4.439 2	0.225 3
13	10.699 3	0.093 5	48.496 6	0.020 6	4.532 7	0.220 6
14	12.839 2	0.077 9	59.195 9	0.016 9	4.610 6	0.216 9
15	15.407 0	0.064 9	72.035 1	0.013 9	4.675 5	0.213 9
16	18.488 4	0.054 1	87.442 1	0.011 4	4.729 6	0.211 4
17	22.186 1	0.045 1	105.930 6	0.009 4	4.774 6	0.209 4
18	26.623 3	0.037 6	128.116 7	0.007 8	4.812 2	0.207 8
19	31.948 0	0.031 3	154.740 0	0.006 5	4.843 5	0.206 5
20	38.337 6	0.026 1	186.688 0	0.005 4	4.869 6	0.205 4
21	46.005 1	0.021 7	225.025 6	0.004 4	4.891 3	0.204 4
22	55.206 1	0.018 1	271.030 7	0.003 7	4.909 4	0.203 7
23	66.247 4	0.015 1	326.236 9	0.003 1	4.924 5	0.203 1
24	79.496 8	0.012 6	392.484 2	0.002 5	4.937 1	0.202 5
25	95.396 2	0.010 5	471.981 1	0.002 1	4.947 6	0.202 1
26	114.475 5	0.008 7	567.377 3	0.001 8	4.956 3	0.201 8
27	137.370 6	0.007 3	681.852 8	0.001 5	4.963 6	0.201 5
28	164.844 7	0.006 1	819.223 3	0.001 2	4.969 7	0.201 2
29	197.813 6	0.005 1	984.068 0	0.001 0	4.974 7	0.201 0
30	237.376 3	0.004 2	1 181.881 6	0.000 8	4.978 9	0.200 8

i=25%

年份	一次支付终值系数	一次支付现值系数	等额分付终值系数	偿债基金系数	等额分付现值系数	资金回收系数
n	（F/P,i,n）	（P/F,i,n）	（F/A,i,n）	（A/F,i,n）	（P/A,i,n）	（A/P,i,n）
1	1.250 0	0.800 0	1.000 0	1.000 0	0.800 0	1.250 0
2	1.562 5	0.640 0	2.250 0	0.444 4	1.440 0	0.694 4
3	1.953 1	0.512 0	3.812 5	0.262 3	1.952 0	0.512 3
4	2.441 4	0.409 6	5.765 6	0.173 4	2.361 6	0.423 4
5	3.051 8	0.327 7	8.207 0	0.121 8	2.689 3	0.371 8
6	3.814 7	0.262 1	11.258 8	0.088 8	2.951 4	0.338 8
7	4.768 4	0.209 7	15.073 5	0.066 3	3.161 1	0.316 3
8	5.960 5	0.167 8	19.841 9	0.050 4	3.328 9	0.300 4
9	7.450 6	0.134 2	25.802 3	0.038 8	3.463 1	0.288 8
10	9.313 2	0.107 4	33.252 9	0.030 1	3.570 5	0.280 1
11	11.641 5	0.085 9	42.566 1	0.023 5	3.656 4	0.273 5
12	14.551 9	0.068 7	54.207 7	0.018 4	3.725 1	0.268 4
13	18.189 9	0.055 0	68.759 6	0.014 5	3.780 1	0.264 5
14	22.737 4	0.044 0	86.949 5	0.011 5	3.824 1	0.261 5
15	28.421 7	0.035 2	109.686 8	0.009 1	3.859 3	0.259 1
16	35.527 1	0.028 1	138.108 5	0.007 2	3.887 4	0.257 2
17	44.408 9	0.022 5	173.635 7	0.005 8	3.909 9	0.255 8
18	55.511 2	0.018 0	218.044 6	0.004 6	3.927 9	0.254 6
19	69.388 9	0.014 4	273.555 8	0.003 7	3.942 4	0.253 7
20	86.736 2	0.011 5	342.944 7	0.002 9	3.953 9	0.252 9
21	108.420 2	0.009 2	429.680 9	0.002 3	3.963 1	0.252 3
22	135.525 3	0.007 4	538.101 1	0.001 9	3.970 5	0.251 9
23	169.406 6	0.005 9	673.626 4	0.001 5	3.976 4	0.251 5
24	211.758 2	0.004 7	843.032 9	0.001 2	3.981 1	0.251 2
25	264.697 8	0.003 8	1 054.791 2	0.000 9	3.984 9	0.250 9
26	330.872 2	0.003 0	1 319.489 0	0.000 8	3.987 9	0.250 8
27	413.590 3	0.002 4	1 650.361 2	0.000 6	3.990 3	0.250 6
28	516.987 9	0.001 9	2 063.951 5	0.000 5	3.992 3	0.250 5
29	646.234 9	0.001 5	2 580.939 4	0.000 4	3.993 8	0.250 4
30	807.793 6	0.001 2	3 227.174 3	0.000 3	3.995 0	0.250 3

i=30%

年份	一次支付终值系数	一次支付现值系数	等额分付终值系数	偿债基金系数	等额分付现值系数	资金回收系数
n	($F/P,i,n$)	($P/F,i,n$)	($F/A,i,n$)	($A/F,i,n$)	($P/A,i,n$)	($A/P,i,n$)
1	1.300 0	0.769 2	1.000 0	1.000 0	0.769 2	1.300 0
2	1.690 0	0.591 7	2.300 0	0.434 8	1.360 9	0.734 8
3	2.197 0	0.455 2	3.990 0	0.250 6	1.816 1	0.550 6
4	2.856 1	0.350 1	6.187 0	0.161 6	2.166 2	0.461 6
5	3.712 9	0.269 3	9.043 1	0.110 6	2.435 6	0.410 6
6	4.826 8	0.207 2	12.756 0	0.078 4	2.642 7	0.378 4
7	6.274 9	0.159 4	17.582 8	0.056 9	2.802 1	0.356 9
8	8.157 3	0.122 6	23.857 7	0.041 9	2.924 7	0.341 9
9	10.604 5	0.094 3	32.015 0	0.031 2	3.019 0	0.331 2
10	13.785 8	0.072 5	42.619 5	0.023 5	3.091 5	0.323 5
11	17.921 6	0.055 8	56.405 3	0.017 7	3.147 3	0.317 7
12	23.298 1	0.042 9	74.327 0	0.013 5	3.190 3	0.313 5
13	30.287 5	0.033 0	97.625 0	0.010 2	3.223 3	0.310 2
14	39.373 8	0.025 4	127.912 5	0.007 8	3.248 7	0.307 8
15	51.185 9	0.019 5	167.286 3	0.006 0	3.268 2	0.306 0
16	66.541 7	0.015 0	218.472 2	0.004 6	3.283 2	0.304 6
17	86.504 2	0.011 6	285.013 9	0.003 5	3.294 8	0.303 5
18	112.455 4	0.008 9	371.518 0	0.002 7	3.303 7	0.302 7
19	146.192 0	0.006 8	483.973 4	0.002 1	3.310 5	0.302 1
20	190.049 6	0.005 3	630.165 5	0.001 6	3.315 8	0.301 6
21	247.064 5	0.004 0	820.215 1	0.001 2	3.319 8	0.301 2
22	321.183 9	0.003 1	1 067.279 6	0.000 9	3.323 0	0.300 9
23	417.539 1	0.002 4	1 388.463 5	0.000 7	3.325 4	0.300 7
24	542.800 8	0.001 8	1 806.002 6	0.000 6	3.327 2	0.300 6
25	705.641 0	0.001 4	2 348.803 3	0.000 4	3.328 6	0.300 4
26	917.333 3	0.001 1	3 054.444 3	0.000 3	3.329 7	0.300 3
27	1 192.533 3	0.000 8	3 971.777 6	0.000 3	3.330 5	0.300 3
28	1 550.293 3	0.000 6	5 164.310 9	0.000 2	3.331 2	0.300 2
29	2 015.381 3	0.000 5	6 714.604 2	0.000 1	3.331 7	0.300 1
30	2 619.995 6	0.000 4	8 729.985 5	0.000 1	3.332 1	0.300 1

i=35%

年份	一次支付终值系数	一次支付现值系数	等额分付终值系数	偿债基金系数	等额分付现值系数	资金回收系数
n	$(F/P,i,n)$	$(P/F,i,n)$	$(F/A,i,n)$	$(A/F,i,n)$	$(P/A,i,n)$	$(A/P,i,n)$
1	1.350 0	0.740 7	1.000 0	1.000 0	0.740 7	1.350 0
2	1.822 5	0.548 7	2.350 0	0.425 5	1.289 4	0.775 5
3	2.460 4	0.406 4	4.172 5	0.239 7	1.695 9	0.589 7
4	3.321 5	0.301 1	6.632 9	0.150 8	1.996 9	0.500 8
5	4.484 0	0.223 0	9.954 4	0.100 5	2.220 0	0.450 5
6	6.053 4	0.165 2	14.438 4	0.069 3	2.385 2	0.419 3
7	8.172 2	0.122 4	20.491 9	0.048 8	2.507 5	0.398 8
8	11.032 4	0.090 6	28.664 0	0.034 9	2.598 2	0.384 9
9	14.893 7	0.067 1	39.696 4	0.025 2	2.665 3	0.375 2
10	20.106 6	0.049 7	54.590 2	0.018 3	2.715 0	0.368 3
11	27.143 9	0.036 8	74.696 7	0.013 4	2.751 9	0.363 4
12	36.644 2	0.027 3	101.840 6	0.009 8	2.779 2	0.359 8
13	49.469 7	0.020 2	138.484 8	0.007 2	2.799 4	0.357 2
14	66.784 1	0.015 0	187.954 4	0.005 3	2.814 4	0.355 3
15	90.158 5	0.011 1	254.738 5	0.003 9	2.825 5	0.353 9
16	121.713 9	0.008 2	344.897 0	0.002 9	2.833 7	0.352 9
17	164.313 8	0.006 1	466.610 9	0.002 1	2.839 8	0.352 1
18	221.823 6	0.004 5	630.924 7	0.001 6	2.844 3	0.351 6
19	299.461 9	0.003 3	852.748 3	0.001 2	2.847 6	0.351 2
20	404.273 6	0.002 5	1 152.210 3	0.000 9	2.850 1	0.350 9
21	545.769 3	0.001 8	1 556.483 8	0.000 6	2.851 9	0.350 6
22	736.788 6	0.001 4	2 102.253 2	0.000 5	2.853 3	0.350 5
23	994.664 6	0.001 0	2 839.041 8	0.000 4	2.854 3	0.350 4
24	1 342.797 3	0.000 7	3 833.706 4	0.000 3	2.855 0	0.350 3
25	1 812.776 3	0.000 6	5 176.503 7	0.000 2	2.855 6	0.350 2
26	2 447.248 0	0.000 4	6 989.280 0	0.000 1	2.856 0	0.350 1
27	3 303.784 8	0.000 3	9 436.528 0	0.000 1	2.856 3	0.350 1
28	4 460.109 5	0.000 2	12 740.312 8	0.000 1	2.856 5	0.350 1
29	6 021.147 8	0.000 2	17 200.422 2	0.000 1	2.856 7	0.350 1
30	8 128.549 5	0.000 1	23 221.570 0	0.000 0	2.856 8	0.350 0

i=40%

年份	一次支付终值系数	一次支付现值系数	等额分付终值系数	偿债基金系数	等额分付现值系数	资金回收系数
n	(*F*/*P*,*i*,*n*)	(*P*/*F*,*i*,*n*)	(*F*/*A*,*i*,*n*)	(*A*/*F*,*i*,*n*)	(*P*/*A*,*i*,*n*)	(*A*/*P*,*i*,*n*)
1	1.400 0	0.714 3	1.000 0	1.000 0	0.714 3	1.400 0
2	1.960 0	0.510 2	2.400 0	0.416 7	1.224 5	0.816 7
3	2.744 0	0.364 4	4.360 0	0.229 4	1.588 9	0.629 4
4	3.841 6	0.260 3	7.104 0	0.140 8	1.849 2	0.540 8
5	5.378 2	0.185 9	10.945 6	0.091 4	2.035 2	0.491 4
6	7.529 5	0.132 8	16.323 8	0.061 3	2.168 0	0.461 3
7	10.541 4	0.094 9	23.853 4	0.041 9	2.262 8	0.441 9
8	14.757 9	0.067 8	34.394 7	0.029 1	2.330 6	0.429 1
9	20.661 0	0.048 4	49.152 6	0.020 3	2.379 0	0.420 3
10	28.925 5	0.034 6	69.813 7	0.014 3	2.413 6	0.414 3
11	40.495 7	0.024 7	98.739 1	0.010 1	2.438 3	0.410 1
12	56.693 9	0.017 6	139.234 8	0.007 2	2.455 9	0.407 2
13	79.371 5	0.012 6	195.928 7	0.005 1	2.468 5	0.405 1
14	111.120 1	0.009 0	275.300 2	0.003 6	2.477 5	0.403 6
15	155.568 1	0.006 4	386.420 2	0.002 6	2.483 9	0.402 6
16	217.795 3	0.004 6	541.988 3	0.001 8	2.488 5	0.401 8
17	304.913 5	0.003 3	759.783 7	0.001 3	2.491 8	0.401 3
18	426.878 9	0.002 3	1 064.697 1	0.000 9	2.494 1	0.400 9
19	597.630 4	0.001 7	1 491.576 0	0.000 7	2.495 8	0.400 7
20	836.682 6	0.001 2	2 089.206 4	0.000 5	2.497 0	0.400 5
21	1 171.355 6	0.000 9	2 925.888 9	0.000 3	2.497 9	0.400 3
22	1 639.897 8	0.000 6	4 097.244 5	0.000 2	2.498 5	0.400 2
23	2 295.856 9	0.000 4	5 737.142 3	0.000 2	2.498 9	0.400 2
24	3 214.199 7	0.000 3	8 032.999 3	0.000 1	2.499 2	0.400 1
25	4 499.879 6	0.000 2	11 247.199 0	0.000 1	2.499 4	0.400 1
26	6 299.831 4	0.000 2	15 747.078 5	0.000 1	2.499 6	0.400 1
27	8 819.764 0	0.000 1	22 046.909 9	0.000 0	2.499 7	0.400 0
28	12 347.669 6	0.000 1	30 866.673 9	0.000 0	2.499 8	0.400 0
29	17 286.737 4	0.000 1	43 214.343 5	0.000 0	2.499 9	0.400 0
30	24 201.432 4	0.000 0	60 501.080 9	0.000 0	2.499 9	0.400 0

参考文献

［1］ 刘晓君. 工程经济学［M］. 4 版. 北京: 中国建筑工业出版社, 2021.
［2］ 国家发展和改革委员会, 中华人民共和国建设部. 建设项目经济评价方法与参数［M］. 北京: 中国计划出版社, 2006.
［3］ 赵国杰. 工程经济学［M］. 天津: 天津大学出版社, 2010.
［4］ 吴锋, 叶锋. 工程经济学［M］. 2 版. 北京: 机械工业出版社, 2021.
［5］ 梁学栋. 工程经济学［M］. 3 版. 北京: 经济管理出版社, 2017.
［6］ 李南. 工程经济学［M］. 5 版. 北京: 科学出版社, 2018.
［7］ 注册咨询工程师（投资）考试教材编写委员会. 项目决策分析与评价［M］. 北京: 中国计划出版社, 2021.
［8］ 注册咨询工程师（投资）考试教材编写委员会. 现代咨询方法与实务［M］. 北京: 中国计划出版社, 2021.
［9］ 全国一级建造师执业资格考试用书编写委员会. 建设工程经济［M］. 北京: 中国建筑工业出版社, 2020.
［10］ 冯辉红. 工程经济学［M］. 北京: 化学工业出版社, 2021.
［11］ 黄有亮, 徐向阳, 谈飞, 等. 工程经济学［M］. 4 版. 南京: 东南大学出版社, 2021.
［12］ 倪蓉, 陈光. 工程经济学［M］. 北京: 化学工业出版社, 2021.
［13］ 李忠富, 杨晓冬. 工程经济学［M］. 北京: 科学出版社, 2016.
［14］ 王艳丽, 李长花, 段宗志. 工程经济学［M］. 武汉: 武汉大学出版社, 2020.
［15］ 沙利文, 威克斯, 科林. 工程经济学（影印版）［M］. 北京: 清华大学出版社, 2011.
［16］ 张普伟. 工程经济学［M］. 北京: 机械工业出版社, 2020.
［17］ 魏法杰, 王玉灵, 郑筠. 工程经济学［M］. 3 版. 北京: 电子工业出版社, 2020.
［18］ 刘晓君. 工程经济学［M］. 3 版. 北京: 中国建筑工业出版社, 2014.
［19］ 谭大璐, 赵世强. 工程经济学［M］. 2 版. 武汉: 武汉理工大学出版社, 2012.
［20］ Park C S. Contemporary Engineering Economics, 6th Edition. New Jerry: Pearson, 2016.
［21］ Park C S. 工程经济学［M］. 邵颖红, 译. 5 版. 北京: 中国人民大学出版社, 2012.
［22］ 全国一级造价工程师职业资格考试培训教材编审委员会. 建设工程造价管理［M］. 北京: 中国计划出版社, 2021.
［23］ 宋国防, 贾湖. 工程经济学［M］. 天津: 天津大学出版社, 2000.
［24］ 中华人民共和国国家发展和改革委员会. 关于印发投资项目可行性研究报告编写大纲及说明的通知（发改投资规〔2023〕304 号）[EB/OL]. https://www.ndrc.gov.cn/xxgk/zcfb/ghxwj/202304/t20230407_1353356.html.